한국 현대사 열한 가지 질문

민주화와 경제성장은
왜 보수정부와
삼포세대를 낳았나?

한국 현대사
열한 가지 질문

원더박스

어제의 청년이
오늘의 청년들에게

# 역사의 절망과 희망은
# 내일을 위한 풍부한 자산이다

그러고 보니 어느덧 10년의 세월이 흘렀다. 나는 『다시쓰는 한국현대
사』를 써서 한때 베스트셀러 작가로 이름을 날렸고, 운동권의 이론가이자
전략 기획가로 주목받기도 했다. 하지만 21세기에 접어들며 상황이 바뀌
기 시작했다. 어딘지 시대 흐름에 뒤처지고 있음을 느꼈다. 내 콘텐츠는
더 이상 대중의 감흥을 얻지 못하고 있었고, 그동안 나를 지탱했던 신념
체계도 빠르게 허물어져 갔다. 2004년 무렵 나는 새로운 길을 찾아 나서
기로 결심했다.

이후로 상당 기간 홀로 모색하는 시간이 필요했다. 실패와 좌절을 반복
하며 고달픈 성찰과 탐색을 거듭했다. 조금씩 달라지는 내 모습을 확인하
면서 묵묵히 한 걸음씩 나아갔다. 그러던 중 2014년 하반기부터 한국 현
대사를 새로운 시각으로 해설하는 역사 강좌를 진행하면서 상당히 뜻깊은

경험을 할 수 있었다. 그동안 진행된 탐색이 나름대로 꼴을 갖추어 가고 있으며 그에 대해 사람들이 공감하기 시작했음을 확인한 것이다. 이를 계기로 지난 10년간의 성찰과 탐색을 일목요연하게 정리해 볼 필요성을 느꼈다.

생각이 진전될 때마다 고민의 결과를 하나씩 책으로 묶어 출간해 왔다. 『혁명의 추억, 미래의 혁명』『미래를 여는 한국인史』『자본주의, 그 이후』『젊은 국가』 등은 그렇게 해서 나온 책들이다. 독자들 입장에서는 내용이 기대에 못 미치고 거칠기 짝이 없다는 느낌을 받았겠지만, 나로서는 새로운 미래를 향한 탐색에서 의미 있는 진전을 가져다준 결실들이다. 이 책은 앞선 책들의 내용을 기반으로 그간의 성찰과 탐색을 일차 결산한 것이다.

첫 결산 작업을 한국 현대사를 매개로 진행한 데에는 나름대로 이유가 있다. 무엇보다도 역사야말로 우리 시대가 풀어야 할 과제에 대해 가장 풍부한 답을 간직하고 있다는 생각이다. 더불어서 '사람 중심 사회'로 표현되는 미래에 대한 이야기조차도 나 개인의 아이디어가 아니라 역사 발전의 합법칙 과정에서 나왔음을 드러내고 싶었다. 나는 해답을 찾아 역사 여행을 떠나는 사람들을 위한 안내자일 뿐이다.

이 책을 읽기 전에 몇 가지 사항을 염두에 두었으면 한다. 먼저 이 책은 한국 현대사를 매개로 이야기를 풀어 가지만 일반적인 의미에서의 통사는 아니다. 채택된 주제를 집중적으로 다룬 만큼 생략된 부분이 많다. 왜 이 이야기가 없을까 하고 의아해하지 않기를 바란다. 세월호 참사에 대한 분석은 나 스스로 아직은 이성적 접근을 할 수 있는 상태가 아니라고 판단해 이후 과제로 미루었다.

　지금까지의 역사서는 주로 과거만을 다루어 왔다. 하지만 지금 우리는 진행 방향이 급격히 바뀌는 역사의 변곡점을 통과하고 있기에 과거를 복기하는 것만으로는 해답을 제대로 찾을 수 없다. 현재와 미래마저도 역사의 일부로 끌어들여야 하는 시기인 것이다. 그런 점에서 2008년 이후 최근의 상황 분석에 많은 비중을 두었다. 현재 진행형의 역사를 다루다 보니 역사 기술보다는 사회 분석에 가까운 부분도 일부 있는데 이는 어느 정도 불가피한 요소였음을 밝혀 둔다.

　전체 구성 배열이 다소 특이하다고 느낄 수 있겠다. 크게 '절망'과 '희망'이라는 두 개의 키워드로 구성했다. 1부는 외환 위기 이후 우리 모두를 좌절과 절망에 빠뜨렸던 역사를 다룬다. 이 시기를 먼저 다룬 것은 역사 여행의 출발점이 될 주제들이 담겨 있기 때문이다. 2부는 분단을 막지 못했던 절망의 역사를 딛고 산업화와 민주화에 동시에 성공한 희망의 역사를 다룬다. 이를 통해 절망의 역사를 희망의 역사로 바꿀 수 있는 힘과 지혜를 찾아본다. 그런 다음 이어지는 3부에서는 2008년 이후 새롭게 희망을 찾아 나가는 역사를 기술한다. 좀 더 분명하게는 역사 속에 살아 꿈틀거리는 희망의 지점들을 드러낸다.

　이 책이 나오기까지 많은 분으로부터 형언할 수 없는 큰 은혜를 입었다. 일일이 이름을 밝힐 수 없지만 어려운 환경에도 뜻을 굽히지 않고 헤쳐 나갈 수 있도록 뒤를 돌봐 준 분들이 있다. 나의 작업에 자부심을 갖고 임할 수 있도록 진심 어린 격려를 아끼지 않았던 소중한 친구들이 있다. 그러한 사람들이 없었다면 여기까지 올 수 없었을 것이다. 머리 숙여 감사드린다.

이 책을 쓰게 된 직접적 계기는 앞서 이야기했던 역사 강좌였다. 더할 나위 없이 소중한 자리를 마련해 준 관계자들께 깊이 감사드린다.

이 책의 편집을 책임져 준 정희용 편집장을 만난 것은 천운이었다. 구닥다리 냄새가 물씬 풍기는 원고 틀을 한층 세련되게 짜주었고 좋지 못한 글쓰기 버릇을 바로잡아 주었으며 부족한 내용을 보충해 주기도 했다. 이 자리를 빌려 감사드린다.

늘 하는 이야기이지만 희망의 노래는 절망의 끝자락에서 울려 퍼지기 마련이다. 지금이야말로 그 희망을 노래해야 할 시기이다. 이 책이 작은 보탬이 되었으면 한다.

2015년 6월 1일
박세길

차례

# 2부 · 절망에서 희망으로 – 현대사 실패와 성공의 교훈

# 3부·다시 희망으로 –미래를 향한 도전

# 1부
# 좌절의 시대
## —우리 앞에 놓인 질문

역사가 에스컬레이터처럼 편안하게 한 방향으로 진보하는 것은 아니다. 한 걸음 전진과 두 걸음 후퇴를 반복하면서 오랫동안 정체하거나 때론 퇴보하는 듯 보이기도 한다. 그러나 '앞서 이룬 빛나는 성취들이 다 무로 돌아가는 것 아닌가' 하는 의구심과 조바심이 고개 드는 바로 그런 순간, 역사는 어김없이 다음 도약을 준비한다.

# 청년 세대의 고통은
# 어떻게 시작되었나?

요즘 청년 세대를 '삼포세대'라 한다. 청년들이 연애, 결혼, 출산을 포기하는 암울한 현실을 일컫는 표현이다. 실업자와 신용불량자가 넘쳐 나는 '실신세대'라고도 한다. 2014년 기준 15~29세 청년 고용률이 40퍼센트 수준에 그치고, 취업자들조차 절대 다수가 비정규직이다. 1997년 외환 위기 이후 청년층 일자리 150만 개가 사라졌다.

한국은 식민지를 벗어난 지 반세기도 안 되어 산업화와 민주화를 모두 성취했다. 그토록 자랑스러운 현대사가 굽이쳐 도달한 이곳이 고작 청년들의 숨통이나 죄는 회색빛 사회라니. 당혹스러운 이 사실을 우리는 어떻게 해석해야 할까?

# 한눈에 살펴보는
# 청년 100년사

이삼십 대 청년들의 고통이 20년 가까이 이어지면서 청년 취업난을 마치 당연한 현상인 양 여기는 사람도 많다. 그러나 역사를 조금만 돌아보자. 오늘날 청년들이 겪는 고통은 극히 이례적인 현상이다.

지금으로부터 딱 한 세기 전으로 거슬러 올라가 보자. 역사의 시곗바늘은 1910년대 일제 강점 초창기를 가리킨다. 한반도 전체 인구의 80퍼센트가 농민이고 농업이 산업의 중심인 시기이다. 젊고 팔팔한 청년들은 농업 사회에서 가장 중요한 일꾼이었다. 그 즈음 조선 사람들의 평균수명은 37세 정도에 불과했다. 농사든 삼림 벌채든 도시의 상공업이든 이삼십 대 청년들은 노동력의 중추였다. 젊고 기운 좋은 남자들은 '장정(壯丁)'이라 불렸으며 사오십 대 중장년층보다 훨씬 높은 품삯을 받았다. 일자리나 임금 모두 중장년층이 우위인 요즘의 노동시장과는 사뭇 달랐다. 산업화 이전 우리 역사 대부분의 시기 동안 청년들은 경제적으로 후한 대접을 받는 귀하신 몸이었다.

경제의 주역인 청년들은 당연히 정치에서도 핵심이었다. 고종21년 (1884년), 청년 지식인이 결집한 개화당은 조선을 속방으로 삼으려는 청나라와 조정 내 수구파에 반대해 정치적 변란을 일으킨다. 성공했다면 혁명이 되었겠지만 3일천하로 그쳐 갑신정변이라 이름 붙은 이 거사를 사상적·조직적으로 이끈 김옥균은 당시에 불과 33세였다. 요즘으로 치면 기업체 대리나 과장급 정도 나이에 청년 김옥균은 내각을 구성할 예비 조직을 짜고 무장 병력까지 동원해 한 나라의 운명을 바꾸려 들었다. 리더가 그처럼 젊었으니 김옥균을 따르는 나머지 인사들은 더 말할 것도 없다. 박영효가 스물세 살, 서재필은 불과 스무 살. 학교 역사 시간에 배운 개화파의 면면은 이처럼 홍안의 청년들이었다.

청년들의 기백은 일제의 가혹한 무단통치 기간에도 오롯이 뽐내나 1918년 동경 유학생들을 중심으로 한 2·8독립선언, 1919년 3·1운동의 원동력을 이룬다. 청년들의 자생적 조직은 각지에서 활발한 활동을 벌였는데, 3·1운동 직후인 1920년에는 전국의 주요 청년 단체가 100개를 상회했고, 그해 6월 최초의 전국 단위 청년 단체인 조선청년연합회를 결성하기에 이르렀다. 1929년 11월 3일에 발발해 이듬해 3월까지 전국 194개 학교가 참여하고 검거 학생 숫자가 1,462명에 달했던 광주학생운동은 대학생도 아닌 중고등학생이 주역이었다.

이처럼 일제강점기 청년들은 경제 활동은 물론 대중운동, 항일운동의 주축이었다. 그들은 기성세대의 눈치를 살피지 않았고 기득권의 갑질 앞에 초라하게 무릎 꿇지 않았다. 오직 젊다는 이유만으로 청년들은 거침없고 당당했다. 그들이 곧 나라의 미래였다.

"청춘! 이는 듣기만 하여도 가슴이 설레는 말이다."라는 문장으로 시작하는 수필 「청춘예찬」을 기억하는 이들이 많을 것이다. 청춘의 담대한 열정과 이상을 한껏 드러낸 민태원의 이 작품은 1929년 일제 식민지 시절 한복판에 발표되었다. 국권을 상실한 캄캄한 암흑기에조차 약동하는 청춘의 광휘는 결코 퇴색하지 않았음을 잘 보여준다.

100년 전 청년들의 모습과 견주어 보면 캥거루족이니, 잉여니, 삼포니, 아프니까 청춘이니 하며 한탄과 자조, 어설픈 위로가 난무하는 요즘 현실이 얼마나 기이하고 부자연스러운 것인지 새삼 명백해진다.

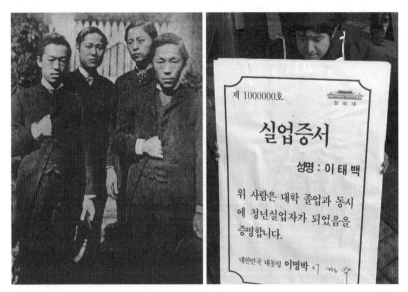

갑신정변의 주역들. 왼쪽부터 박영효, 서광범, 서재필, 김옥균으로, 아직 홍안의 청년들이다(왼쪽). 현재 청년 고용률은 40퍼센트에 불과하다. 청년 실업 해결을 촉구하는 한 대학생의 퍼포먼스(오른쪽).

계속해서 해방 후 청년 세대의 변천사를 톺아보자. 1960년대에 경제개발이 진행되며 곳곳에 공장이 들어서고 도시가 확대되자 농촌 청년들이 속속 고향을 떠났다. 변변한 기술 하나 없이 도시에 몰려든 청년들의 고생은 이루 말할 수 없었으리라. 그러나 고도성장이 시작되면서 낮은 학력도 부족한 기술도 큰 문제가 되지 않았다. 이들은 각종 산업 영역에서 업무 기술과 지식을 익히며 생활 터전을 잡아 갔고 점차 중견 관리자로 성장했다. 당시 청년들은 베이비붐 세대여서 숫자도 많았다. 뭉치면 더 힘이 났다. 대한민국의 성장에 온 청춘을 바쳤다고 자부하는 현재 50대 중반 이상 연령층이 이 시절의 청년 세대이다.

한국 경제는 1970년대 후반부터 섬유 등 경공업에서 조선, 자동차 등

중화학공업 위주로 산업구조를 재편해 나갔다. 단순노동, 육체노동 중심의 소비재 경공업과 달리 거대 장치산업인 중화학공업에는 고등교육을 통해 체계적인 기술과 지식을 익힌 고급 인력이 필수였다. 이런 필요가 국민의 높은 교육열과 맞물리면서 대학 진학률이 가파르게 뛰기 시작했다. 특히 1980년대에 들어서 전두환 정부가 정권의 정통성 부재를 가리고 국민의 환심을 살 요량으로 대학졸업정원제를 실시해 대입 문호를 넓히면서, 1984년에 우리 역사상 처음으로 대학생 수가 100만 명을 넘어섰다. 일제시대에는 "대학생 구경하기가 군수 만나기보다 어렵다."는 말이 있을 정도로 대학생이 희귀했다. 광복 직전 남북한을 통틀어 대학생 수는 만 명이 채 되지 않았는데, 불과 40년 만에 남한에서만 그 100배 이상으로 늘어난 것이다. 6장에서 산업화 성공 요인을 자세히 살피겠지만, 고등교육 인력의 비약적인 증대는 세계를 놀라게 한 한국 경제성장의 원동력으로 작용한다.

대폭 늘어난 대학생들을 주축으로 청년들은 전두환 정권의 폭압에 맞서 끈질기게 싸우며 마침내 1987년 6월민주항쟁에서 승리한다. 실로 지칠 줄 모르는 민주화 운동의 견인차였다. 이 시기에 청년 시절을 보낸 이들은 훗날 486세대라고 지칭된다. 2015년 현재 40대 중반부터 50대 중반의 연령대이다. 이들은 '내일은 오늘보다 더 나을 것'임을 의심하지 않았던 행운의 세대이다. 최소한 혹독한 가난은 면한 상태에서 청년기를 맞았다. 민주화의 주역으로 도서관보다는 거리에서 많은 시간을 보냈지만 경제성장과 산업구조 고도화에 따른 광범한 인력 수요로 괜찮은 직장을 구하는 것이 크게 어렵지 않았다. 대졸 청년만이 아니라 고졸자도 마찬가지였다. 취업률만 따지면 고졸 청년들은 문호가 더 넓었다.

# 현대사에 켜진
# 빨간 경고등

지난 100년의 청년사를 짧게만 돌아봐도 지금 우리 청년들이 얼마나 예외적이고 비정상적인 상황에 내몰렸는지 알 수 있다. 어찌 보면 지금의 청년 세대는 불운한 시기에 태어났는지도 모른다. 한국 경제의 고도성장기는 끝났다. 인구구성 변화도 불리하다. 갈수록 인구가 감소해 지금의 청년 세대는 자신들보다 훨씬 다수인 노년 세대를 부양해야 한다.

작금의 상황에 대해 한편에서는 경제구조가 산업사회에서 후기산업사회 또는 지식사회로 전환하면서 나타나는 현상이라고 한다. 또 한편에서는 전 세계적으로 베이비붐 세대가 2차 세계대전 이후 자본주의 팽창기에 부와 자산을 독식한 사회구조 탓이라고도 한다. 그러나 오늘날 한국 청년 세대의 고통은 이러한 분석만으로는 충분히 설명되지 않는다. 게다가 이런 논리들은 "요즘 어느 나라나 청년들이 어렵기는 다 마찬가지 아니냐" 같은 안이한 생각을 낳는다. 청년들에게 눈높이를 낮추라거나 해외로 나가 보라고 권하는 태평한 정치인들의 인식은 이런 논리의 연장선이다.

우리보다 앞서 인구 고령화와 고도성장 경제 추세의 마감을 경험한 일본과 비교해 보자. 일본은 장기 불황에서 탈출하면서 대졸자 취업률이 2010년 이후 해마다 증가 중이다. 2015년 봄 취업률은 96.7퍼센트에 달한다. 청년 실업이 심각했던 독일은 사민당 게르하르트 슈뢰더 정부부터 그 뒤를 이은 기민당 앙겔라 메르켈 정부까지 일관된 노력을 쏟은 결과 2005년 15.5퍼센트였던 청년 실업률을 2015년에는 절반 이하인 7.2퍼센트까지 낮췄다.

뿐인가. 똑같은 구직자 신세라 해도 사회복지가 뒷받침하는 나라들과 한국의 청년 현실은 비교가 민망할 정도이다. 복지국가청년네트워크 청년 정책연구팀의 2013년 연구 보고서 「주요 국가별 청년 생활비」는 이를 잘 보여준다.

연구팀은 세계 각국 대학생이 하루 4시간 주 5일 최저시급 기준으로 아르바이트를 하고 국가에서 지급하는 각종 보조금을 받을 경우 월 수입이 얼마나 되는지를 비교해 보았다. 각 나라 대학생의 월수입은 호주 190만 원, 영국 155만 원, 네덜란드 157만 원, 스웨덴 173만 원인데 비해 한국은 40만 원에 불과했다. 아무 보조금도 받지 못하는 한국 대학생은 매달 74만원의 적자 생활을 모면할 방법이 없다. 서구 주요 복지국가들은 대학 졸업 후 아직 직장을 찾지 못한 구직자에게도 구직 수당을 지급한다. 반면, 학교를 갓 졸업한 미취업 한국 청년은 어떤 수당도 받을 게 없다. 실업자가 아니니 실업급여도 해당이 안 된다.

독일은 대학 등록금이 없는데 해마다 천정부지로 오르는 등록금을 내기 위해 대출을 받아야 하는 게 한국 대학생의 현실이다. 2014년 4월 기준으로 대출이 있는 대학생은 148만 명, 그들의 대출 잔액은 총 12조 3000억 원, 학자금 대출을 납기일 내에 상환하지 못한 연체자 수는 11만 명을 상회한다.

해방 후 한국 현대사의 발전은 청년 세대의 발전과 걸음을 함께해 왔다. 지금 청년 세대의 불행과 위축은 앞으로 펼쳐질 우리 역사에 빨간불이 켜졌다는 뜻이다. 이는 거의 전적으로 기성세대의 책임이다.

# 그 많던 서태지는
# 다 어디로 갔나?

서태지와 아이들이 1996년 발표한 〈시대유감〉의 가사를 자세히 음미해 보면 신랄함을 넘어 전율까지 느껴진다.

거 자식들 되게 시끄럽게 구네. 그렇게 거만하기만 한 주제에

거짓된 너의 가식 때문에 너의 얼굴 가죽은 꿈틀거리고

나이든 유식한 어른들은 예쁜 인형을 들고 거리를 헤매 다니네

모두가 은근히 바라고 있는 그런 날이 바로 오늘 올 것만 같아

검게 물든 입술. 정직한 사람들의 시대는 갔어

숱한 가식 속에 오늘은 아우성을 들을 수 있어

왜 기다려 왔잖아 모든 삶을 포기하는 소리를

이 세상이 모두 미쳐 버릴 일이 벌어질 것 같네

부러져 버린 너의 그런 날개로

너는 얼마나 날아갈 수 있다 생각하나

모두를 뒤집어 새로운 세상이 오기를 바라네

"나이든 유식한 어른들은 예쁜 인형을 들고 거리를 헤매 다니네"라는 구절은 쉽게 말해 어른들이 꼴값 떨고 있다는 이야기이다. "모두를 뒤집어 새로운 세상이 오기를 바라네"를 액면 그대로 해석하면 혁명적 변화를 갈구한다는 것이다. 산업화와 민주화가 일정하게 성과를 거두어 '먹고살 만해진' 1990년대에 10대들은 대체 왜 이런 세기말적 노랫말에 환호를 보냈

을까?

먼저 이 책에서 말하는 청년 세대의 범위를 대략 구별해 두고 이야기를 이어 가자. 청년 또는 청년 세대라는 범주는 사회적 맥락과 문화에 따라 언제나 가변적이다. 사회적 평균수명이 50세일 때는 20대를 청년 세대로 보는 게 타당했다. 요즘 같은 고령화 사회에서는 범위를 좀 더 확장해 20대와 30대까지를 청년 세대로 보아도 큰 무리가 없을 것이다. 서태지와 아이들에 환호하던 1990년대 당시 10대들이 현재 우리 사회 청년 세대의 일단을 차지한다. 이들은 한국 현대사에서 사회 구조적 모순에 의해 가장 억눌리고 피해를 덤터기 쓴 세대로, 이번 장에서는 이들의 현실을 주로 다룬다. 2000년대로 접어들면 광우병 파동을 계기로 한 촛불 시위 국면에서 새로운 10대들이 부각되는데, 이들은 현재 20대 초반 정도의 연령대로 청년 세대의 가장 젊은 층을 이룬다.

1990년대는 사회 곳곳에서 급격한 변화가 일어난 시기였다. 시대의 흐름에 발맞춰 지금의 오륙십 대로 대표되는 이전 세대, 즉 '구세대'와는 전혀 다르게 사고하고 행동하는 새로운 종의 인간들이 태동했다. '신세대'가 등장한 것이다. 신세대는 한층 민주적이고 자유로운 환경 속에서 자랐다. 주눅 든 삶을 살 이유가 없었다. 억압과 침묵의 시대를 살아온 구세대와 달리 자기표현을 억제할 이유 또한 없었다. 신세대는 한두 자녀 가족이 보편화되면서 저마다 귀하게 자랐다. 자연히 그들은 자기를 중심으로 세상을 보는 데 익숙했다.

문제는 부모 세대였다. 그들의 부모 세대는 본인이 수혜자이든 아니든 교육이야말로 최고의 투자라는 공통의 경험을 간직하고 있었다. 부모 세대에게 대학 진학은 중산층으로 올라가는 가장 확실한 계층 이동 사다리

였다. 대학 졸업장을 거머쥐기만 하면 식자층으로 대접받으며 회사를 골라 갔고, 그런 식으로 지방 깡촌 출신이 서울 강남에 진입하는 경우가 왕왕 있었다. 말 그대로 개천에서 용 나던 시절이었다. 이런 시절을 겪다 보니 부모 세대에게는 자녀 교육이 모든 것에 우선이었다. 그들은 자신이 만든 시스템 속으로 자녀들을 밀어 넣고 공부를 강요했다. 부모들은 그것을 자식 사랑이라고 생각했다.

그들 사이에는 쉽게 넘을 수 없는 벽이 존재했다. 10대들은 자신을 중심으로 세상을 보고 수평 지향성이 매우 강하며 통제와 간섭을 체질적으로 싫어했다. 그들은 지독히도 반항적 모습을 보였다. 그러다 보니 부모들은 "요즘 애들과는 도무지 대화가 안 된다."고 투덜거렸고, 아이들은 아이들대로 "어른들의 삶의 방식은 도무지 이해가 안 된다."며 마냥 답답해했다.

1991년 서울YMCA의 조사 결과에 따르면, 중고등학생의 74퍼센트가 가출 충동을 느끼고 있는 것으로 나타났다. 또 1992년 체육청소년부 산하 상담 기관인 '청소년 대화의 광장'이 조사한 바에 따르면, 12~18세 청소년의 61퍼센트가 '삶에 회의를 느낀 바 있다'고 토로했다. 청소년들은 숨 막혀 하고 있었다. 그 와중에서 10대의 애환을 대변하면서 폭발적인 반향을 일으킨 그룹이 바로 한국 가요의 새 장을 연 서태지와 아이들이었다. 그들은 노래를 통해 10대들이 처한 비합리적 현실을 고발하고, 구세대의 위선을 비판하고 조롱했다. 10대들은 열광적으로 호응했다.

기성세대와 청년 세대의 갈등은 역사의 어느 단면에건 존재해 왔다. 아이들은 항상 부모를 넘어서려 하면서 어른으로 성장해 간다. 1990년대의 10대와 그 부모 세대의 갈등 또한 큰 문제가 아닐 수 있었다. 부모 세대의 간섭과 억압이 문화나 심리적 압박, 도덕적 훈계에만 그쳤다면 말이다. 그러나 1990년대 중반, 정확히는 외환 위기가 닥친 시기부터 세대 간 갈등은 사회경제적 기득권을 둘러싼 치열한 쟁탈전으로 비화했다. 그리고 그 피해는 고스란히 청년 세대에게 전가된다. 반항적이고 자유롭고 기성세대와 다르다며 스스로 자부심을 가졌던 아이들이 어느 순간부터 자취를 감췄다. 서태지에 열광하던 그들은 어디로 갔는가?

에두르지 않고 결론부터 이야기하면, 기성세대는 지난 20년 가까이 자신들이 더 크게 나눠 가져야 할 고통을 청년들에게 일방적으로 전가해 왔다. 1997년부터 오늘에 이르는 이 잔혹사를 청년 세대를 할퀴고 지나간 이른바 '4대 대란'을 중심으로 되돌아본다.

## 구조조정의 후폭풍, 취업 대란(1997~)

1985년은 내 대학 동기들이 졸업장을 받아든 해였다. 이 해 대학 졸업자 취업률은 63.9퍼센트였다. 전문대 졸업자 취업률은 72.8퍼센트, 실업계 고등학교 졸업자 취업률은 76.4퍼센트로 학력이 낮을수록 취업문은 더 넓었다. 아직 정부에서 청년 고용률● 통계를 집계하지 않던 때라 요즘과 직접 비교하기는 어렵지만 당시 20퍼

---

● 　고용률은 취업자 수를 생산 가능 인구로 나누어 구한다. 때문에 실질적인 고용 상황을 실업률보다 더 정확히 알려 준다. 현재 청년 고용률은 40퍼센트에 불과하다. 청년 10명 가운데 6명이 일을 못 하거나 안 하고 있다는 뜻이다. 반면 실업률 통계는 실업자 수를 경제활동 인구로 나누어 구한다. 경제활동 인구에는 학생, 주부, 취업 준비생, 군 입대 대기자, 취업 단념자 등이 포함되지 않는다. 정부는 주로 청년 실업률 통계를 사용하는데, 이에 따르면 2015년 2월 우리나라 청년 실업률은 11.4퍼센트이다. 20대 절반이 백수로 지내는 체감 현실과는 너무도 거리가 먼 수치이다.

센트 대에 불과했던 대학 진학률을 고려해 추정하면, 전체 청년 고용률은 60퍼센트 대를 훌쩍 넘겼던 것으로 보인다.

이렇게 양호했던 상황이 급변한 계기는 1997년 말에 발생한 외환 위기였다. 외환 위기 직후에는 기업의 인력 구조조정과 명예퇴직으로 한순간에 일터에서 쫓겨나 거리로 내몰린 가장이 수두룩한 상황이어서 청년 취업 문제는 상대적으로 덜 주목받았다.

외환 위기가 터지기 전 사회 중견의 위치에 오른 기성세대는 산업화와 민주화의 과실을 막 누리기 시작하던 참이었다. 전반적으로 경제가 성장한 데다가 민주화 바람으로 노동운동이 약진하면서 소득재분배가 어느 때보다 원활하게 이루어졌다. 노조라는 든든한 배경은 고용 안정을 도왔다. 그러나 외환 위기를 거치며 직장 분위기가 완전히 달라졌다. 산업화 시대를 관통했던 평생직장의 신화가 단숨에 무너졌다. 구조조정이 일상화되고 대규모 정리해고와 비정규직 양산으로 직장 분위기는 차갑게 내려앉았다.

그런데 기존 경력직을 정리해고하거나 비정규직으로 전환시키는 것은 기업으로서도 상당한 부담이 따르는 일이다. 기업에 대한 충성도 약화로 노동생산성이 하락할 수 있고 노조와의 마찰도 커지기 때문이다. 기성세대는 바뀐 환경에서 그간 누려 온 성과를 지키기 위해 안간힘을 다했다. 여기에는 1987년 노동자대투쟁 이후 형성된 노조의 조직력과 투쟁력이 상당한 보호막 역할을 했다. 이러한 조건에서 기업과 노조가 합의할 수 있는 가장 손쉬운 해결책은, 두 명 채용할 것을 한 명만 채용하고 그 한 명마저 비정규직으로 채우는 것이었다. 기업은 자연적인 구조조정 효과를 노리고, 노조와 현업 직장인들은 자신들의 피해를 최소화하는 절충점이었다.

구조조정으로 노동력을 대폭 줄인 기업은 경력직을 주로 채용하기 시작했다. 외환 위기 이후 대기업은 정규직 채용의 80퍼센트 이상을 경력직으로 채웠다. 가장 안정된 일자리라고 하는 대기업 정규직의 상당 부분이 구세대 안에서 돌고 돌았다는 얘기다. 그만큼 새롭게 사회에 진출하는 청년 세대의 몫은 줄었다. 대신 임시직과 계약직, 일용직 등이 급격히 증가하면서 청년 세대에게 돌아가는 일자리 대부분은 비정규직이었다. 1996년에서 2005년 사이 피고용자는 약 198만 명 늘었는데 그중 정규직은 41만 명 정도에 불과하고, 임시직과 일용직은 각각 115만 명과 42만 명이었다. 늘어난 피고용자의 80퍼센트 정도가 비정규직이었던 것이다.

비정규직에 대한 처우는 어땠나. 2004년 남성 정규직 노동자의 평균 임금을 100으로 놓았을 때 남성 비정규직 노동자의 평균 임금은 56.3이었다. 같은 일을 하고도 절반 정도의 임금밖에 받지 못했다. 늘어난 비정규직의 70퍼센트를 차지한 여성들은 그보다도 한참 못한 36.9였다. 비정규직에 여성 차별까지 더해져 이중 희생을 당한 것이다. 시간이 흘러도 상황은 개선되지 않았다. 2014년 한국노동연구원 조사에 따르면, 300인 이상 대기업 정규직이 100원을 받을 때 대기업 비정규직은 66원, 중소기업 정규직은 59원을 받고, 절대 다수를 차지하는 중소기업 비정규직은 41원밖에 받지 못한다.

임금 차별만이 아니다. 비정규직은 쓰다가 언제든 버릴 수 있는 일회용품 같은 존재이다. 재계약이 안 될까 봐 늘 불안에 떨어야 하고 4대 보험 등 복리후생에서도 소외되기 일쑤이며 인간적 차별까지 받았다.

공연기획사에서 일했던 ㄴ(27)씨의 주된 업무는 사무실 청소, 우편물 정리, 포스터 배포, 공연장 앞 티켓 확인 등의 잔일이었다. 공연기획 일을 배우러

들어갔지만 허드렛일을 더 많이 했다. 정직원이 5명인 이 회사는 인턴 월급으로 90만 원을 줬다. 인턴이 끝나면 정직원으로 채용해 주겠다는 말을 믿고 근로계약서도 안 썼다. 정규직 될 날만 기다렸는데 인턴 3개월을 꽉 채우자 회사는 그를 해고했다. 해고 사유는 "너 때문에 회사 분위기가 좋지 않다."였다. 어이없는 해고 통보를 받고 그는 몇 날을 울었다. "사람을 이렇게 쓰고 버리는구나." 싶어 억울하고 서러웠다.

해고를 당하고 나니 그간 있었던 일들이 이해가 갔다. 직원들은 특별한 이유 없이 그를 왕따시켰다. 밥을 먹을 때도, 주요 업무를 볼 때도 그를 배제했다. 사무실 벽 달력에는 3개월마다 각기 다른 이니셜이 적혀 있었다. 알고 보니 3개월 시한부 인생을 살다 간 인턴들의 이니셜이었다. ㄴ씨는 "5인 이상 직원을 두면 세금이 달라진다고 하더니 회사가 직원을 늘리지 않으려 인턴을 3개월마다 쓰고 버렸다."며 "인턴은 어차피 나갈 사람이니 아예 정을 주지 않은 것 같다."고 말했다.

—「한겨레」, 2015년 2월 23일자

이런 비정규 일자리조차 구하기 쉬운 게 아니다. 2008년부터 2013년까지 5년 동안 고용 규모를 키운 종업원 100인 이상 기업을 살펴보면, 일자리는 총 56만 1,000개가 늘었는데 그중 청년층 일자리는 6퍼센트인 3만 3,660개 증가하는 데 그쳤다. 결국 수많은 청년들이 밀리고 밀려 실업자로 전락했다. 2014년 우리나라 청년 고용률은 40.7퍼센트로 경제협력개발기구(OECD) 평균(50.9퍼센트)보다 10퍼센트포인트나 낮은 수치이다.

청년 세대는 자신들이 처한 상황을 납득하기 어렵다. 이들은 과거 그 어떤 세대보다 취업을 위해 많은 노력을 기울였고 학력과 제반 능력 대부분에서 월등하게 뛰어나다.[●] 김영하의 소설 『퀴즈쇼』에 나오는 한 청년의 푸념은 이들 세대의 울분을 고스란히 드러낸다.

"우리는 단군 이래 가장 많이 공부하고, 제일 똑똑하고, 외국어에도 능통하고, 첨단 전자제품도 레고 블록 만들듯 다루는 세대야. 안 그래? 거의 모두 대학을 나왔고 토익 점수는 세계 최고 수준이고 자막 없이도 할리우드 액션 영화 정도는 볼 수 있고, 타이핑도 분당 300타는 우습고, 평균 신장도 크지. 악기 하나쯤은 다룰 줄 알고. 맞아. 너도 피아노 치지 않아? 독서량도 우리 위 세대에 비하면 엄청나게 많아. 우리 부모 세대에는 저 중에서 단 하나만 잘해도, 아니 비슷하게 하기만 해도 평생을 먹고살 수 있었어. 그런데 왜 지금 우리는 다 놀고 있는 거야? 왜 모두 실업자인 거야? 도대체 우리가 뭘 잘못한 거지?"

외환 위기 이후 수익성을 위해 구조조정과 인건비 절감에 나선 기업의 행태와 어떻게든 자리를 지키려는 기성세대의 안간힘이 결합되어 이런 씁쓸한 결과가 만들어진 것이다.

---

[●] 현재 대졸자의 80퍼센트 정도가 비정규직으로 흘러들고 있다. 고학력자도 사정은 다르지 않다. 2014년 국내 박사 출신의 약 58퍼센트가 취업했는데 그중 68퍼센트가 비정규직이었다.

# 꿈은 빌 게이츠,
# 현실은 벤처 대란(1999~)

외환 위기 직후 출범한 김대중 정부는 위축된 한국 경제의 새로운 활로는 벤처기업 육성에 있다고 판단하고 이를 뒷받침할 각종 방안을 마련했다. 여건도 나쁘지 않았다. 한국 IT산업은 1990년대 후반만 해도 세계 IT업계가 주목하는 풍부한 잠재력을 과시했다. IT산업을 주도할 만한 새로운 기술과 아이디어가 한국에서 쏟아져 나왔다. 아이디어의 다양성과 창의성 측면에서는 실리콘밸리에 결코 뒤지지 않았다. 무료 인터넷 전화 기술을 개발한 다이얼패드, 채팅 문화를 선도한 스카이러브, 소셜네트워크의 선구자였던 아이러브스쿨, 싸이월드 등이 대표적인 사례이다. 적절한 수익 모델만 찾으면 벤처 신화를 창조할 수 있는 것들이었다.

여기에 정부의 적극적인 지원이 가세하자 삽시간에 벤처 붐이 일어났다. 전성기를 구가하던 IT산업을 중심으로 창의적 아이디어가 쏟아져 나왔고 이를 바탕으로 벤처 창업이 줄을 이었다. 언론은 연일 벤처 띄우기에 열을 올렸고 대학가에도 벤처 열풍이 불었다. 관련 학과들이 증설되는가 하면, 벤처 창업 동아리가 유행처럼 번졌다. 모험심과 열정으로 들끓던 수많은 젊은이들이 부모로부터 돈을 빌려 벤처 창업에 뛰어들었다. 당시만 해도 청년 세대는 실패의 트라우마가 별로 없었다. 남들이 부러워하는 좋은 직장도 때려치우고 창업에 뛰어드는 경우도 비일비재했다. 그 여파로 기업에서는 좋은 인재를 죄다 놓칠 수 있다는 위기의식을 갖기에 이르렀다. 급기야 전경련 회장단 모임에서 벤처 붐으로 인해 대기업 경쟁력이 약화될 수 있으니 자제해 달라는 읍소가 나올 지경이었다. 결국 대응 방안으로 나온 것이 사내 벤처 육성이었다. 그렇게 해서 성공한 사례들이 여럿 있었는데, 포털 사이트 네이버●도 그중 하나이다.

그러나 벤처 붐은 오래지 않아 곳곳에서 문제를 드러냈다. 실리콘밸리의 벤처 캐피털은 벤처기업의 잠재적 가치를 중심으로 장기 투자를 하는 것이 일반적이다. 자본주의 경험을 수세대에 걸쳐 쌓은 미국에서는 오랫동안 경제 일선에서 현역으로 활동하던 이들이 퇴직 후 엔젤 투자자로 나선다. 이들은 벤처 사업가들에게 자금만 대주는 것이 아니고 경영, 회계, 기술, 인적 네트워크 등 다양한 경험과 전문 지식으로 신생 기업을 돕는다. 이런 방식으로 후진을 위해 일하는 것은 미국 기업인들 사이에서 자연스러운 사회 문화의 하나로 정착했다.

하지만 우리나라의 벤처 붐 시절에는 이런 건전한 투자를 찾아보기 어려웠다. 다수 투자자에게 벤처기업은 그저 투기의 대상이거나 일확천금의 수단일 뿐이었다. 저질 투기 세력은 벤처기업의 성장과는 관계없이 갖가지 이슈를 만들고 거짓 정보를 흘리면서 자기들끼리 지분을 돌렸고 이를 통해 주가를 수백 배까지 뛰도록 만들었다. 벤처 생태계를 폭탄 돌리기 노름판으로 만들어 버린 것이다.

폭탄 돌리기 게임의 주 무대가 된 코스닥에서는 과연 어떤 일이 벌어졌을까? 벤처기업 투자를 목적으로 1996년 출범한 코스닥 시장은 벤처 붐을 타고 폭발적으로 성장했다. 1999년도에는 1년 동안 시가총액이 12배 증가하는 기염을 토했다. 코스닥에 상장한 새롬기술 대표가 순식간에 3000억 원대 주식 거부가 되는 등 말 그대로 일확천금을 거두는 사례가

---

● 　네이버는 1997년 삼성SDS의 사내 벤처 '네이버 포트'가 기원이다. 1999년 6월 독립해 검색 포털 네이버 서비스를 시작했다.

속출하자 너도 나도 돈다발을 들고 코스닥으로 몰려들어 '묻지 마' 투자를 하기에 이른다.

그러나 폭탄은 언젠가는 터지기 마련이다. 1999년 말 나스닥 기술주가 폭락하자 상황은 순식간에 급변해 코스닥 시장은 일시에 폭락했다. 1999년 말 98조 7000억 원으로 최고치를 기록했던 코스닥 시장 시가총액은 5년 후인 2004년 10월 30조 원 수준으로 곤두박질했다. 대략 68조 원이 증발해 국내외 투기 세력의 호주머니 속으로 들어간 것이다. 반면 뒤늦게 합류한 중산층과 서민 투자자들은 투자금 대부분을 날려야 했다.

그렇게 김대중 정부 시절의 벤처 붐은 한때의 신기루로 끝나 버렸다. 주가 급등만 믿고 빚을 끌어다 무리하게 사업을 확장한 벤처기업 대부분이 처참하게 무너졌다. 벤처 붐에 뛰어든 청년 세대는 직격탄을 맞고 나동그라졌다. 상당수의 젊은 창업자들이 빚은 빚대로 떠안은 채 실패자라는 낙인을 달고 추락했다.

# 달콤한 유혹,
# 카드 대란(2000~)

은행은 돈벌이 기업인가, 금융기관인가? 요즘 이런 질문은 우문이 되어 버렸다. 외환 위기 전까지는 은행이 사회 경제 활동에 필요한 돈의 흐름을 매개하는 공적 기능을 수행했다. '금융기관'이라는 말에 드러나듯, 은행은 수익성을 목표로 한 사기업이라기보다 공적 기관에 가까운 역할을 했다. 관치 금융의 문제가 종종 불거지기는 했지만 말이다.

그런데 외환 위기를 거치며 은행을 포함한 금융기관의 모습이 확 달라졌다. 은행은 일반 기업과 마찬가지로 철저하게 돈벌이에 초점을 맞추는 '금융회사'로 변신했다. 외환 위기 이전인 1995년 국내 시중 은행들의 자기자본이익률(ROE)은 4.2퍼센트 정도였으나 2001년에는 15.9퍼센트로 뛰었다. 외환 위기 이후 구조조정과 수익 경영에만 몰두한 결과이다.

금융회사들은 경쟁하듯 돈장사에 열을 올렸다. 외환 위기로 기업 대출의 위험을 경험한 금융사들은 비교적 쉽고 안전한 개인 대출에 매달렸다. 그러나 당시만 해도 우리 사회는 빚내는 것을 대단히 부담스러워하는 분위기였다. 가계와 개인 대출을 늘리려면 일반적인 대출과는 다른 수단이 필요했다. 그 대안은 신용카드였다. 금융권은 당연히 반색했고 항상 소비자의 지출 증대가 절실한 기업과도 이해관계가 정확히 맞아떨어졌다.

금융사들은 '신용 사회'라는 구호를 내세우며 신용카드를 대대적으로 보급하기 시작했다. 외환 위기 이전에는 평균 20~30퍼센트 수준이던 신용카드 발급 증가율이 2000년 48퍼센트, 2001년 58퍼센트로 폭등했다. 그 결과 1999년까지 4000만 장이던 국내 신용카드 발급 수가 2002년에 1억 장을 돌파한다.

이러한 흐름에 장단이라도 맞추듯 정부는 신용카드 한도 규제를 완화했다. 그러자 신용카드 대출 경쟁이 촉발되었고, 급기야 신용카드 한 장으로 아무런 상담 없이 수천만 원까지 인출할 수 있게 되었다. 현금서비스, 카드론, 리볼빙 등 명칭도 다양한 각종 서비스가 출현했다. 그래 봐야 포장을 벗기고 나면 그저 개인을 대상으로 한 단기 대출일 따름이었다. 그마저도 이자율이 은행 대출보다 턱없이 높은 고금리 대출이었다.

정신없이 빌리고 꿔주다 보니, 신용카드 대출(현금서비스) 잔액은 1998

년 10조 원 수준에서 2002년 하반기 무려 60조 원까지 급팽창했다. 2003년이 되자 카드 대출의 상당 부분이 상환이 어려운 부실 대출임이 드러났다. 곳곳에서 대출금을 갚지 못하는 사태가 벌어졌다. 금융권은 5만 원 이상의 신용카드 대금을 3개월 이상 갚지 못하는 사람들을 가차 없이 신용불량자 명단에 올렸다. 일순간에 신용불량자로 전락한 사람들이 줄잡아 300만 명에 이르렀다.

신용카드는 특히 청년 세대에게 파급력이 컸다. 구세대는 현금 위주 소비 생활에 익숙한 탓에 적극적인 신용카드 사용자가 되기까지 다소 시간이 걸렸다. 결국 카드 대란 피해자의 압도적 다수를 청년들이 차지했다. 이들은 졸지에 신용불량자 낙인이 찍혀 정상적 사회생활이 어려워졌다. 세상이 청년 세대를 가지고 장난을 친 것일까? 소비를 부추겨 댄 기업, 신용카드를 무제한 발급한 금융사, 이를 감독해야 할 상황에서 오히려 문호를 열어 주고 법규를 고쳐 가며 조력한 정부까지, 기성세대 모두가 한통속이었다. 온 사회가 돈의 광기에 휘말린 것이다.


## 욕망의 무한 질주,
## 부동산 대란(2003~)

외환 위기를 전후해 사회에 첫발을 내디딘 청년 세대들이 취업 대란, 벤처 대란, 카드 대란을 겪으며 어렵사리 세파를 헤쳐 나가다 보니 어느덧 결혼 적령기가 다가왔다. 결혼을 앞두고 가장 큰 숙제는 주거 공간을 마련하는 일이다. 그런 청년들 앞에 또 하나의 대란이 기다리고 있었다.

과거 주택 보급률이 낮았던 시절, 부동산을 둘러싼 갈등은 주로 소득 계층 간 갈등 양상이었다. 부동산을 많이 보유한 소수 부유층은 가격이 뛰면 막대한 차익을 거두지만 대다수 서민은 주거비 폭등으로 고통스런 비명을 질렀다. 따라서 부동산 가격의 이상 급등은 여론의 지탄을 받았고, 정부는 부동산 투기 단속에 나서지 않을 수 없었다.

세월이 흐르자 상황도 바뀌었다. 2014년 서울의 주택 보급률은 103퍼센트, 전국 주택 보급률 역시 102.2퍼센트에 이른다. 수도권이 93.9퍼센트로 아직 부족한 상황이지만, 나라 전체적으로 주택은 크게 부족하지 않은 상황이며 민주화 운동이 한창이던 1987년의 주택 보급률 69.2퍼센트에 비해서도 한참 높아졌다. 1가구 다주택 보유자를 고려하더라도 서민과 중산층의 내 집 마련이 상당히 이루어졌고 어느 정도 나이를 먹은 세대라면 자가 주택 보유자가 꽤 늘어난 것이다.

이제 새로이 집을 구입하거나 임대해야 하는 수요는 소득 계층과 관계없이 부모로부터 독립해 살림을 차려야 하는 청년 세대에 집중된다. 부동산을 둘러싼 갈등 지형은 소득 계층 갈등에서 세대 갈등으로 바뀌기 시작했다. 바로 그 시점에 정부는 아파트 분양가를 건설사들이 자율적으로 정하도록 맡겼다. 외환 위기 이후 사회를 지배한 시장 원리에 따른다는 논리였다. 심지어 공익을 우선해야 할 토지공사와 주택공사*마저 수익 창출에 눈을 돌리기 시작했다.

공기업까지 가세한 상태에서 건설사들은 수익을 높이기 위해 아파트 분양가를 최대한 끌어올렸다. 서울에서 동시 분양 아파트의 평당 분양가는

●  2009년 10월 한국토지주택공사로 합쳐졌고 약어로 LH공사라고도 한다.

1998년 543만 원에서 2004년 1263만 원으로 2.3배나 폭등했다. 분양가가 뛰자 기존 아파트 시세도 덩달아 뛰기 시작했다. 2003년 노무현 정부 출범 이후 2005년 10월까지 전국의 아파트 시가총액은 무려 276조 원이나 늘어났다. 상승 곡선은 2006년 정점에 이르렀다. 아파트 분양가가 불과 몇 년 전에 비해 두세 배 올랐고 전월세 또한 천정부지로 뛰었다. 부동산 대란이 터진 것이다. 이 시기는 1990년대에 10대를 보낸 청년 세대들의 상당수가 결혼을 하면서 주거 공간 마련에 골몰하던 때였다. 어쩔 도리 없이 이들은 상당한 액수의 대출을 받아 아파트를 구입하거나 전월세 자금을 마련했고, 대다수가 아직까지도 그 빚을 갚느라 허덕이고 있다.

부동산 대란을 야기한 책임의 상당 부분은 김대중과 노무현 두 정부의 정책에 있다. 이들 정부는 상대적으로 청년 세대로부터 많은 지지를 받았다. 그러나 부동산 정책은 청년 세대의 고통을 가중시키는 방향이었다. 이후에도 정권에 관계없이 정부의 부동산 정책은 일관되게 주택 가격의 안정보다는 상승 유도에 초점을 맞춰 왔다. 2015년 3월 말 기준으로 은행권 주택 담보 대출 규모는 418조 원에 달한다. 부동산 가격이 하락하면 이 막대한 대출 잔액의 원리금 상환에 문제가 생기고 깡통 아파트가 속출할 수 있다. 이러한 파국을 일단 모면하고 보자는 방향으로 가다 보니, 결국 주거 안정이 아닌 거래 활성화를 부추기는 정책이 도미노처럼 이어진 것이다. 여기에 자기 집을 보유한 오륙십 대 이상의 기성세대가 집중적으로 장단을 맞췄다. 2012년 대선에서 아파트 가격 인상을 기대하며 보수적인 박근혜 후보에게 표를 몰아준 것도 이들이다. 결과적으로 2012년 대선이 세대 간 대결로 비화한 것은 이러한 경제적 맥락과 무관하지 않다.

상황은 전세 대란으로 비화하며 더욱 악화되었다. 은행 금리가 1퍼센트

취업난으로 취업 재수생과 휴학생이 늘어 대학교 인근 자취방, 하숙방이 항상 부족하다. 전월세 값 상승으로 학생들의 부담이 커지고 있다.

수준으로 떨어져 사실상 마이너스 금리 시대가 열리자 주택 소유자들은 전세를 월세로 전환하기 시작했다. 그 결과 전세 물량이 품귀 현상을 빚어 전세금이 매매가에 육박하는 기현상이 벌어졌다. 세입자들은 울며 겨자 먹기로 월세를 받아들일 수밖에 없었다. 월세의 경우 금융비용이 전세에 비해 세 배 정도 더 든다. 월세를 지불하고 나면 가처분소득이 급격히 줄어들고 그만큼 생활이 팍팍해질 수밖에 없다.

한 개인이 평생을 살면서 가장 비싼 값을 지불하는 재화는 대개 부동산이다. 직접 구매든 임대든 마찬가지다. 그런데 아직 재산을 모으지 못한 청년 세대에게 부동산 폭등은 일방적으로 불리한 게임이다.

언뜻 보기에 부동산을 둘러싼 갈등 구도는 매우 단순 명료하다. 나이 든 세대는 부동산 가격이 오르기를 바라고 청년 세대는 반대로 가격이 안정되기를 원한다. 하지만 사실상 오륙십 대의 대다수는 1가구 1주택 보유자들로서 집값이 오른다 해도 내다 팔아 프리미엄을 챙길 수 있는 처지가 아니다. 도리어 집값이 오르면 자녀의 주거 공간 마련을 지원할 때 그만큼 더 많은 부담을 져야 한다. 명백히 손해를 보는 입장인데도 집값 상승에 목맨다. 나만 손해 볼 수 없다는 심리다. 이들은 자기 이익에 매달리다 결국 자기뿐 아니라 전체가 큰 피해를 입는 '죄수의 딜레마'를 초래하고 있다.

## 다시 기성세대에게 돌아온
## 부메랑

결코 의도한 바는 아니었겠지만 결과만 놓고 보면, 지금의 오륙십 대를 중심으로 하는 기성세대가 자신의 이익을 지키느라 청년들에게 일방적으로 부담을 덧씌웠다. 외환 위기 이후 어느덧 20년 가까이 이런 현상이 여러 계기별로 이어진 셈이다.

직장에서 구세대가 정규직 지위를 유지하려고 발버둥치는 동안 다수의 청년 세대가 비정규직으로 흡수되어 기성세대의 고용 안전판 구실을 해주었다. 정리해고 등으로 직장에서 밀려난 구세대 상당수가 자영업에 뛰어들었을 때 알바 형태로 저임금 노동력을 제공한 것도 청년 세대였다. 국세청 통계에 따르면 자영업 폐업률이 84퍼센트를 넘어서고 350만 자영업 가구 가운데 연간 소득이 2600만 원 아래인 생계형 자영업 가구 수가 145만에 이른다. 직장에서 밀려나 어쩔 수 없이 자기 장사를 시작했지만 최저 생계비조차 벌지 못하는 자영업자가 그만큼 많다는 것인데, 이마저도 청년 세대의 희생이 없었다면 불가능했을 것이다.

그래서 기성세대가 편안하게 잘살고 있는가, 하면 결코 그렇지 못하다. 그들은 자기 자녀를 통해 청년 세대 문제의 부메랑을 고스란히 돌려받고 있다. 입시와 스펙 경쟁을 위해 막대한 사교육비를 썼는데 졸업 후에도 실업자 신세인 자녀의 생활비를 부담하느라 가계 형편은 나날이 쪼들린다. 부동산 가격이 폭등해 결혼 비용이 억 대에 이르니, 집 팔고 대출 얻어 겨우 자식들 시집 장가를 보낸다. 결국 한국 노인 빈곤율은 50퍼센트에 육박하고 여성 노인 빈곤율은 47.2퍼센트로 OECD 국가 가운데 1위라는 불명예를 얻게 되었다. 어렵게 도달한 중산층 자리를 지키려고 발버둥 치며 살았을 뿐인데, 그 사이 자식 세대는 희생되고 기성세대는 노후조차 위태로운 처지에 놓인 것이다.

왜 우리 사회는 지난 20년간 이런 바보 같은 게임을 벌여 온 것일까? 기성세대는 청년들에게 이런 구조를 설명하지 않았다. 이제 청년들은 더 이상 부모 세대의 말에 귀 기울이지 않는다. 청년 세대의 머릿속에 수많은 의문부호가 쌓여 가면서 그들의 의식은 서서히 보이지 않는 변화를 축적했다. 그 일단의 변화가 우리 사회에 서서히 터져 나오고 있다. 이 책의 9장에서는 그 같은 변화의 싹에 대해서도 자세히 살펴볼 예정이다.

두 번째
질문

# 외환 위기는
# 한국 사회를 어떻게 바꿨나?

청년 세대의 고통의 근원을 더듬어 올라가면 1997년 외환 위기가 강력한
시발점이라는 사실을 알 수 있다. 지난 20년간 이어진 청년 잔혹사는 외환
위기, 더 정확하게 말하자면 외환 위기로 형성된 한국 사회구조와 불가분
의 관계이다.

여러모로 외환 위기는 한국 사회를 그 이전과 이후로 나눌 만큼 중요한 분기
점이 되었다. 도대체 외환 위기는 한국 사회에 어떤 변화를 불러온 것일까?

# 응답하라
# 1990년대

외환 위기 전후로 한국 사회가 얼마나 변했는지 살피기 위해서 잠시 1997년 이전 시대상을 호출해 보기로 하자.

"응답하라, 1990년대. 아니, 1997년 이후는 말고…. 오버."

최근 각종 매체가 1990년대를 추억의 대상으로 떠올렸다. 드라마 〈응답하라 1994〉 등이 인기를 끌었고, 『한겨레』는 '응답하라 1990년대'라는 기획을 연재해 독자의 호응을 얻었다. 예능 프로그램 〈무한도전〉은 1990년대 인기 가수들을 한자리에 모아 공연하는 기획으로 대박을 터뜨렸다. 알게 모르게 우리 사회가 1990년대에 짙은 향수를 느끼고 있음을 짐작케 하는 단면들이다.

격동의 한국 현대사에서 1990년대는 비교적 안정적이고 풍요로운 시기였다. 적어도 1997년이 오기 전까지는 그랬다. 정치 영역만 봐도 군복 벗은 군 출신 대통령(노태우)을 거쳐 민간인 대통령(김영삼)이 선출되었고, 바야흐로 민주화를 다시 군부 독재로 되돌리는 일은 불가능해 보였다. 경제성장의 열매가 맺히는 가운데 노동운동의 활성화로 소득재분배가 진척되면서 삶의 질도 뚜렷이 나아졌다. 덕분에 다양한 세력이 비교적 큰 갈등 없이 평화롭게 공존할 수 있었다. 병영 통제를 벗어난 대중문화는 르네상스를 구가하며 보고 즐길 거리를 풍성하게 제공했다. 시간이 흐를수록 삶은 더욱 여유롭고 풍요로워질 것으로 보였다.

1987년 6월민주항쟁 이후 민주화가 꾸준히 진척되었다.* 굴곡을 겪으면서도 한번 궤도에 오른 민주화의 물결은 거스를 수 없는 추세로 발전했다. 노태우에 이어 집권한 김영삼 정부는 군사독재의 잔재를 청산하는 작업에 박차를 가했다. 1993년 고위 공직자 재산 공개 추진으로 부정하게 재산을 축적한 군부독재 잔존 세력들은 크게 타격을 입었다. 12·12 및 5·17 군사쿠데타의 모태가 되었던 군부 내 하나회 조직도 전격 해체되었다. 또한 전두환·노태우를 위시해 쿠데타 핵심 주모자 대부분이 구속되어 유죄 판결을 받았다. 이로써 군부가 정치에 개입해 영향력을 행사할 수 있는 여지는 급속히 사라졌다.

1990년대에는 또한 국민이 자신의 정부를 선택하고 의사를 반영할 수 있는 절차적 민주주의가 정착 단계에 접어들었다. 김영삼 정부 말기에 있었던 노동법·안기부법 날치기 파동처럼 절차적 민주주의를 훼손하기 위한 시도에 대해서는 '어떻게 해서 여기까지 왔는데!' 하는 정서적 반발과 함께 강력한 국민적 저항이 뒤따랐다. 민주주의 핵심 영역인 언론과 출판, 집회·시위의 자유 또한 여전히 부족한 구석이 많았지만 이전과 비교할 수 없이 신장되었다.

민주화가 국민 각자의 삶에 미친 영향은 실로 대단한 것이었다. 군사독재가 기승을 부리던 시절 국민은 이래저래 주눅 든 삶을 살아야 했다. 하다못해 하급 관료 앞에서조차 움츠려야 했다. 하고 싶은 말도 제대로 못하

● 물론 우여곡절이 없었던 것은 아니다. 1987년 12월 치러진 13대 대통령 선거에서 쿠데타 주역 노태우 후보가 당선된 것은 많은 국민에게 큰 실망감을 안겼다. 노태우 후보는 33.64퍼센트라는 역대 최저 득표율로 대통령에 당선되었다. 투표자 셋 가운데 둘은 노태우 후보를 지지하지 않았다는 뜻이다. 전체 국민에게서 불과 828만 표를 얻어 당선된 노태우는 집권 기간 내내 낮은 지지도를 의식하지 않을 수 없었다. 그래도 6월항쟁으로 대통령 직선제를 확보한 국민들은 자신감이 있었다. 5년 후 갈아치우면 된다는 생각이 있었기에 실망은 했지만 좌절하지는 않았다. 1991년 봄 무려 열두 명의 고귀한 청춘이 노태우 정권에 항거하며 자살한 이른바 분신 정국도 민주화를 계속 진전시켜 나가는 과정에서 발생한 시대의 아픔이었다.

고 눈치를 살피며 살다 보니 술에 취해 평소 불만을 토로하다가 실형을 사는 경우도 종종 발생했다. '막걸리 보안법'은 그래서 나온 표현이었다. 언론은 권력의 엄격한 통제 아래 있었기 때문에 국민의 신뢰를 얻지 못했다. 유비통신(유언비어 통신), 즉 입에서 입으로 전해진 소식이 훨씬 파급력이 컸던 것도 이런 사정에서 비롯했다.

1990년대 들어 이러한 상황이 극적으로 변했다. 국민은 권력자 앞에서도 더 이상 기죽지 않았다. 국가보안법의 제약이 여전히 남아 있었지만 이전 시기와는 비교할 수 없는 언론과 표현의 자유를 누렸다. 여기에다 인터넷을 중심으로 한 디지털 문명이 확산되면서 기술적 환경에서도 혁명적 변화가 일어나 원하는 정보를 쉽게 얻고 유통시킬 수 있게 되었다. 비로소 입과 눈과 귀가 열리고 제대로 기능하는 세상이 펼쳐진 것이다. 민주화는 이처럼 정치학 교과서에 담긴 추상적 가치가 아니라 생활 곳곳에서 오감으로 확인되는 삶의 실체였다.


## 포효하는
## 아시아의 호랑이

외환 위기 이전의 1990년대는 한국 경제사에서 국민들이 성장의 과실을 가장 고르게 나눠 가진 시기이기도 하다. 민주화의 성과가 사회 및 경제 영역으로까지 스며든 결과이다. 그동안 별개의 흐름처럼 존재하던 산업화와 민주화가 1990년대에 접어들며 하나로 융합하기 시작했다고 볼 수 있다.

1960년대 이후 산업화가 빠르게 진행되었으나 소수 상류층 이외에 대

다수 국민은 삶의 질이 크게 달라지지 않았었다. 인구 절대다수는 여전히 산업화를 위해 허리띠를 졸라매고 희생할 것을 강요당했다. 하지만 1990년대 접어들어 국민의 삶이 실질적으로 개선되기 시작했다. 여기에는 1987년 노동자대투쟁(211쪽 참고)의 영향이 컸다. 지속적인 노동자 투쟁에 힘입어 소득재분배가 꾸준히 개선되었다. 서민 구매력이 높아지자 내수 시장도 폭발적으로 증가했다. 덕분에 경제가 안정적으로 성장할 수 있었으며, 100퍼센트에 가까웠던 무역 의존도는 절반 수준으로 떨어졌다. 한국 경제의 약점으로 꼽히던 대외 의존성도 크게 완화된 것이다. 노동자 투쟁이 국민경제의 성격마저 일정하게 변화시켰던 셈이다.

절대 빈곤층이 남아 있긴 했지만 다수 국민은 삶의 질을 추구할 여력이 생겼다. 과거에는 비교적 잘 사는 중산층 이상에서나 가능하던 소비 행위들이 폭넓게 대중화되었다. 야구장 단골 응원가인 윤수일의 '아파트'는 1982년에 처음 발표되었다. '별빛이 흐르는 다리를 건너 바람 부는 갈대숲을 지나 언제나 나를 기다리던' 그곳, 과거 선망의 대상이던 아파트가 1990년대에 접어들며 대중적인 주거 공간으로 자리매김했다. 이전에는 출세의 상징이던 자가용 승용차 역시 평범한 교통수단으로 내려왔다. 자동차 내수가 수출을 앞지른 것도 이 무렵이다. 1990년대 중반 유홍준의 『나의 문화유산 답사기』가 베스트셀러가 되면서 문화유산 답사 붐이 인 것도 자가용 대중화와 밀접한 관련이 있다. 컴퓨터는 전문가나 보유하던 고가 전자 제품에서 냉장고와 다름없는 가정 필수품으로 정착했고, 1989년 해외여행 문호가 개방되며 해외여행도 급격히 늘었다. 출국자 수가 해외여행 자유화 조치 원년인 1989년 121만 명에서 1996년에는 464만 명으로 네 배 뛰었다.

생활수준이 높아지자 자기 계발 열풍과 함께 가치 지향적 삶을 추구하는 경향이 강해졌다. 일례로, 산업화 과정에서 도외시했던 환경 문제에 대한 관심이 부쩍 높아졌다. 각종 시민운동에 직접 참여하거나 후원하는 사람들도 전에 없이 늘었다.

1990년대는 말 그대로 대중문화 르네상스기였다. 1980년대까지 한국 대중문화는 팝송과 할리우드 영화의 그늘에서 벗어나지 못했고, 끊임없는 저질 시비에 시달렸다. 고급문화와 대중문화 사이에 넘을 수 없는 벽이 존재했다. '딴따라'라는 경멸 섞인 표현에서 드러나듯 연예인이 문화예술인으로 대접받는 경우는 거의 없었다. 무엇보다 권위주의 정권이 가한 이중, 삼중의 검열이 대중문화 발전을 크게 가로막았다.

어디 내놓을 것 하나 없던 한국 대중문화가 1990년대 들어 혁신적인 변화를 거듭했다. 그 원동력 역시 민주화였다. 일례를 들자면, 관련 종사자의 열띤 투쟁의 결과 대중가요와 영화에 대한 사전심의 제도가 폐지되었다. 검열과 심의 등이 약화되면서 문화 창조에 탄력이 붙기 시작했다. 한편, 가요계의 반란군이었던 서태지는 기존 음반 제조회사에 종속되는 것을 거부했다. 독자적으로 '기획 회사'를 설립함으로써 자본의 지배에서 벗어난 가수 중심의 새로운 시스템을 창출했다. 이후 한국 가요계에는 서태지가 구축한 시스템이 대세를 이루었고, 덕분에 풍부한 실험과 도전이 이루어졌다.

대중문화의 위상이 크게 달라지면서 1980년대 중반까지 FM 라디오 방송의 70~80퍼센트를 차지하던 팝송을 제치고 그 자리를 한국 가요가 대신했다. 마찬가지로 할리우드 영화의 그늘에 가려 있던 한국 영화 역시 관객 점유율에서 전혀 밀리지 않는 수준에 올라섰다. 1990년대 후반 대만과 중국 언론에서 '한류'라는 말을 처음 쓰기 시작했다. 이후 지속된 한류 붐으로 지금은 한국 대중문화의 국제적 위상이 비교할 수 없이 높아졌다. 고급문화와 대중문화의 경계도 거의 사라졌다. 대중문화의 품격이 높아진 동시에 뮤지컬 등 고급문화는 대중화되면서 양자의 간격이 줄어든 것이다. 대중문화가 유흥과 오락 수준을 넘어 문화 콘텐츠 산업으로 국가 경제의 중요한 축으로 자리 잡은 지금, 그 근원은 이처럼 1990년대에 형성된 셈이다.

이렇듯 외환 위기 이전 1990년대 한국은 모든 방면에서 발전을 거듭하는, 젊고 자신감 넘치는 국가였다. 자본주의 세계에서 보기 드물게 노동운동 강화와 소득분배율 개선, 중산층 확대 움직임이 경제성장과 동시에 이루어지고 있었다. 많은 개발도상국가가 한국을 모범적인 발전 모델로 삼기에 충분했다. 선진국 역시 한국의 지속적인 발전을 경이로운 시각으로 바라보았다.

1993년 세계은행은 「동아시아의 기적(The East Asian miracle: economic growth and public policy)」이라는 보고서에서 한국, 싱가포르, 홍콩, 대만 4개국을 '아시아의 네 마리 호랑이(또는 용)'로 지칭하며, 이들 국가가 고도성장과 불평등 감소를 동시에 이룬 모범적인 나라라고 평했다. 네 호랑이라지만 사실 나머지 세 나라의 GDP를 다 합쳐야 한국의 GDP와 비슷한 규모에 불과했다. 그야말로 한국은 가장 늠름하게 포효하는 호랑이였다.

보고서는 또한 동남아시아의 인도네시아, 말레이시아, 태국의 성장도 언급하면서 전체적으로 아시아의 성장이 동구권 사회주의 붕괴의 주요한 원인 중 하나라는 의미심장한 분석도 덧붙였다. 그런데 아이러니한 일이 벌어진다. 불과 4년 후 이 보고서에서 성장의 모범 사례로 언급한 아시아 주요 국가들이 차례로 외환 위기를 맞게 된 것이다. 더불어 아시아의 호랑이라는 용어도 점차 자취를 감추었다. 우연이었을까. 아니면 사회주의권 붕괴로 경쟁자가 사라진 자본주의 체제가 내부에서 좀 더 약한 놈을 찾아먹잇감으로 삼는 약육강식의 본색을 드러냈던 것일까. 한국이 외환 위기에 빠져드는 과정과 이후의 변화 과정을 살펴보면서 답을 유추해 보자.

# 한국,
# 토끼몰이를 당하다

외환 위기 발발 과정을 복기해 보면, 사태의 첫 발단으로 김영삼 정부의 섣부른 금융시장 자유화와 개방이 먼저 눈에 들어온다. 김영삼 정부는 민주화와 선진화라는 두 가지 과제를 임기 안에 매듭짓겠다는 강박에 사로잡혀 있었다. 이 같은 조급증은 대통령 개인의 뚝심과 화끈한 승부사 기질 탓이기도 하지만, 보다 근본적으로는 김영삼 정부 출범 과정에서 그 원인을 찾을 수 있다.

정치인 김영삼은 26세에 최연소 국회의원으로 당선되며 화려하게 정치에 입문한 이래 줄곧 골수 야권 인사로 살았다. 그러나 1987년 대통령 선거에서 패배한 뒤 김영삼은 생각을 바꿨다. '1여 다야' 상황에서는 평생 꿈인 대통령이 될 수 없다고 판단하고는 누구도 생각하지 못한 카드를 뽑아 들었다. 당시 집권당인 민주정의당, 제3야당인 신민주공화당, 그리고 자신이 총재로 있던 제2야당인 통일민주당의 합당을 단행한 것이다.●

김영삼은 3당 합당으로 탄생한 민주자유당을 기반으로 1992년 대선에 승리해 제14대 대통령에 취임한다. 떳떳치 못한 배경에서 출범한 김영삼 정부로서는 서둘러 이전 군사정권과 뚜렷이 차별화하고 성과를 과시하겠다는 부담이 상당했다. 그 같은 조급증이 파국의 근원이 될 조치를 잇달아 취하도록 내몰았다. 우선, 관치 금융을 해소한다는 취지를 내세워 정부가 쥐고 있던 금융기관을 서둘러 민영화했다. 금융시장 자유화를 추진한 것이다. 김영삼 정부는 이를 민주화의 화룡점정으로 생각했다. 더불어, 한국을 선진국 반열에 올려놓는 상징적 조치로서 OECD 가입을 서둘렀다. 그런데 가입의 전제조건이 다름 아닌 금융시장 개방이었다.

마침 미국은 한국 정부에 금융시장 개방 압력을 집중적으로 가하고 있었다. 그런 와중에 자진해 OECD 가입을 서두르는 김영삼 정부의 태도는 미국 입장을 매우 편하게 만들어 주었다. 이후의 역사가 입증하듯, 금융시장 개방은 미국이 신자유주의 세계화 전략을 관철시키는 첫 번째 수순이다. 하지만 당시 정부는 금융시장 개방이 불러올 파장을 면밀하게 검토할 시간도 능력도 부족했다.

금융시장 자유화 및 개방 조치로 재벌은 전례 없이 돈줄이 풍부해졌다. 해외 차입이 쉬워졌고 사금고나 다름없이 된 금융기관으로부터 언제든지 필요한 자금을 조달할 수 있었다. 재벌들은 매출 규모를 키우기 위해 앞뒤 가리지 않고 경쟁적으로 투자를 확대했다. 그러나 무모하기 짝이 없는 과잉 중복 투자는 끝내 연쇄 부도 사태로 이어졌다. 1997년 1월 한보, 3월

● 　김대중이 총재로 있던 제1야당인 평화민주당만 배제시킨 이 합당은 1990년 1월 22일 전격 발표되었다. 1987년 대통령 선거와 같은 1여(민정당) 2야(양 김씨) 구도에서는 김영삼은 만년 제2야당을 벗어날 수 없고 대통령의 꿈은 달성할 수 없는 것이었다. 이런 점에서 원칙도 명분도 없는, 단지 권력을 위한 야합이었다. 재야 세력은 물론 시민사회로부터 거센 비난을 받은 것은 당연했다. 한편 미국과 한국 지배층 내부에서는 6월항쟁 이후 거세지고 있는 기층 민중운동으로 한국 사회가 자본주의와 미국의 영향권에서 벗어나는 데 대한 우려가 있었다. 3당 합당은 이를 견제하기 위한 보수 대연합의 성격이 강했다.

삼미, 4월 진로, 6월 기아차 부도를 거쳐 대기업이 연쇄적인 부도 사태에 휘말려 들어갔다.

연쇄 부도로 부실 채권이 급증하자 다급해진 은행들은 국제결제은행 (BIS) 기준 자기자본비율*을 맞추기 위해 신규 대출을 줄임과 동시에 기존 여신을 대대적으로 회수했다. 자금난에 직면한 기업들은 도리 없이 종합금융사 등을 통해 해외 자금을 끌어오기 시작했다. 그 바람에 대외 부채가 급격히 증가했다. 게다가 국내 기업의 신용이 불안하다 보니 금리가 높은 단기 외채에 의존할 수밖에 없었다. 1994~96년 사이 연간 외채 증가율은 33.6퍼센트에 이르렀는데, 이는 외채 위기가 거론되었던 1979~1985년의 17.8퍼센트보다 2배가량 높은 수준이었다. 1993년 440억 달러 규모이던 외채는 1997년 최고 1280억 달러까지 늘었다. 더욱 심각한 것은 단기 외채 비율이 1996년 말 이미 58.3퍼센트로 가파르게 증가하고 있었던 점이다.

위태롭기 그지없는 상황에서 월가 금융기관들은 한국 시장에 투입한 자금을 서둘러 빼가기 시작했다. 한국 정부는 이러한 상황에 대해 속수무책이었다. 외환 보유고가 급속히 줄어들고 결국 상환 기일이 돌아온 외채를 제때 갚기 어려울 정도로 상황이 악화되고 말았다. 말 그대로 외환 위기가 밀어닥쳤다.

다급해진 정부는 일본 정부에 지원을 요청했다. 임창열 재경원 장관 겸 부총리가 일본에 급파되어 미쓰즈카 대장상(재무장관)을 만났다. 그러나 대답은 냉담했다. '한국을 지원하지 말라'는 미국의 압력이 일본에 이미

●   BIS 권고에 따르면 은행은 위험 자산에 대해 최소 8퍼센트 이상의 자기자본을 유지해야 한다.

1997년 12월 3일, 구제금융 협상에 합의한 이경식 한국은행 총재, 임창열 부총리, 미셸 캉드쉬 IMF 총재 (위). 다음날인 12월 4일 경실련 회원들이 IMF와의 굴욕적인 협상을 규탄하며 시위를 벌이고 있다(아래).

전달된 상태였던 것이다.

미 재무부, FRB, IMF 등 세계 금융시장의 권부를 대표하는 이들은 협상의 주요 대목마다 협공작전을 폈다. 미국의 파상적인 영향력은 한국에 국한되지 않았다. 정부가 IMF행을 어떻게 해서든지 막아 보기 위해 지푸라기라도 잡으려는 심정으로 매달렸던 일본에까지 미치고 있었다. 임 부총리가 11월 28일 오후 6시 일본 도쿄의 미쓰즈카 히로시 대장상 집무실에 들어섰다. "한국이 무너지면 일본도 흔들립니다. 일본이 (한국을) 도와줘야 합니다." 임 부총리의 말에는 협박과 호소가 뒤섞여 있었다. 임 부총리는 일본계 은행들이 97년 들어 무려 150억 달러를 회수해 갔다는 자료도 내보였다. 그러나 미쓰즈카 대장상의 답변은 짧고도 명확했다. "미안하게 됐습니다." 이때 미쓰즈카 대장상이 11월 초 루빈 미 재무장관으로부터 받은 편지를 내보였다고 알려져 있다. (…) 이미 11월 28일 클린턴 대통령은 김영삼 대통령에게 전화하기 직전 하시모토 류타로 일본 총리에게 전화를 걸어 미국의 입장을 전달해 둔 터였다.

—『동아일보』, 1998년 11월 17일자

한마디로 1997년 외환 위기 당시 한국은 미국 정부와 국제 금융기관, 월가의 거대 금융 세력 들로부터 토끼몰이 당하는 신세였다. 급기야 김영삼 정부는 백기를 든 채 11월 21일 국제통화기금(IMF)에 긴급 구제금융 지원을 요청했다. 협상 과정에서 정부는 미국과 IMF의 요구사항 대부분을 그대로 수용할 수밖에 없었다. 마침내 1997년 12월 3일 IMF와의 협상이 타결되어 한국은 500억 달러의 구제금융 제공을 약속받는다. 하지만 그로 인해 한국이 치러야 할 값은 너무도 컸다. 당장의 긴급한 외환 부족을 땜질하는 대가로 한국은 국제 금융자본과 미국에 투항해 그들이 요구하는 총체적인 사회구조 변화를 받아들여야 했다.

## 신경제의 마법과 신자유주의

월가 금융 세력과 이를 대변하는 미국 정부가 한국을 외환 위기로 몰아간 것은 여러 증거를 통해 확인되는 객관적 사실이다. 미국은 왜 한국이 곤경에 빠지기를 원했을까?

이 문제를 정확히 이해하려면 미국의 경제 전략이 어떻게 바뀌었는지를 먼저 파악할 필요가 있다. 최대한 단순화시켜 이야기해 보자. 미국이나 유럽 등 선진국에서 금융자산은 일반적으로 실물자산보다 4배 정도 빠르게 성장한다. 1970년대를 지나면서 미국과 영국을 중심으로 과잉 축적된 금융자본이 천문학적인 규모에 이르렀다. 바로 여기서 문제가 발생했다. 딱히 이윤 획득 기회를 찾지 못한 금융자본은 움직임을 멈추고 정세를 관망하기 마련이다. 그러다 보면 돈이 제대로 돌지 않고 이에 따라 상품 판매도 둔화된다. 결국 경제 전체가 불황의 늪에 빠지고 마는 것이다. 실제 이런 이유로 자본주의 선진국들이 1970년대 이후 유례없는 장기 불황에 시달렸다.

오랜 암중모색을 거쳐 1980년대 초 미국의 레이건 정부가 새로운 탈출구를 제시했다. 비슷한 시기에 영국의 대처 정부도 같은 처방을 내놓았다. 요지는 '경제 환경을 (금융)자본의 이익을 극대화할 수 있는 방향으로 송두

리째 바꾸자.'였다. 그러면 금융자본이 다시 움직이면서 돈이 돌 테고 상품 판매가 촉진되면서 실물경제도 살아날 것이다. 실물경제의 활성화는 다시금 금융자본이 이윤을 얻을 기회를 더욱 확대시키는 선순환 구조를 가져올 거라고 그들은 확신했다. 이것이 지난 수십 년 동안 자본주의 세계를 휩쓴 '새로운 조류'였다. 비판적 입장에 선 사람들은 이를 '신자유주의'라 불렀다.•

그동안 여러 해석이 존재했지만, 결국 신자유주의란 금융자본이 이익을 늘릴 수 있는 최적의 환경을 만들어 주자는 것 이상도 이하도 아니었다. 나머지는 모두 이를 뒷받침하기 위해 만들어 낸 논리에 불과하다. 우리가 이미 익숙해진 노동시장 '유연화', 공기업 '민영화', 정부 규제를 철폐하는 '자유화', 경제에서 국경선을 지워 버리는 '개방화' 등도 그렇게 만들어진 개념이다.••

한편 레이건 정부는 당시 기업 인수·합병을 제약하던 독점금지법을 대폭 완화하는 등 기업을 둘러싼 제도적 환경을 크게 바꿨다. 이로써 거대 금융자본이 막강한 자금력을 바탕으로 주식을 대거 매집함으로써 기업을 장악할 수 있는 길이 열렸다. 이전까지는 소유와 경영이 분리된 조건에서 경영자가 비교적 안정적으로 경영권을 행사할 수 있었다. 이 시기에 전문

---

• 자유주의 앞에 '신'자가 붙은 것은 18세기 후반 이후부터 1929년 대공황 때까지 자본주의 세계를 지배했던 (구)자유주의 사조와 구별하기 위해서였다. 자유주의는 정부 간섭 없이 시장에 모든 것을 맡기라는 시장주의와 국가 간 자유무역을 옹호하는 입장이었다.

•• 하나씩 풀어 보자면, 노동시장 유연화는 기업 이익을 증대시키기 위해 노동자 해고와 비정규직 전환을 자유롭게 하자는 것이다. 공기업 민영화는 영리 추구에서 한발 떨어져 공적 영역을 담당해 온 공기업을 사적 기업으로 만들어 금융자본이 투자하고 사고 팔 수 있는 이익 추구 수단으로 삼자는 논리이다. 사유화는 금융사본의 운신을 제약하는 정부 규제를 없애라는 주장이고, 개방화는 금융자본이 시구촌을 자유로이 이동할 수 있도록 국가 간 장벽을 없애라는 요구이다.

경영인은 가능한 한 주주, 종업원, 소비자, 지역민 등 다양한 이해당사자 간 조화와 균형을 추구하는 방향으로 기업을 경영하고자 했다. 하지만 금융자본이 대주주가 되자 사정이 크게 달라졌다.

주주총회를 장악한 금융자본은 순순히 말을 듣지 않는 경영자들을 먼저 해고했다. 미국에서 1991~92년 사이 제너럴모터스(GM), IBM, 아메리칸익스프레스, 웨스팅하우스 등 초대형 기업의 최고경영자들이 잇따라 해고당했다. 금융자본은 자기들 이익을 우선적으로 대변할 인물을 경영자로 세운 뒤 스톡옵션을 듬뿍 안겼다. 이런 조치는 주가를 끌어올리면 막대한 이익이 경영자 자신에게 돌아가게 함으로써 경영자를 (금융자본 소유자인) 주주 이익의 절대적 옹호자로 만드는 데 기여했다. 결국 CEO는 주주 이익 극대화에 복종함으로써 엄청난 고소득을 거머쥐든가 아니면 해고되어 쫓겨나든가 둘 중 하나를 선택해야 하는 입장에 놓였다.

이렇게 해서 금융자본이 주주총회를 장악하고 기업 권력을 주주에게 집중시키는 궁정 쿠데타가 완수되었다. CEO는 주주라는 종주국의 이익을 위해 기업이라는 식민지를 통치하는 총독 지위를 부여받았다. 반면 노동자는 마음대로 처분할 수 있는 식민지 백성으로 전락했다. 금융자본은 주주의 지위를 이용해 기업 자체를 마음대로 사고팔면서 자본의 이익을 극대화하기 위한 온갖 방법을 구사했다.

이전 시기에 금융의 본질적 기능은 기업 활동에 필요한 자금을 지원하는 데 있었다. 즉 기업이 주가 되고 금융이 보조적 위치에 있었는데, 신자유주의 체제에서 이 관계가 역전되었다. 한마디로 금융이 기업을 통째로 삼킨 셈이다. 신자유주의에서 새로이 나타난 이 같은 자본 운동 형태를 흔히 '주주자본주의'●라고 일컫는다. 주주자본주의는 신자유주의 환경에서 금융자본이 기업으로부터 이익을 뽑아내는 핵심 메커니즘이다. 과연 어떤 방식으로 이익을 뽑아냈을까.

금융자본이 기업을 점령한 조건에서 주가를 끌어올리는 가장 간단한 방법은 바로 구조조정이다. 구조조정은 인건비 절감으로 기업 이윤율이 상승할 거라는 기대 심리를 형성해 주가를 끌어올리는 데 확실한 효과가 있었다. 미국 기업 사이에서는 1980년대 이후부터 '다운사이징'이라는 이름의 대량 감원을 포함한 강도 높은 구조조정이 이루어졌다. 1990년대 초까지만 해도 1000대 대기업 중 85퍼센트가 넘는 기업이 대대적인 사람 자르기에 나섰고, 그 결과 500만 명이 넘는 인원이 해고되었다. 세계 최대의 자동차 회사 GM은 1991년 한 해 동안에 17만 4000명을 감원했고, 시어스 백화점은 5만 명을 해고했다. 『뉴욕타임스』는 1980년 이래 미국인의 4분의 3이 직간접적으로 실직을 경험해야 했다고 보도했다.

주주에 대한 고액 배당과 자사주 매입도 주가를 상승시키는 주요한 방법이다. 기업이 벌어들인 이익으로 연구개발에 투자하는 것이 아니라, 증권시장에서 자사주를 매입해 태워 버리는 것이다. 그러면 유통 주식 물량이 줄어들고 수요와 공급 법칙을 따라 주가는 자동적으로 오른다.

이러한 방식으로 1990년대 전 기간에 걸쳐 미국의 종합주가지수는 지속적으로 상승했다. 주가가 상승하니 소득이 증가하고, 소득 증가는 소비

●　　재벌의 문제점이 심각한 우리 사회에서는 주주자본주의를 소수 재벌 총수의 전횡을 다수 주주들이 견제해 나갈 수 있는 기회로 간주하는 경향도 한때 있었다. 소액주주운동 등은 이를 대표한다. 그러나 주식회사는 1주 1표 원리에 의해 운영된다. 다수 소액주주들이 뭉친다 해도 거대지분을 소유한 소수 주주를 견제하기가 쉽지 않다. 그보다는 노동과 대비되는 자본의 입장으로서 주주의 권리가 더 부각되기 마련이다. 미국에서 수수자본수의 확산의 첨단을 걸었던 잭 웰치조차 훗날 "주주가치란 정말 바보 같은 생각이었다"고 토로한다.

지출 확대로 이어지면서 경제 전반이 활성화되었다. 이는 다시금 주가 상승을 부추기는 연쇄반응을 일으켰다. 덕분에 10년간의 대호황이 이어졌다. 미국 역사상 일찍이 없었던 현상이기 때문에, 당시 미국 경제를 가리켜 '신경제'라 부르기도 했다. 신자유주의가 대세를 이룰 수 있었던 배경도 여기서 마련되었다.

그런데 문제가 있었다. 앞에서 열거한 주가 상승 요인들은 공통적으로 기업의 기초 체력을 파괴하는 결과를 초래한다. 지속적 구조조정이 이루어지면 종업원 사기가 떨어지고 회사에 대한 충성도나 작업 집중도가 낮아진다. 노동생산성이 저하할 수밖에 없다. 또한 초고배당이나 자사주 매입 같은 수법은 기업 잉여를 외부로 유출시켜 투자 능력을 잠식한다. 이 모두가 결국 기업 경쟁력 약화로 이어진다.

전체적인 자금 흐름을 보더라도 기업 가치 하락은 불가피하다. 주주 이익 극대화가 우선이 되면 기업에서 주주에게로 빠져나간 돈이 주주에게서 기업으로 흘러들어온 돈을 훨씬 웃돌게 된다. 미국은 1981년 이후로 주식시장에서 기업으로 흘러들어온 자금보다 기업 잉여가 주주들에게 유출된 금액이 항상 더 많았다.

결국 주주자본주의는 금융자본이 주주의 지위를 이용해 기업을 착취하는 시스템일 뿐이었다. 극단적으로 표현하면, 금융자본이 알맹이는 다 빼먹고 기업은 껍데기만 남기는 식이다. 미국 제조업을 대표하는 자동차 회사 빅3였던 GM, 포드, 크라이슬러가 2005년 신용평가기관으로부터 사형선고나 다름없는 투기 등급으로 강등된 것이 단적인 예다. 한동안 세계 최대 기업으로 군림했던 GM은 2009년 끝내 파산 보호● 신청을 하면서 국유화 절차를 밟아야 했다.

이 모든 과정을 압축하면 이렇다. 기업 가치는 하락을 거듭하는데도 주가는 1990년대 내내 지속적으로 상승했다. 기업 가치와 주가 사이의 간극은 갈수록 벌어진다. 그렇다면 기업 가치와 주가 사이의 간극을 무엇이 메웠나? 바로 인위적으로 형성된 '거품'이다. 그리고 거품은 때가 되면 반드시 꺼진다. 2000년 4월 그 같은 사태가 실제로 벌어지고 말았다. 당시 미국 나스닥 시장은 한 주 동안 무려 25.3퍼센트나 곤두박질했다. 한 주간 낙폭으로는 미국 증시 사상 최대 하락률이다. 특히 장을 마감하는 금요일 하루에만 무려 1조 달러가량이 주식시장에서 증발했고, 투자자들은 공포에 떨었다. 신경제는 일거에 휘청대기 시작했다.

신경제와 신자유주의의 실상이 이런 것이었지만 승승장구하던 금융자본과 미국 정부, 그리고 국제 금융기구들은 이 같은 메커니즘을 전 세계로 이식시켰다. 한국은 가장 대표적인 타깃이었던 것이다.

## 혼란을 틈타 이뤄진
## 대수술

외환 위기를 단순히 외환 부족으로 인한 국가 부도 위기로만 한정한다면, 한국은 매우 빠르게 외환 위기를 극복했다고 볼 수 있다. 전임 정부에서 터진 외환 위기를 떠맡은 채 출범한 김대중 정부는 1999년 8월 15일 외환 위기 '완전 극복'을 선언했다. 위기가 터지고 2년도 채 되지 않은 시점이었다. 실제로 두 배 이상 치솟았던 환

●　미국 파산법에서 기업의 채무이행을 일시 중지시키고 자산 매각을 통해 기업을 정상화시키는 절차를 말한다.

율은 미화 1달러당 1,207원으로 안정되었고 외환 보유액도 647억 달러로 정상화되었다. 다시 2년 뒤인 2001년 8월 23일 정부는 IMF에서 빌린 195억 달러를 모두 상환했다. 예정보다 3년 앞당겨 상환을 마친 것이다.

그럼 이제 구제금융의 기억 따위는 훌훌 털고 원위치로 돌아가면 되는 것일까? 사정이 그리 간단치 않았다. 한국 정부는 신자유주의식 구조조정을 강제한 모든 협약을 받아들인 상태였다. 제도와 법률은 물론 금융기관에서 기업 구조까지, 돌이키기 어려운 변화가 이미 진행되었다. 일시적인 외환 보유고 부족은 사건의 도화선이었을 뿐, 이를 계기로 한국 경제와 사회 전반에 걸쳐 이전과는 완연히 다른 메커니즘이 이식된 것이다.

이 과정은 국민들이 알고 있던 것 이상으로 급박하고 강제적이었다. 1997년 12월 3일 IMF와의 협상을 타결하는 과정에서 한국 정부는 고강도 구조조정 프로그램을 대거 수용했다. 그럼에도 월가의 큰손들은 한국에 투자했던 자금을 계속해서 빼내 갔다. 무언의 압박이었다. 자칫하면 한국은행 외환 잔고가 마이너스로 돌아설 지경에 이르렀고, 국가 부도의 징후가 농후했다.

상황이 긴박하던 1997년 12월 22일 김대중은 대통령 당선자 신분으로 데이비드 립튼 미 재무부 차관을 만났다. 남은 외환 보유고가 40억 달러, 불과 2~3일 정도밖에 버틸 수 없는 막판까지 몰린 상황이었다. 그 자리에서 김대중은 새 정부가 IMF와 맺은 협약을 충실히 이행하는 것은 물론 'IMF 플러스 개혁'까지 실행할 의사가 있음을 립튼 차관에게 확인시켜 줘야 했다.• 'IMF 플러스 개혁'이란 정리해고제 수용, 외환관리법 전면 개정, 적대적 인수·합병 허용, 집단소송제 등으로 IMF 구조조정 프로그램에도 포함되지 않은 그 이상의 고강도 조치를 의미했다.

다음날 아침, 미국에서 막 돌아온 김기환 대외협력특별대사는 연말 외환 보유액이 마이너스 6억 달러 내지 플러스 9억 달러로 예상된다는 충격적인 한국은행 자료를 들고 DJ 자택을 찾아왔다. "미국은 'IMF 플러스'를 요구하고 있습니다. 정리해고제 수용, 외환관리법 전면 개정, 적대적 인수·합병(M&A) 허용, 집단소송제 도입 등입니다"

모두 12월 3일 IMF와의 협약에는 없었던, 쉽게 받아들일 수 없는 것들이다. 특히 정리해고제는 선거 기간 DJ가 2년간 유예를 약속했던 사안이었다. (…) 오전 11시 30분 립튼 차관과 보스워스 주한 미 대사가 국민회의 당사로 찾아왔다. 예상대로 립튼은 한국에서의 노동 유연성 문제에 대해 캐물었다.

— 『아시아경제』, 2007년 11월 7일자

김대중 당선자로부터 약속을 받아낸 다음에야 미국 정부는 이틀 뒤인 12월 24일 자정 무렵 100억 달러 조기 지원 방침을 발표했다. 그에 따라 서방 금융기관들도 한국에 대출해 준 자금에 대해 만기 연장을 시작했다. 한국은 가까스로 위기에서 벗어날 수 있었다.

이처럼 미국은 국가 부도 사태 초읽기에 들어간 한국을 거세게 압박한 끝에 원하는 바를 얻어냈다. 그들이 원한 것은 한국 정부가 미국식 신자유주의 시스템을 전면 도입하는 것이었다. 결과적으로 한국은 외환 부족을 벗어나는 대가로 사회·경제 시스템을 완전히 뜯어고쳐야 했다. 비유하자

● 　김대중 당선자는 후보 시절에 이미 IMF와의 협약 내용이 무리가 많다고 판단했다. 특히 서민경제를 강조해 온 그의 입장에서는 정리해고제 등은 받아들이기 어려운 문제였다. 때문에 당선되면 (한국에 유리하게) 재협상을 벌이겠다는 의지를 직간접적으로 표명했다. 미국은 선거를 코앞에 둔 시점에서 김대중의 이러한 태도를 강력하게 문제 삼았다. 결국 재협상론은 철회되고 여러 압박으로 인해 김대중 당선자는 더 심한 양보를 약속할 수밖에 없는 상황에 놓인다.

면, 일시적 호흡곤란으로 입원한 천식 환자에게 산소 호흡기를 대주는 조건으로 주요 장기를 모두 교체하는 전면 대수술을 강제한 것이다.

당시 정책 입안자들 가운데 이 상황이 무엇을 의미하는지 정확히 꿰뚫고 있던 인물은 별로 없었다. 일단 상황이 너무 급박했고, 상당수는 이 기회에 미국식 시스템을 도입하면 우리 경제도 미국식 신경제로 체질을 개선하고 잘나갈 수 있으리라는 환상을 가졌다. 그런 상태에서 김대중 정부는 한국 경제와 사회의 체질을 대거 바꾸는 구조조정에 적극 나설 수밖에 없었고, 외환 창고를 채우기 위해서라면 무엇이든지 할 각오가 되어 있던 국민들도 적극적인 지지를 보냈다. 그 결과 불과 2~3년 만에 한국 경제 시스템이 완전히 바뀌는 급진적인 변화가 일어났다.

김대중 정부는 외국인의 주식·채권 투자를 전면 허용하고 외국인 지분 한도를 100퍼센트까지 풀어 주는 등 자본시장을 완전 개방했다. 외환의 유입과 유출 또한 한결 자유롭도록 만들었다. 그동안 억제되었던 인수·합병을 활성화하는 제도 개선을 추진했고, 소액주주 권익을 보호하는 제도적 장치를 마련했으며, 자본시장의 공시 및 투명성 제고를 위한 방안을 도입했다. 더 나아가 정부는 1999년도를 '자본시장 육성의 해'로 선포하면서 뮤추얼펀드 도입, 건전한 기관투자가 육성, 기업공개 및 상장 요건 완화, 증권 위탁거래 전문회사 및 채권 전문 딜러회사 설립 요건 완화, 신용 평가 기관 육성 등 제도적 보완 조치를 잇달아 발표했다. 저명한 경제학자 조셉 스티글리츠가 지적한 대로, 이러한 과정은 그 어느 나라에서도 찾아볼 수 없는 극단적인 사례였으며, IMF가 내세웠던 대출금 회수 보장이라는 재무적 목표를 한참 벗어난 것이었다.

어쨌든 김대중 정부의 조치는 즉각적으로 효과를 발휘했고 그에 따라

하나금융 본사 앞에서 론스타 국부 유출 지원을 규탄하는 외환은행 직원들.

국제 금융자본의 유입이 빠르게 확대되었다. 미국계를 중심으로 한 국제 금융자본은 국내에 진출해 주요 산업의 상당 부분을 자신들 영향 아래 두었다. 외국인 투자자 비중도 매우 높아졌다. 2004년 5월 말 기준 한국 주식시장의 시가총액은 357조 원 규모였는데, 그중 외국인 투자자 비중이 43.1퍼센트에 달했다.

사정이 이러하다 보니 국민경제의 관행을 벗어나는 현상이 빈번하게 발생했다. 해외에 매각된 제일은행 이사회가 영업 기반이 전혀 없는 미국에서 열리는 진풍경이 벌어졌고, 사외이사 상당수는 제일은행과 한 번도 거래해 본 적 없는 미국인으로 채워졌다. 문제의 심각성을 느낀 금융 당국이 사외이사들의 월급 통장을 공개하라고 요구했지만 당사자들은 이를 간단히 무시했다.

한국에 진출한 국제 금융자본은 대체로 장기적 투자 전망보다는 단기 차익을 노리고 들어온, 한마디로 국제 투기 자본이었다. 이 사실이 드러나는 데에는 그리 오랜 시간이 걸리지 않았다. 국제 금융자본은 집단적 부실을 경험한 금융기관과 기업을 헐값에 매입한 뒤 강도 높은 구조조정을 단행했다. 대대적인 정리해고를 수반하는 강제적 퇴출과 합병 등이 뒤를 이었다. 브릿지증권을 인수한 영국계 투자회사 BIH는 직원을 814명에서 230명으로 줄였다. 론스타는 외환카드 직원 30퍼센트, 외환은행 직원 20퍼센트를 감원했다. 이런 방식으로 인위적인 주가 상승을 유도한 국제 금융자본은 막대한 시세 차익을 거둘 수 있었다. 몇 가지 예를 더 들어 보자.

1997년 진로그룹이 부도나자 채권 회수가 불가능하다고 판단한 국내 은행들은 1조 4659억 원 어치의 채권을 8퍼센트에 불과한 1261억 원에 매각했다. 한국자산관리공사는 이를 다시 국제 투기자본인 골드만삭스 등에 2742억 원을 받고 팔아넘겼다. 몇 년 뒤 골드만삭스 등이 진로그룹 재매각을 추진했을 때 그로 인한 차익이 3조 원에 이른 것으로 알려졌다. 비슷한 방식으로 칼라일펀드는 한미은행을 헐값에 인수한 뒤 시티은행에 재매각하면서 3년 만에 수익률 145퍼센트에 이르는 7017억 원을 챙길 수 있었다. 미국계 사모펀드 론스타는 외환은행을 인수한 뒤 2012년 하나금융에 재매각하면서 무려 4조 7000억 원의 순이익을 남겼다.

못된 짓은 먼저 배운다. 덩달아 한국의 주요 기업들도 미국을 본받아 주주 이익 극대화를 중심으로 움직이기 시작했다. 동원한 수단 역시 미국과 매우 흡사했다. 기업들이 지속적 구조조정과 대대적인 정리해고를 단행하면서 비정규직이 빠르게 증가했다. 또 과거와 비교할 수 없는 수준의 초고배당이 실시되기 시작했다. 포스코는 수익의 절반을 배당하기도 했다. 자사주 매입도 크게 치솟았다. 2004년 상반기 동안 국내 기업이 자사주 매입에 쏟아 부은 자금만 해도 4조 원이 넘었다. 이밖에도 장기 기술개발 투자를 저해하는 다양한 움직임이 일어났다.

이처럼 주주자본주의가 국내에 본격 가동되면서 국제 금융자본은 막대한 수익을 거두었다. 2004년 한 해만 외국인의 수익 증가액이 36조 원에 이르렀다. 외국인 투자자들이 1998년 이후 7년 동안 직접 회수한 이익은 줄잡아 70여조 원에 이르렀다. 막대한 국부가 유출된 것이다. 뿐만 아니라 이제 국내에서도 주식시장이 기업에 자금을 공급하기보다 기업의 자금을 추출하는 창구가 되었다. 2003년만 보더라도 국내 상장 기업들은 1년 동안 주식시장으로부터 11조 1686억 원을 조달한 반면 배당금이나 자사주 매입 형태로 주식시장에 15조 1557억 원을 분배했다. 약 4조 원의 자금이 기업에서 주식시장으로 빠져 나간 셈이다.

이처럼 안팎으로 주주에게 수탈당하는 시스템 속에서 국내 기업은 발전이 크게 제약될 수밖에 없었다. 이 점은 자금 흐름에서 명확하게 드러났다. 주주들이 기업 자금을 잠식하는 한편 적지 않은 규모의 자금이 경영권 방어용으로 금고에 비축되면서 기업의 투자 능력이 크게 약화되었다. 1990~97년 37퍼센트에 이르던 기업의 평균 투자율은 2000년 이후 25퍼센트 수준으로 하락했다. 경제성장을 좌우하는 설비투자를 들여다보면 심각성이 더 잘 드러난다. 2005년 11월 산업은행이 발간한 「한국의 설비투자」에 따르면, 2005년 국내 설비투자 금액은 모두 78조 원으로 1996년보다 겨우 1조 원 늘었다. 10년 동안의 증가율이 1.3퍼센트에 불과했던 것이다. 외환 위기 이전 한국의 설비투자 증가율은 미국과 일본을 크게 앞섰다. 그러나 2001년부터 2007년 상반기까지 설비투자 증가율은 미국이

3.0퍼센트, 일본이 2.4퍼센트인 데 비해 한국은 0.8퍼센트에 그쳤다. 이후로도 회복 기미를 보이지 못한 채, 한국 경제를 수식했던 '한강의 기적' 신화는 점차 빛을 잃어 갔다.


# 뒤틀린
# 사회 논리

전반적 경제 시스템에서부터 산업과 노동 현장, 기업과 직장 환경… 모든 게 달라졌다. 단기간에 거세게 몰아친 하부 토대에서의 변화는 사람들의 사고방식과 사회 문화까지 바꿔 놓았다. 그 후로도 20년 넘게 신자유주의가 점령해 온 한국 사회의 풍속도와 문제점을 단일 명제로 규정하기란 쉽지 않다. 그래서인지 '피로 사회' '위험 사회' '적자생존 사회' '양극화 사회' 등 지금 우리 사회를 규정하는 진단은 그 주체들의 입장과 관점에 따라 퍽 다양하게 제출되었다.

나는 외환 위기 이후 우리 사회를 지배한 중심 논리를 다음 세 가지로 정리해 본다. '돈 중심' '엘리트 지배' '승자독식'이 바로 그것이다. 이는 곧 신자유주의 사회 문화의 핵심 논리이기도 하다. 이들 논리가 관철되면서 한국 사회는 극도로 뒤틀렸다. 그 양상을 좀 더 구체적으로 살펴보자.


### 돈 중심의 사고

신자유주의는 무엇보다 돈 중심 사고를 우리 사회에 주입했다. 신자유주의가 득세한 이후 세상을 이끈 종교는 불교도 기독교도 아닌 '돈교'라고 해도 과언이 아니다. 돈 중심 사고가 만연하면서 사람과 공동체의 가치는

점차 퇴색했다.

언론을 포함한 여론 선도층이 앞장서 돈이 돈을 번다는 신화를 전파했다. 이전까지 한국은 배금주의가 판치는 자본주의 국가임은 분명했지만 유교적 관습 및 사고방식, 전통사회의 유훈과 문화의 영향으로 그렇게까지 내놓고 돈으로 모든 걸 평가하는 나라는 아니었다. 그러나 외환 위기 이후 한국 사회는 대놓고 돈에 최고 가치를 부여하기 시작했다. 빨리, 쉽게, 많은 돈을 버는 사람일수록 높이 평가되었다. 부는 명예로운 것으로 간주하는 반면 가난은 죄가 되었다.

머니 게임에 대한 환상은 돈 버는 기술, 즉 재테크에 대한 폭발적 관심을 낳았다. 21세기 첫해에는 『부자 아빠 가난한 아빠』라는 제목의 책이 국내 서점가를 휩쓸었다. 재테크 서적이 연간 베스트셀러 1위를 차지한 것도, 100만 부 이상 판매를 기록한 것도 이때가 처음이었다. 젊은 벤처 사업가가 코스닥에 상장해 수백억 원대 자산가가 되었다는 이야기는 언론을 장식하는 단골 메뉴가 되었다. 연봉 10억 원의 보험설계사가 TV에 등장해 스포트라이트를 받고, 유망 펀드 매니저가 일약 스타로 떠오르기도 했다.

1999년 12월 20일자 『한겨레』는 이런 세태 변화를 적시했다.

"사람들은 새 해, 새 세기를 얘기하지 않는다. 미래형 화두는 없고, 모였다 하면 돈 얘기이다. 세기말 한국에는 돈 바람이 불고 있다."

세상이 돈을 중심으로 돌아가면 나머지는 쉽사리 하찮아진다. 심지어 인간의 존엄과 생명마저 돈보다 순위에서 밀린다. 돈이 가치 사다리의 꼭대기에 선 사회가 얼마나 끔찍한 지경에 이를 수 있는지 보여준 것이 바로 세월호 참사가 아닐까. 수명이 다한 중고 선박을 구입해 과도하게 운항한 것이나 규정 이상으로 화물을 적재한 행위 모두 돈에 대한 탐욕이 시킨 일이다. 수백 명 학생에게는 자리를 지키라고 해놓고 자기 몸만 쏙 빠져 나온 선장은 비정규직이었다. 수백의 인명을 책임진 자리에마저 비정규직을 앉힌 경영 논리에는 무엇이 자리 잡고 있을까. 참극이 빚어진 와중에도 해경 간부는 민간 잠수업체에게 돈벌이 기회를 만들어 줄 궁리를 하고 있었다. 사람들은 뉴스를 통해 줄줄이 폭로되는 부정한 유착 고리들에 분노했지만, 그 비정상이 사실상 우리 일상에 만연해 있음을 뼈아프게 자각했다. 그렇게 돈 중심의 사회가 꽃다운 학생 수백 명을 희생시켰다.

## 엘리트 지배적 사고

신자유주의는 인위적인 거품에 의존하면서도 돈이 돈을 번다는 마술을 연출해 왔다. 마술은 결국 일종의 트릭이지만 보는 이에게 즐거움을 선사한다. 그러나 신자유주의는 월가 금융자본이 전 세계를 상대로 벌인 고도의 사기극일 뿐이었다. 이 사기극이 원만하게 성사되려면 다수 대중을 현혹할 수 있어야 한다. 누가 그 일을 맡는가? 엘리트들이다. 여론 형성의 '1:9:90 법칙'은 여기서 나온다. 즉, 뛰어난 한 사람이 전략 목표를 수립한다. 이것을 정치인, 관료, 학자, 언론인 등 사회 엘리트로 구성된 아홉 명이 갖가지 논리와 수사를 동원해 교묘하게 포장하고 여론 매체를 이용해 널리 전파한다. 그러면 나머지 90에 해당하는 대중은 이를 대세로 여기고 추종하는 것이다.

외환 위기 이후 한국 사회의 모습이 딱 이랬다. 한마디로 엘리트 집단이 대중을 마음대로 가지고 놀았다. 가령 금융권 전문가들이 투자 판을 만들어 놓고 단기간에 떼돈을 벌 수 있을 것처럼 분위기를 띄우면 대중은 돈보따리를 들고 와 '묻지 마 투자'를 했다. 마찬가지로 금융 상품을 출시한 뒤 적당히 바람을 잡으면 대중은 또 다투어 구입했다. 심지어 주주들에게 고배당을 실시할 때조차 노동자들은 자기 몫이 줄어드는 일인데도 그것을 뿌듯하게 바라봤다. 언론에서 떠드는 논리를 따라, 주가 상승이 회사가 잘 돌아가고 있다는 증거라고 생각해서다.

"어리석은 정치가는 노예를 쇠사슬로 묶지만 현명한 정치가는 관념의 사슬로 노예 스스로 자신을 속박하게 만든다." 미셸 푸코의 말이 새삼 떠오르는 대목이다.

이 즈음 '한 명의 인재가 만 명을 먹여 살린다'는 삼성의 슬로건이 대단한 발상이라도 되는 양 대대적으로 유포되었다. 물론 경제나 산업 현장에서 종종 한 사람의 천재적인 발명이나 창의적인 혁신이 수만 명의 일자리를 창출하고 생산성을 대폭 높이기도 한다. 하지만 그조차도 대중의 창의적 열정이 넘쳐 나는 환경을 전제로 한다. 한 명의 주연 배우가 빛을 내려면 모든 출연자들이 제 몫을 해야 하는 것과 같은 이치이다.

소수 엘리트에 대한 스포트라이트가 강할수록 사회 전체의 창조적 발전은 억눌릴 가능성이 크다. 또한 엘리트주의는 저소득층과 약자들에 대한 사회적 배려와 지원을 약화시킨다.


## 승자독식주의 사고

사람들 사이에 돈에 대한 무한 욕망이 퍼지고 엘리트의 권력을 동경하게 되면서 사회에 필연적으로 승자독식 문화가 확산되어 갔다. 뛰어난 인물(엘리트)이 되면 부를 탐할 기회가 얼마든지 주어지고 그렇게 노력한 사람은 과실을 독식할 만하다는 사고방식이다. 누군가 승자가 되었다는 이유로 사회적 경제적 결실을 독식하는 현상에 대해 비판하고 경계하는 것이 아니라 추구해야 할 목표로서 부러워하고 숭상했다. 자연히 부조리한 현실에 대중이 함께 힘을 모아 저항하려는 의지도 후퇴했다. 욕망의 포로가 되는 순간, 타인은 연대의 대상이 아니라 경쟁 상대에 불과하기 때문이다.

사회의 비판의식이 마비되고 저항정신이 희박해지자 사회적 강자들은 거침없이 부를 쌓아 올렸다. 국내 자본 위주로 살펴본다면, 승자독식의 정점에 선 것은 단연 대기업이다. 2004년 이후 10년간 상위 10대 기업의 GDP 대비 매출액은 50퍼센트에서 84퍼센트로 껑충 뛰었다. 대기업의 승자독식 행보에는 중소기업·벤처기업에 대한 지속적이고도 강도 높은 갈취가 동반했다. 매년 거듭 납품 단가를 깎은 경우가 허다했고, 중소기업이 애써 새로운 기술을 개발해 생산 원가를 절감하면 귀신같이 알고 다시 단가를 낮추기도 했다. 중소기업 입장에서는 기술 혁신을 위해 노력할 동기가 사라지는 것이다.

또한 대기업은 문어발식 확장을 통해 중소기업의 영역을 잠식해 나갔다. 재벌 계열사끼리 일감을 몰아주면서 중소기업이 설 땅을 빼앗고, 기업형 슈퍼마켓과 빵집까지 만들어 골목 상권을 파고들었다. 그나마 겨우 연명하고 있던 영세 상인들이 초토화되는 것은 불 보듯 뻔했다.

이런 방식으로 거대한 부를 쌓아 올리면서도 대기업은 일자리 창출에 전혀 기여하지 않았다. 1995～2010년 사이 중소기업이 고용을 400만 명 늘리는 동안 대기업은 오히려 96만 명 줄였고 직원 상당수를 비정규직으로 대체했다. 대기업의 행패로 중소기업의 재무구조는 점점 악화되었다. 가급적 일자리를 줄이고 임금 지출을 최대한 낮추려다 보니 결국 비정규직을 양산하는 악순환으로 이어졌다. 그리고 앞장에서 살펴보았듯, 이런 구조 아래서 집중적 피해를 입은 것은 청년 세대였다.

승자독식은 사회적 양극화의 다른 표현이기도 하다. 2012년 국내 상위 10퍼센트가 차지하는 소득 비중은 45.5퍼센트 수준이었다. 세계 최고 수준인 미국(52퍼센트)보다는 낮지만 프랑스(32.7퍼센트)와 일본(40.5퍼센트)보다 높다. 상위 10퍼센트와 하위 10퍼센트 간의 소득 격차는 1990년 8.5배에서 2012년 12배로 더욱 벌어졌다. 독일(6.7배)이나 프랑스(7.2배), 캐나다(8.9배)보다 훨씬 높다. 1990년대만 해도 자본주의 세계에서 비교적 평등한 나라로 통했던 한국이 완전 딴판으로 변해 버렸다.

사회적 양극화는 두 가지 '산더미'의 극적 대비를 익숙한 풍경으로 만들었다. 대기업이 쓰지 않고 쌓아둔 사내 유보금은 산더미처럼 불었다. 2014년 20대 대기업의 사내 유보금을 합하면 590조 원 규모에 이른다. 반면 서민 경제는 부족한 수입을 부채로 충당하다 보니 빚이 산더미처럼 늘었다. 가계부채는 2014년 이르러 1000조 원을 훌쩍 넘어섰다.

사회적 양극화는 시간이 갈수록 이차적 문제들을 야기한다. 부유층에서는 돈이 넘쳐나는 바람에 정작 투자할 기회를 찾지 못하는 사태가 벌어진다. 이런 식으로 시중을 떠도는 부동 자금이 2014년 무려 750조 원에 달한다. 반면 서민층은 실질임금이 몇 년 째 제자리걸음이다. 그런데 대출 원리금 상환 부담은 증가하고 월세가 일반화되면서 주거비가 급상승했다. 서민들의 가처분소득이 급감하면 소비지출이 얼어붙고, 그 영향으로 내수 시장도 극도로 위축된다. 결국 '승자독식―사회적 양극화―지출 감소―내수 시장 위축―기업 투자 감소―저성장'의 악순환 고리가 형성된다.

2000년대 접어들고 상당 기간 동안 한국 기업들은 높은 기술력을 바탕으로 강력한 국제 경쟁력을 과시해 왔다. 조선, 자동차, 전자 등 많은 분야에서 세계 1위 자리에 오르거나 글로벌 강자로 부상했다. 과거 기준으로 본다면 한국 경제는 기세 좋게 성장 가도를 달렸어야 마땅할 것이다. 그러나 결과는 저성장 구조가 장기적으로 고착되는 양상으로 나타났다. 신자유주의가 한국 경제의 성장 잠재력을 질식시켜 가고 있는 것이다.

구성원이 돈을 중심으로 사고하고 서로 남을 제치고 엘리트 자리에 서려 하고 승자가 모든 것을 독차지 하는 것을 당연시하는 사회에는 미래가 없다. 오늘 나부터 살고 보자며 죽자고 경쟁을 벌이는 사람들이 어떻게 다른 이를 배려하고 미래를 위해 협력할 것인가.

어떤 시스템이 한번 사회에 정착하면 여간해서는 고쳐 내기가 어렵다. 시민들이 투철한 문제의식을 가져도 개혁과 진보를 이루기란 얼마나 어려운 일인지 민주화 운동의 역사를 다룬 7장에서 살펴보게 될 것이다. 하물며 신자유주의는 시민들의 비판적 사고 자체를 퇴색시켜 사회 변화에 대한 의지를 잠재운다. 이것이야말로 신자유주의가 한국 사회를 결정적으로 바꿔놓은 지점일 것이다.

# 진보개혁 세력은
# 왜 추락했나?

신자유주의가 한국 사회를 거침없이 농단해 들어올 때 보수 성향의 주류
집단은 이를 환영하거나 대체로 순응하는 입장이었다. 이들은 애초부터 미
국식 이데올로기에 친화력을 지녔고 신자유주의의 승자독식이나 엘리트
지배 구조에서 손해 볼 일이 별로 없기 때문이다.

주목할 것은 민주화 운동의 맥을 잇는 진보개혁 세력의 대응이다. 한국사
회에서 신자유주의 열차에 브레이크를 걸 거의 유일한 역량이었다. 진보개
혁 세력은 왜 제 역할을 하지 못하고 날개 없이 추락하게 되었을까?

# 민주 정부 출범의
# 환호

외환 위기 와중에 치러진 15대 대통령 선거는 김대중 후보의 승리로 귀결했다. 헌정 사상 처음으로 평화적 정권 교체가 이루어졌다. 김대중은 민주화 투쟁 과정에서 투옥, 망명, 암살 위협, 구금 등 숱한 시련과 고비를 넘기며 국제사회에서 한국 민주주의와 인권을 상징하는 인물이었다. 그러한 김대중이 네 차례 도전 끝에 대통령이 된 것이다. 민주화 투쟁을 함께했던 수많은 사람들에게도 감격스런 승리였다.

외환 위기로 절망에 빠져 있던 국민들은 새로 출범하는 정부에 여러모로 기대를 걸었다. 김대중 정부는 그러한 기대를 충족시키려고 많은 노력을 기울였다. 언론의 입을 틀어막거나 국민의 기본권을 침해하는 움직임은 뚜렷이 줄었다. 과거 정권에서 일상이다시피 했던 공안몰이를 통한 인권 침해도 거의 사라졌다. 나아가 시민 단체의 요구를 따라 국가인권위원회를 설치해 국가가 시민의 자유와 인권을 부당하게 침해하지 못하도록 감시했다.

무엇보다 국민의 기대를 고양시킨 것은 남북 관계의 획기적 변화였다. 김대중 정부는 출범 후 꾸준히 노력해 마침내 남북 정상회담을 성사시켰다. 정상회담의 가장 의미 있는 성과는 통일의 원칙과 방법, 구체적 과제 등을 명시한 '6·15남북공동선언' 채택이었다. 파장은 매우 컸다. 하늘길이 열리고 아울러 경의선 철도를 다시 잇는 작업이 진행되었다. 금강산과 개성으로 가는 육로가 개설되고, 개성공단이 본격 가동되는 등 사회, 문화, 경제 등 각 방면에서 교류와 협력 사업이 시행되었다. 2004년 아테네

올림픽에서는 남북 대표 선수들이 한반도가 그려진 단일기를 들고 공동 입장해 세계인으로부터 뜨거운 박수갈채를 받았다.

6·15공동선언 이후 7년간 남북을 왕래한 인원은 금강산 관광객을 제외하더라도 약 35만 명에 달한다. 이전까지는 분단 기간을 통틀어 불과 3000명 정도가 왕래했다. 같은 기간에 이산가족 상봉 인원이 1만 6000명, 금강산 관광객은 150만 명을 넘어섰다. 1992년 80만 달러 수준이던 남북 교역액은 2004년 6억 9700만 달러로 871배 이상 증가했고, 한국은 북한 전체 교역의 20퍼센트를 차지하며 2위 교역국으로 올라섰다.

남북 정상회담을 거치면서 북한에 대한 대중적 인식도 획기적으로 달라졌다. 2000년 10월 북한이 조선노동당 창건 55돌 행사에 남한 정부, 정당, 사회단체 대표들을 초청했을 때 보수 언론은 다투어 우려의 목소리를 높였다. 북한의 초청이 남한 내부를 교란시키려는 통일전선전술의 일환이라는 것이었다. 그러나 국민 다수의 생각은 달랐다. 2000년 10월 6일자 『한국일보』여론조사 결과를 보면 응답자 중 75퍼센트가 북한의 초청에 응해야 한다고 답했으며, 72퍼센트는 참관을 원하는 정당, 사회단체가 있으면 정부가 방북을 허용해야 한다고 응답했다.

무엇보다 그동안 국민을 주눅 들게 했던 '북한 위협론'이 더는 통하지 않게 되었다. 과거 집권 세력은 끊임없이 전쟁 위협을 들먹였고 그때마다 한국전쟁 트라우마가 있는 기성세대는 꼼짝없이 굴복했다. 그러나 2000년 남북 정상회담 이후 양상은 크게 달라졌다. 이를테면 연평해전 당시 사회 분위기를 돌이켜 보자. 1999년과 2002년 연평도에서 남북 해군 사이에 교전이 일어나 사상자가 많이 생겼다. 하지만 사회적으로 심각한 동요나 혼란이 발생하지는 않았다. 과거에 흔히 벌어지던 생필품 사재기 소동도 없었다. 남북 당국이 전쟁을 억지할 거라는 믿음이 있었기 때문이다.

평화 정착 프로그램이 실질적인 효과를 거두자 한국 정치의 대결 구도에도 중요한 변화가 일어났다. 소극적 차원에서는, 북한의 위협을 부각시킴으로써 보수 세력의 입지를 확대하는 수법이 더 이상 통하지 않았다. 보다 적극적 차원에서는, 남북 간 화해와 협력을 통한 평화 정착이야말로 전쟁을 억제하는 최고의 안보 전략이라는 인식이 널리 확산되었다. 그 결과 합리적 사고를 하는 보수층이 대거 김대중 정부의 평화 정착 프로그램을 지지하는 쪽으로 돌아섰다. 그 바람에 과거 냉전 시대의 사고 틀을 유지하는 세력이 소수로 전락하고 말았다. 한국의 정치 지형이 다수 평화 세력과 소수 냉전 세력 사이의 대결 구도로 전환되기 시작했다.

정치 지형 변화가 낳은 대표적 결과는 다름 아닌 노무현 정부 탄생이다. 노무현은 한국 사회에서 급진적 운동권 출신으로 인식된 인물이다. 실제로도 그를 에워싼 정치인 대부분이 486운동권 출신이었고, 노무현 자신도 1987년 대우조선 노동자가 시위 중 사망한 사건에 대한 항의투쟁을 하다 옥고를 치렀다. 예전 같으면 대통령 자리를 꿈꾸기 어려운 배경이다. 한국 사회가 여전히 냉전 구도에 갇혀 있었다면 대통령 노무현은 탄생하지 못했을 것이다.

그렇다 하더라도 2002년 대선에서 노무현 후보의 승리는 예상을 뛰어넘는 의외의 결과였다. 불과 1년 전만 해도 여론조사마다 예외 없이 한나라당 소속 이회창 후보의 압승을 예고했었다. 더욱이 노무현 후보는 1997년 대선 때의 김대중 후보에 비해서도 매우 불리한 입장에 있었다. 1997년 대선에서는 이회창 후보가 집권 여당 후보로서 IMF 외환 위기에 대한 국민적 심판을 받아야 하는 입장이었으나, 이번에는 노무현 후보가 여당

2003년 2월 25일 노무현 대통령 취임식에서 김대중 전임 대통령이 눈물을 닦고 있다.

인 민주당 후보로서 경제난에 대한 심판을 받아야 하는 입장이었다. 또한 1997년 당시 김대중은 탄탄한 조직 기반을 갖춘 관록 있는 정치인이었지만, 노무현은 신출내기 정치인에 불과했다. 게다가 1997년에는 이인제 후보가 독자 출마해 여권 내 이회창 후보의 표를 대거 잠식했으나, 2002년에 한나라당은 분열되지 않았으며 도리어 노무현과 후보 단일화를 합의했던 국민통합21 정몽준 후보가 막판에 단일화를 번복하는 사태가 벌어졌다. 이 모든 불리한 여건에도 노무현은 대통령에 당선되었다.

노무현 정부는 앞선 김대중 정부의 성과를 그대로 이어나갔다. 남북 관계를 지속적으로 발전시켰고, 인권 문제를 개선해 나갔으며, 부족하나마 소외 계층을 위한 복지 정책도 강화했다. 동시에 노무현 자신이 가장 역점을 두고 풀고자 했던 과제는 국가 권력의 권위주의를 벗어던지는 일이었다. 노무현은 평검사들과 치열한 공개토론을 벌임으로써 대통령이 검찰을 정치적으로 이용하지 않겠다는 의지를 드러냈다. 국정원장의 독대 보고도 받지 않았다. 자신의 대선자금 가운데 일부가 불법이라는 사실이 밝혀지자 곧바로 국민에게 사과했다. 한·칠레FTA 반대를 외치며 서울 도심에서 시위하던 농민이 경찰 진압 과정에서 사망했을 때에도 공개적으로 사과하고 경찰청장을 경질했다. 이라크 파병 등 중요 현안에 대해 국가위원회가 정부 방침과 다른 견해를 밝혀도 문제 삼지 않았다. 노무현의 탈권위주의 실천은 권력과 국민 사이에 가로놓여 있던 장벽을 허무는 데 크게 기여했다. 덕분에 적지 않은 국민이 노무현 정권에 우호적 감정을 갖게 되었다. 그러던 중 어이없는 일이 벌어진다.

2004년 3월 12일 야당인 한나라당과 민주당이 국회에서 대통령 탄핵안을 가결시켰다. 노무현 대통령이 총선을 앞두고 여당 지지를 유도하는 발언을 함으로써 선거법을 위반했다는 것이 그들이 내세운 탄핵 사유였다. 노무현은 탄핵 가결과 함께 대통령 직무를 정지당했다. 두 야당은 이참에 노무현을 권좌에서 끌어내릴 수 있다고 자신했지만, 오히려 엄청난 후폭풍에 부딪쳤다.

사람들은 국민이 선출한 대통령을 정당들이 임의로 제거하려는 작태에 분노했다. 임기가 4달밖에 남지 않은 국회의원들이 4년이나 남은 대통령을 탄핵했다는 게 어처구니없었다. 어렵게 일구어 낸 민주주의가 단숨에 후퇴할지 모른다는 위기의식이 사람들을 움직이게 했다. 3월 20일 35만 명이 넘는 시민들이 전국 곳곳에서 대통령 탄핵을 반대하는 촛불 시위를 벌였다. 서울에서는 광화문에서 시청에 이르는 중심가가 촛불로 가득 메워졌다. 민심이 요동쳤다.

탄핵 정국 와중인 4월 15일 치러진 총선 결과, 40여 석에 불과했던 열린우리당이 일거에 원내 과반을 넘겨 152석을 획득했다. 한국 정치 특유의 역동성이 유감없이 표출된 장면이었다. 이때 1980년대 학생운동을 이끈 486세대가 대거 원내로 진출하면서 이후 정치권의 한 축을 형성한다. 또한 원외 진보정당으로서 줄곧 가시밭길을 걸어온 민주노동당이 10석을 획득하며 당당히 원내 제3당으로 진출했다. 국회를 무대로 선거 혁명이 일어난 셈이다. 그로부터 얼마 후 헌법재판소는 대통령 탄핵 소추안을 기각시키는 판결을 내렸다. 결국 국회의 탄핵을 국민들이 거부하고 헌재가 이를 추인한 수순이었다. 노무현은 대통령 직무에 복귀했다.

　유권자 다수가 외환 위기라는 전대미문의 상황에서 진보개혁 세력이 지지한 김대중 후보를 당선시켰고 5년 뒤에는 급진적 이미지가 강했던 노무현 후보를 선택했다. 야당이 노무현을 탄핵했을 때에는 강력한 응징을 통해 정세를 뒤집었다. 그만큼 국민은 변화와 혁신을 통해 위기에서 벗어나기를 갈망했고, 진보개혁 세력이 이를 감당해 줄 거라 믿고 지지했던 것이다.

　김대중과 노무현 양 정부는 역대 어느 정부보다 민주주의 원칙에 충실했고 인권을 개선하고자 노력했으며 서민과 저소득 소외 계층을 배려했다. 무엇보다 남북 관계에서 높이 평가받아 마땅한 훌륭한 업적을 남긴 것이 엄연한 사실이다. 이런 장점이 국민의 지지와 잘 결합했다면 크게 성공한 정부로 남을 가능성도 있었다. 하지만 두 정부 모두 결정적 지점에서 국민의 기대와 희망에 부응하지 못하고 말았다.

# 환호가
# 탄식으로 바뀌다

외환 위기 이듬해인 1998년 6월 18일 금융감독위원회는 IMF의 권유에 따라 55개 퇴출 기업 명단을 발표했다. 부실기업에 집단 사망 선고를 내린 것이다. 해당 기업 노동자들은 일터가 하루아침에 사라지는 것을 멍하니 지켜봐야 했다. 이들의 비명 소리가 주식시장에는 흥분제로 작용했다. 기다렸다는 듯 주가가 폭등했다. 종합주가지수는 당일 303.81에서 325.49포인트로 무려 7.1퍼센트(21.68포인트) 올랐다. 사상 최대의 상승률이었다. 이처럼 신자유주의에서 투자자(주주)의 이익 추구와 노동자의 희생은 동전의 양면을 이룬다. 두 집단 사이에는 이익을 둘러싸고 본질적으로 대립하는 지점이 존재한다.

김대중·노무현 정부의 주축은 과거 민주화 투쟁을 주도한 사람들이었다. 미국식 가치와 시스템에 대해 어느 정도 비판적 거리 두기가 가능한 위치에 있었고, 노동운동 등 기층 민중운동과도 줄곧 연대해 왔다. 소수 자본의 입장보다는 다수 노동자의 관점에 서거나 최소한 양자의 균형을 추구할 거라는 기대를 받을 만했다. 그러나 두 정부는 시종 투자자의 세계관을 견지하고 신자유주의 세상으로 내달았다. 도대체 왜 그랬을까?

크게 봐서 두 가지 요인이 당시 핵심 정책 입안자들의 판단을 흐렸다. 그 하나가 냉전 체제 해체 이후 형성된 미국 중심의 일극 질서이다. 자본주의 미국과 사회주의 소련이 팽팽하게 각축하던 냉전 시대에는 진보적 성향의 인사들이 자본주의의 폐해에 대한 하나의 대안으로서 사회주의에 호감을 가졌다. 그들은 미국식 자본주의와 소련식 사회주의 사이에서 균형을 유지하고자 애썼다. 적어도 미국식 자본주의의 가치에 일방적으로 경도되지는 않았다. 하지만 1991년 소련 사회주의 체제가 붕괴하고 냉전이 해체되면서 상황이 급변했다. 사회주의는 일거에 실패한 시스템으로 낙인 찍혔다. 반면 승자인 미국식 자본주의는 선택 가능한 유일한 답안으로 부상했다.<sup>●</sup> 미국식 자본주의 체제가 승자 프리미엄을 마음껏 누리는 시대가 열린 것이다. 게다가 미국 경제는 1990년대 내내 신경제의 유례없는 장기 호황을 누리는 중이었다. 그러다 보니 미국의 길을 따라가자는 생각을 갖기가 쉬웠다. 미국식 가치와 시스템을 내장한 신자유주의가 유일한 선택지처럼 보이는 국제 정세였다.

신자유주의가 김대중·노무현 정부의 정책 입안자들에게 쉽게 먹혀든 또 하나의 요인은 시장만능주의이다. 신자유주의의 본질은 자본이 자유자재로 기업과 경제를 요리하고 이윤을 추구할 수 있도록 하자는 것이다. 그런데 자본에게 최대한의 자유를 주자고 주장하면 아무래도 설득력이 떨어지고 대중의 지지를 받기도 어렵다. 신자유주의자들은 자신을 정당화할 수 있는 논리적 근거를 시장주의에서 찾았다. 자본주의 초창기의 자유방임주의에서 비롯한 시장만능주의는 시장에 모든 것을 맡기면 보이지 않는 손이 작용해 최상의 결과를 낳는다고 보는 입장이다.

---

● 　사회주의와의 체제 경쟁에서 자본주의가 일단 승리를 거뒀다 하더라도, 자본주의에는 다시 영미 모델, 북유럽 모델, 대륙 모델 등 여러 유형이 존재한다. 미국식 자본주의만이 유일한 모델도 아니며 우리에게 가장 적합하다고 보기도 어렵다. 그러나 당시만 해도 국내에는 다른 자본주의 모델에 대한 검토가 많이 이루어지지 않았다. 이후 신자유주의의 폐해가 집중적으로 드러나면서 네덜란드나 스웨덴 등 북유럽 자본주의 모델이나 독일, 프랑스 등 대륙 자본주의 모델에 대한 관심이 일어나기 시작한다. 국내에서 복지국가 운동이 벌어진 것도 이들 국가가 상대적으로 신자유주의의 피해를 덜 받고 국민에게 최소한의 사회적 안전망을 제공해 온 사실이 알려진 영향이 크다. 한국에 상륙한 신자유주의는 영미식 자본주의와 가장 친화성이 높다. 한국은 해방 이후 미국과 특수한 관계를 맺어 왔고 또 국내 유학파 지식인과 관료 대부분이 미국에서 유학했다. 지배 엘리트층의 사고방식이나 인식 범위가 영미식 자본주의에 편협하게 기울 수밖에 없는 구조적 한계가 있었던 것이다.

신자유주의자들은 이 논리를 어떻게 이용했을까. 당시 언론 기사에서 이런 구절을 자주 발견할 수 있다. "○○기업이 투자 계획을 발표했는데 시장이 냉담한 반응을 보였다." 과연 여기서의 시장은 무엇을 말하는 것일까. 사람들이 물건을 사고파는 공간으로서의 시장을 말하는 것일까? 물론 아니다. 그것은 금융자본을 가리키고, 다시 말해 투자자들이 냉담하게 반응했다는 뜻이다. 이런 식으로 신자유주의자들은 매사에 자본을 시장이라는 단어로 대체해 표현했고, 국가나 외부의 간섭은 시장의 효율성을 해칠 뿐이라고 집요하게 설파했다.

김대중·노무현 정부의 정책 입안자들 다수는 과거 군사 독재 정권에 맞서 싸운 경험을 갖고 있다. 오랫동안 정권의 탄압을 받고 국가가 동원한 물리적 폭력과 싸우는 동안 그들은 국가의 억압과 간섭에 대한 강한 거부감을 내면화했다. 자연히 국가의 개입을 줄일수록 국민의 권리가 신장되고 민주주의가 성숙할 것이라는 생각도 강했다. 국가를 최소화하고 시장의 자율에 맡기라는 주장, 작은 정부를 지향하는 신자유주의자들의 입장은 얼핏 민주화 운동 세력이 내면화한 정치적 신념과 친숙한 구석이 있었다. 두 정부의 정책 입안자들 사이에서 신자유주의는 일순간에 군사독재의 잔재를 청산 극복하는 개혁 이데올로기의 일환으로 받아들여졌다. 마지못해 수용했다기보다 적극적 대안으로 간주한 측면이 상당했다.

당시 정부는 신자유주의를 적극 수용해 나갔다. 국가 부도 사태에 직면해 숨 쉴 틈도 주지 않고 몰아붙이는 미국의 압박 속에서 발등에 붙은 불(외환 부족)을 끄기 위해 무엇이든 해야 한다는 위기감이 함께 작용했다. 적어도 김대중 정부 대부분의 기간 그리고 노무현 정부 초기까지만 해도 이를 적극 제어하거나 비판하는 세력은 크지 않았고, 비판자들이 있다 해도 그들은 아직 논리도 빈약하고 신자유주의의 전체 상을 충분히 파악하지도 못한 상태여서 비판이 제대로 먹혀들지도 않았다.

노무현 정부 시절, 분양가 자율화로 아파트 분양가가 천정부지로 뛰자 시민단체에서는 정부를 향해 공사 원가를 공개할 것을 요구했다. 의지만 있다면 방법은 얼마든지 찾을 수 있었다. 정부 통제 아래 있는 주택공사로 하여금 원가를 공개하도록 하는 것만으로도 충분히 의미 있는 효과를 볼 상황이었다. 하지만 노무현은 이를 거부했다. 시장 원리에 맞지 않는다는 이유에서였다. 노무현은 퇴임 후 스스로 고백했듯 재임 기간 내내 신자유주의를 대안으로 사고했다. 자신을 가리켜 '좌파 신자유주의자'라는 표현을 쓰기도 했다.

1990년대 초 미국 행정부와 싱크탱크, 국제통화기금(IMF)과 세계은행(IBRD) 등의 브레인이 모여 신자유주의 모델을 지구촌 전체로 확산시키는 '신자유주의 세계화' 전략을 수립했다. 그 결과로서 나온 것이 '워싱턴 컨센서스'●로, 신자유주의 구조조정 프로그램과 이를 관철시킬 전략을 담고 있었다. 구조조정 프로그램에는 탈규제, 긴축재정, 자본시장 자유화와 외환시장 개방, 국가기간산업 민영화, 외국자본에 의한 인수 합병 허용 등이 포함되었다. 대부분 외환 위기 기간에 한국에 적용된 정책들이다.

의미심장한 것은 이러한 프로그램을 확산해 나가는 전략 부분이다. 전략의 하나는 개발도상국에 외환 위기가 발생할 경우 이를 수습하려 하기

●　전 세계 개발도상국을 대상으로 미국식 경제체제를 확산하자는 의견에 미국 정부와 국제 금융기구 핵심 정책 결정자들이 합의했다는 뜻인데, 여기서 미국식 경제체제란 다름 아닌 1980년대부터 정착되어 나간 신자유주의를 말한다. 미국은 레이건 정부 시절부터 추진해 온 신자유주의를 중남미 국가들에게도 전파 및 강요했고, 이 실험을 바탕으로 수립된 신자유주의화 프로그램과 이행 전략을 전 세계 개도국 일반으로 확산하고자 했다.

보다 신자유주의 구조조정 프로그램을 관철시킬 적극적인 기회로 이용한 다는 것이다. 만일 개발도상국이 이러한 프로그램 권고를 수용하지 않을 경우 집권 세력의 부패와 비리를 폭로해 무력화시키고 중도 성향의 정권 을 집권시켜 신자유주의 구조조정을 추진시킨다는 전략도 담고 있었다.

외환 위기를 전후해 한국에서 벌어진 일련의 사태는 워싱턴 컨센서스 전략과 상당히 일치한다는 점을 발견할 수 있다. 한국이 외환 위기에 직면 했을 때 미국은 일본 등 이웃 나라의 도움마저 철저히 차단했다. 개혁 성 향의 김대중·노무현 정부가 신자유주의 구조조정을 담당함으로써 국민들 은 이를 개혁의 일환으로 간주하고 지지를 보냈다. 덕분에 신자유주의는 큰 걸림돌을 만나지 않고 한국 사회 내부를 장악했다.


## 비정규직 문제에서
## 길을 잃다

김대중·노무현 정부의 실패는 민주 화 운동 세력의 한계를 보여준다. 민주화 운동을 이끈 주요 정치 지도자였 던 김영삼은 세계화 흐름에 섣불리 뛰어들었다가 외환 위기를 초래한 주 역이 되었다. 그 뒤를 이은 김대중과 노무현은 신자유주의를 대안으로 인 식하는 오류를 범했다. 정치권의 민주화 운동 세력은 이처럼 부처님 손바 닥 안 손오공처럼 신자유주의 틀을 벗어나지 못하고 그 안에 갇혀 버렸다.

그렇다고 해서 민주화 운동 세력● 전체가 신자유주의를 대안으로 인식

● 1987년 6월민주항쟁으로 집결한 민주화 운동 대열은 학생운동과 노동자운동, 농민운동 등 기층 대중운동에서부터 재야운동, 종교운동, 제도권 야당과 그 지지층에 이르기까지 구성이 실로 다양했다.

하고 그 방향으로 치달았던 것은 아니다. 그중에는 노동권과 민중 생존권 수호 차원에서 신자유주의 구조조정에 처음부터 일관되게 저항한 세력도 있었다. 더불어 신자유주의 구조조정의 실체가 분명해지면서 지식인 그룹과 시민운동 진영을 중심으로 반신자유주의 투쟁이 점차 확산되어 나갔다. 하지만 이들 역시 비판을 넘어 적극적인 대안을 제시하는 데까지 나아가지는 못했다. 그 한계는 특히 신자유주의 구조조정의 최대 부산물이라 할 비정규직 문제에서 집약적으로 드러났다.

외환 위기 다음 해인 1998년 초 민주노총을 포함한 노동단체와 사용자 단체, 정부 대표 들이 참여하는 노사정위원회가 개최되었다. 노사정위원회를 통해 정리해고 도입과 파견법 제정 등 노동시장 유연화 정책을 법제화하는 합의가 이루어졌다. 민주노총은 대의원 대회를 소집해 약 70퍼센트의 지지로 이를 추인했고, 그 대가로 민주노총과 전교조 합법화, 노동조합 정치 활동의 자유 보장 등의 양보를 얻어 냈다

외환 위기를 계기로 부실 금융기관과 부실기업이 대규모로 양산된 상태여서 이를 수습하기 위해서는 일정 부분 구조조정이 불가피했다. 그렇다 하더라도 노동자를 대표하는 조직이 지속적인 부작용을 낳을 것이 뻔한 노동 유연화 정책에 합의해 준 것은 분명 심각한 문제였다. 적어도 관련 입법을 몇 년 이내의 한시법으로 정하고 그 사이 보다 근본적인 대책을 함께 마련할 것을 요구했어야 했다. 그렇게 하는 것이 진정한 의미에서의 타협이었을 것이다. 1998년 초 노동단체의 선택은 형식은 타협이지만 사실상 백기 투항이었다. 민주노총이 노사정 합의 대가로 얻어낸 양보도 사실상 민주주의 국가에서 노동조합이라면 마땅히 누려야 할 권리일 뿐이다.

그것이 얼마나 치명적인 선택이었는지 확인하는 데 그다지 긴 시간이

걸리지 않았다. 정리해고가 합법적 지위를 얻게 되자 곧바로 노동자 목을 치는 칼바람이 춤췄다. 구조조정이 진행되는 곳은 예외 없이 대량 감원이 뒤따랐다. 마치 감원 자체가 구조조정의 목표인 것 같았다. 부실 문제가 집중적으로 발생한 금융 산업의 경우는 퇴출, 합병 등의 구조조정 과정에서 절반 가까운 노동자들이 직장을 잃고 거리로 쫓겨났다. 문제는 여기에 그치지 않는다.

노동단체 대표들이 노동시장 유연화의 법제화에 동의한 데다 구조조정 과정에서도 정리해고를 온전히 막아내지 못하자 노동자들은 조합이 자신을 끝까지 보호해 줄 수 없다는 사실을 깨달았다. 결국 자신을 책임져 줄 존재는 자기 자신뿐이었다. 그런 자각 이후 노동자들이 어떤 모습을 보였을지는 예상 가능하다. 노동자들 사이에서 나부터 살고 보자는 심리가 빠르게 확산되었다. 아울러 정리해고에 대비해 자리를 차지하고 있을 때 한 푼이라도 더 벌려고 사력을 다했다. 일부 사업장에서는 일감을 놓고 조합원끼리 다투는 사태까지 벌어졌다.

노동조합은 '현상유지 플러스 알파'를 위한 도구 정도로 전락했다. 조합원들의 관심사는 현재의 위치를 유지하면서 임금을 끌어올리는 것뿐이었다. 덕분에 일부 대기업 노동자들은 소득 규모가 중상류층 수준에 이를 수 있었다. 하지만 그럴수록 노동조합을 보는 사회의 시선은 냉담해져 갔다. 민주노총 역시 국민들 눈에는 협소한 이익단체 가운데 하나로 비치기 시작했다. 민주노총을 두고 한국 노동자의 대표 조직이라거나 저들이 잘돼야 우리도 잘될 수 있다고 생각하는 국민은 찾아보기 어려워졌다.

노동자들이 노조를 무기로 제 살길 찾기에 몰두하자 사용자들은 이들의 요구를 적정선에서 수용하는 것으로 타협을 보았다. 신규 채용 인원을 줄이고 그 대부분을 비정규직으로 뽑는 방식으로 자연적 구조조정을 도모했던 것이다. 그 결과 일자리가 줄어들고 비정규직이 급증했다. 이런 와중에 사회에 진출한 청년 세대는 도리 없이 비정규직으로 흘러들었고 그나마도 구하지 못해 태반이 실업자 신세가 되었다. 조직 노동자들이 나름대로 살아남겠다고 사력을 다한 일이 청년 실업자와 비정규직을 양산하는 아이러니가 빚어진 것이다. 물론 이를 조직 노동자들 잘못으로만 돌릴 수 있는 것은 결코 아니다. 하지만 노동운동이 보편적 노동자의 이익을 옹호하는 데 실패한 것만은 분명했다.

비정규직 문제가 나날이 심각해지자 정부가 발 벗고 나섰다. 노무현 정부는 비정규직 관련법을 제정해 한 직장에서 2년 이상 근무하면 정규직으로 전환시키도록 의무화했다. 이러한 조치는 일부 사업장에서 효과를 발휘하기도 했지만 전체적으로 보면 상황을 더욱 악화시키는 쪽으로 작용했다. 사업주들 대부분이 2년이 되기 전에 계약을 해지하는 식으로 법망을 피해 갔기 때문이다. 예를 들면, 현대자동차 울산공장은 정규직 전환 대상인 2년 미만 사내 하청 노동자들을 촉탁 기간제 노동자로 전환했다. 현대자동차 촉탁 노동자 모집 공고에 따르면 계약 기간은 1개월 내지 6개월 내에서 정하는 것으로 되어 있었다. 그러다 보니 23개월 동안 16차례나 '쪼개기 계약'을 하는 경우까지 발생했다.

비정규직은 지속적으로 늘어 2014년이 되자 800만을 훌쩍 넘어섰다. 피고용자의 절반을 비정규직이 차지하는 것도 시간문제라는 우려의 목소리도 커지고 있다. 비정규직 문제를 해결하려는 사회적 노력이 부족했던 것은 결코 아니다. 수많은 사람들이 헌신적 노력을 기울였다. 특히 반신자유주의 세력 상당수가 비정규직 문제를 핵심 사안으로 간주했다. 덕분에 비정규직 문제는 가장 중요한 이슈의 하나로 부상했다. 정치인들도 입만 열만 비정규직 문제를 언급할 정도가 되었다. 그럼에도 전체적으로 보면 문제는 나날이 악화되어 왔다.

비정규직 문제를 해결하려는 노력은 암묵적이든 명시적이든 주로 정규직으로의 전환에 초점을 맞추어 왔다. 하지만 비정규직과 정규직, 정규직과 사용자와의 관계를 아우르는 종합적 접근을 해보면 문제가 결코 간단치 않다는 것을 알 수 있다.

먼저 정규직 노동자가 비정규직에 대해 어떤 이해관계를 취해 왔는지 냉정히 따져보자. 한 기업에서 구조조정을 피할 수 없다고 할 때 정규직 입장에서는 비정규직이 있는 것이 좋을까 없는 것이 좋을까? 전체가 정규직인 상태에서 구조조정이 단행되면 각각의 개별 노동자 역시 구조조정 대상이 될 수 있다. 반면 비정규직이 존재하면 그들이 우선적인 구조조정 대상이 될 것이다. 이런 이유로 정규직은 은연중에 비정규직을 자신의 고용 안전판으로 간주해 왔다. 현대자동차 노조가 고용 안정을 보장 받는 대가로 16.9퍼센트 범위 안에서 비정규직을 채용하도록 합의해 준 것이 이를 뒷받침한다. 이런 상황에서 정규직과 비정규직 사이의 정서적 거리는 정규직과 사용자 사이보다 더 멀었던 것이 그간의 현실이다.

비정규직 문제를 포함한 노동자 관련 과제는 모두 정규직과 비정규직의 연대 협력을 통해서만 해결될 수 있다. 두 집단의 연대 협력이란 이해관계가 일치할 때 비로소 성립된다. 그러나 비정규직의 정규직 전환을 둘러싸고 두 집단은 결코 이해관계를 일치시킬 수 없었다. 사용자 입장에서는 이보다 더 좋을 수 없는 상황이다. 게다가 정규직 전환을 목표로 하는 비정규직의 투쟁은 정규직으로 하여금 현상 유지에 더욱 집착하도록 만들어 노조를 점차 보수화시키는 작용을 한다. 노무관리가 보다 수월해지는 것이다. 사용자가 무엇이 아쉬워 비정규직 문제 해결을 위해 노력하겠는가?

문제는 또 있다. 그동안 정규직 전환을 위한 비정규직의 투쟁은 부족하지만 조금씩 성과를 거두기도 했다. 사회의 싸늘한 시선을 못 이겨서 또는 끊임없는 투쟁이 효과를 발휘해 정규직 전환을 약속하는 기업도 늘었다. 그런데 정규직 전환이라는 목표를 달성하자마자 당사자들은 예전 처지를 잊고 노동운동과는 거리를 두기 시작했다. 어렵사리 얻은 정규직 일자리를 절대로 지켜야 할 성역처럼 간주하고 거기에만 매달리는 것이다. 이로 인해 투쟁 목표를 달성할수록 노동운동은 거꾸로 힘이 약화되는 역설적 상황에 처했다.

그동안 노동운동의 총본산 역할을 해온 곳이 민주노총이고 그 주축은 대기업 정규직 노동자들이다. 앞서 살펴본 것처럼 이들 대부분은 '현상유지 플러스 알파'를 추구해 왔다. 노동운동의 본령이 '현상 타파'임을 고려할 때 민주노총은 기본 궤도에서 이탈했다고 볼 수 있다. 비정규직 노동운동 역시 정규직 전환 목표를 달성하는 순간 그 주역들이 운동에서 멀어지는 모순에 갇혔다. 이런 상황 때문에 많은 사람의 기대와 달리 민주노총이 새로운 사회를 여는 핵심 동력으로 제 역할을 하지 못하고 있는 것이다. 기존의 시각으로는 이 방정식을 풀 도리가 없다. 새로운 대안이 필요한 상황이다.

# 좌우 구도의
# 함정

정치학자 카를 슈미트는 그의 대표작 『정치적인 것의 개념』에서 정치의 출발은 적과 친구를 구별하는 것이라고 설파했다. 도덕이 선과 악을, 미학이 미와 추를 구별하는 데서 시작한다면 정치는 적과 친구의 구별에서 출발한다. 그렇다고 적과 친구의 관계가 적대적인 것만은 아니다. 적은 싸워서 제압할 수도 있지만 평화 공존할 수도 있는 대상이다. 아예 구슬려서 자기편으로 포섭할 수도 있다. 이 가운데 무엇을 선택할지 고민하는 것이 정치라는 것이다.

슈미트의 이론에 따르면 정치의 핵심은 적과 친구로 표현되는 양자 구도를 얼마나 자신에게 유리하게 형성하는가에 있다. 이 관점을 따르면 한국 정치사에서 가장 뛰어난 기량을 과시한 인물은 단연 김대중과 김영삼이다. 정치9단으로 불린 이 두 사람의 안목이 돋보인 첫 번째 무대는 1980년대 민주화 운동 시기이다.

전두환 군사정권에 반대하는 투쟁이 들불처럼 일어난 1980년대 초반 민주화 운동 세력은 김대중과 김영삼, 이른바 '양 김씨'를 중심으로 한 야당 세력과 재야, 학생운동 중심의 민중운동 세력으로 크게 양분되어 있었다. 이 중에서 민중운동 세력은 자본주의 모순에 대한 비판적 인식이 심화되면서 갈수록 좌파적 색채를 더해 갔다. 아울러 1980년 광주 학살 배후에 미국이 있었다는 사실이 폭로되면서 반미 의식도 빠르게 확산되어 갔다.

양 김씨가 중심이 된 야당 세력이 반미 성향의 민중운동 세력과 연합해 반독재 민주화 투쟁을 전개하자 미국은 심각하게 우려했다. 그래서 나온 전략이 보수대연합이다. 군사독재 세력과 야당을 큰 틀에서 묶고 민중운동 세력을 분리시키자는 것이다. 미국은 전두환 정권을 앞세워 보수대연합을 관철시키고자 집요하게 압력을 넣었다. 결국 야당인 신민당의 이민우 총재 등 상층부 일부가 회유에 넘어갔다.● 그러자 양 김은 1987년 봄 타협적 세력을 배제하고 신민당을 탈당해 통일민주당이라는 새로운 야당을 결성했다. 전두환 정권과 일전불사의 태세를 갖춘 것이다. 그 사이 미 국무성 고위관리들이 줄지어 서울을 방문해 전두환 정권과의 타협을 종용했지만 양 김은 일언지하에 거절했다. 당시 상황에서 전두환 정권과 타협한다는 것은 민주화 운동 세력을 분열시키고 대중의 지지를 상실하는 정치적 자살 행위임을 그들은 정확히 꿰뚫고 있었다.

김대중과 김영삼은 '민주 대 독재 구도'를 일관되게 밀고 나갔다. 독재에 대한 광범한 저항감이 국민들 사이에 퍼진 조건에서 이 같은 구도야말로 사상과 정견의 차이를 넘어 최대한 많은 세력을 끌어들일 수 있음을 직감했던 것이다. 결과적으로 이를 통해 양 김은 명분과 실력 모두에서 우위를 점할 수 있었다. '민주 대 독재' 구도는 1987년 6월민주항쟁 승리의 동력이기도 했다.

양자 구도가 잘 형성되었을 때의 파괴력은 2000년대 이후 남북 관계 변화를 통해 다시 한 번 입증되었다. 과거 한국 사회를 지배한 것은 반공 이

---

● 1985년 2·12총선 승리로 영향력이 강화된 야당(신민당)이 1986년 직선제 개헌 운동에 나서고 여기에 한국사회 각 부문의 운동 역량이 결집하면서 전두환 정권은 점점 궁지에 몰리는 상황이었다. 미국이 결정적으로 사태를 심각하게 여기게 된 계기는 1986년 5·3인천투쟁으로 보인다. 이 투쟁에서 서울과 인천 지역의 운동 역량이 대거 집결해 미국과 군부독재를 성토했는데, 격렬한 반미 구호는 한국전쟁 종전 이후 최대 규모였다. 그로부터 나흘 뒤 미국은 슐츠 국무장관을 한국에 급파해 이민우 신민당 총재와 회동을 갖는다. 5월 17일 이민우는 미국을 방문해 미 정가의 한국 관계 인사들을 두루 만나고 돌아온다. 결국 그해 12월 24일 이민우는 직선제 개헌을 원하는 대다수 국민의 염원을 거스르고 내각제 개헌을 수용할 수 있다는 뉘앙스의 이른바 '이민우 구상'을 발표한다.

데올로기였다. 분단 체제가 지속되고 한국전쟁 트라우마가 사회 깊숙이 새겨진 상황에서 반공 이데올로기는 절대적인 힘을 발휘했다. 독재 정권은 이를 십분 활용했다. 민주화 운동 세력을 대중으로부터 고립시키려고 '용공 세력' 딱지를 붙였다. 김대중도 용공분자로 몰려 숱한 고초를 겪어야 했다. 김대중은 이 같은 지형을 바꾸기 위해 고군분투했고, 결국 2000년 남북 정상회담을 성사시키면서 한국 사회를 변화시키는 데 성공했다. 독재 정권의 단골 프레임이던 '반공 대 용공' 구도가 무너지고, 단숨에 '평화 대 냉전' 구도가 대세로 자리 잡았다. 반공 이데올로기를 주도하던 세력은 소수 냉전 세력으로 전락했다.

기득권 세력이 이를 지켜보고만 있을 리 없었다. 평화 대 냉전 구도를 깨고 자신에게 유리한 방향으로 양자 구도를 재편하기 위해 그들은 절치부심했다. 그 핵심에는 당시 유력 정치인으로 부상한 박근혜가 있었다.

1997년 대선에서 신한국당 이회창 후보가 패배했을 때만 해도 기득권 세력은 이를 어쩔 수 없는 상황으로 받아들이는 분위기였다. 외환 위기를 초래한 것에 대해 국민적 심판을 받을 수밖에 없는 처지였기 때문이다. 하지만 2002년 대선에서 이회창 후보가 약체로 평가된 노무현 후보에게 거듭 패배하자 쉽게 납득할 수 없었다. 박근혜 그룹은 2002년 대선 패배의 결정적 원인이 남북 정상회담 이후 한국 사회가 평화 세력 대 냉전 세력 구도로 재편된 데 있음에 주목했다. 이 불리한 구도를 자신들에게 유리한 '좌우 구도'로 재편할 필요가 있었다.

2004년 총선이 끝나고 몇 달 지나지 않아 정치권은 사학법 개정을 둘러싸고 첨예하게 대치한다. 보수 세력은 일치단결해 사학법 개정에 저항했다. 이때 한나라당 대표를 맡고 있던 박근혜는 당을 장외투쟁으로 몰고 가

2013년 2월 25일 박근혜 대통령이 취임식을 마치고 식장을 떠나는 이명박 전 대통령을 배웅하고 있다.

면서 집요하게 일관된 메시지를 던졌다.

"좌파 정부, 투자 부진, 민생 파탄"

사학법 개정을 추진하는 노무현 정부는 좌파 정부이고 그래서 투자 부진을 초래하는 바람에 민생이 파탄 나고 있다는 주장이었다. 박근혜의 메시지는 노무현 정부와 그 지지 세력을 좌파로 몰아붙이겠다는 강한 함의를 담고 있었다.

이 무렵부터 보수 언론 매체들은 기다렸다는 듯이 모든 기사를 좌우 구도에 비추어 써내려 갔다. 좌파와 우파는 언제 어디서나 사용되는 기본 용어가 되었다. 심지어 이념과 거리가 먼 성직자들을 두고도 좌파 스님, 좌파 신부라는 표현이 빈번하게 등장했다. 좌우 어느 곳에도 속하지 않으면 중도파로 분류하는 친절함까지 잊지 않았다.

좌우 구도로의 재편이 빠르게 진행되는 가운데 보수 정치 집단 입장에서는 결정타를 날릴 기회인 반면 노무현 정부 입장에서는 독이 든 사과가 될 두 가지 이슈가 떠올랐다. 하나는 삼성이 던진 것으로 알려진 한미 자유무역협정(FTA)● 추진이었고, 다른 하나는 군부가 요구한 제주 해군기지 건설이었다.

노무현 정부는 다소 성급하게 두 이슈를 다 수용했다. 정책적인 필요성에 대한 검토는 했을지라도 이 정책에 국민이 어떻게 반응하고 지지 기반에 어떤 현상이 초래될지 면밀히 검토하지 못했다. 결과적으로 한미FTA와 제주 해군기지 건설을 둘러싼 입장 차이로 평화 세력은 두 동강 나고 말았다. 노무현 정부는 적극 추진 입장이었으나 대선에서 노무현 후보를 지지했던 세력들 가운데 상당수가 적극 반대 입장을 취했기 때문이다. 어렵게 결집한 평화 세력은 한 순간에 해체되었다.

반면 보수 언론에게 한미FTA나 제주 해군기지 반대 투쟁은 좌파 이미지를 확산시키는 데 더없이 좋은 기회였다. 요약하자면 "봐라! 저게 좌파

● 다음은 한미FTA가 삼성의 제안이었음을 뒷받침하는 정태인 전 청와대 국민경제 비서관의 증언이다.

—프레시안: 노무현 정부 시절 통상교섭본부장을 맡아서 한미FTA 체결 추진 작업을 지휘했던 김현종 변호사가 현 정부 출범 이후 삼성전자 법무팀 사장으로 옮겼다. 이를 놓고 한미FTA의 본질을 보여줬다는 설명이 나왔다. 기본적으로 재벌의 이익을 위해 진행된 협상이었다는 거다.

—정태인: 한미FTA 역시 삼성의 프로젝트였다고 본다. 물론, 김현종 변호사가 삼성의 조종을 받아서 움직였다는 뜻은 아니다. 김 변호사는 신념을 실천했을 뿐이다. 한미FTA에 관한 첫 청와대 브리핑에서 그는 "낡은 일본식 제도를 버리고 합리적인 미국식 제도를 도입하는 일"이라고 설명했다. 그게 그의 소신이라고 본다. 당시 여권 안에서 한미FTA에 관한 첫 논의가 이루어진 것은 이광재 의원의 세미나 모임이다. 내가 아는 범위에서는 그렇다. 2004년 11월께, 삼성경제연구소 측이 이 모임에서 한미FTA에 대해 발제를 했다. 물론 이보다 먼저 한미FTA를 진지하게 검토했던 여권 인사가 있었을 수도 있다. 그러나 삼성 측이 한미FTA를 원했던 것만큼은 사실이다. (성석현 기자, '노무현의 한미FTA, 삼성의 프로젝트였다', 프레시안, 2010년 4월 9일자)

다. 수출 시장 개척에는 관심이 없다. 안보에도 관심이 없다. 그저 반대를 위한 반대만을 하지 않느냐." 하는 식이었다. 한국 사회는 꼭 보수적 성향이 아닌 사람이라도 수출과 안보를 대단히 중요한 문제로 인식한다. 당연히 보수 언론의 논리는 파급력이 클 수밖에 없었다. 한국 사회는 빠르게 좌우 대결 구도로 전환해 갔고, 김대중 정부의 평화 정책을 지지했던 합리적 보수층은 다시 이탈해 우파의 일부로 편입했다. 이명박 정부가 들어설 무렵에는 좌우 구도가 이미 공고하게 굳어진 상태였다.

진보개혁 세력이 모두 좌우 구도에 동의했다고 보기는 힘들다. 스스로 좌파라고 생각하는 사람도 그다지 많지 않았다. 그런데도 현실에서 좌우 구도는 엄연히 작동했다. 왜일까? 먼저 이들은 좌우 구도로의 재편에 대해 그다지 심각한 문제의식을 갖지 않았다. 그러니 이를 대체할 만한 구도를 제시하는 노력도 별로 없었다. 심지어 일각에서는 이를 좌파의 선명성을 부각시키는 기회로 여겨 은근히 반기는 분위기마저 존재했다. 자신들도 모르는 사이에 진영 논리의 포로가 되었던 것이다.

좌우 구도에 어떤 문제점이 있는 것일까? 지난날 한국의 정치 지형을 호전시키는 데 효과를 발휘한 '독재 대 민주' 구도와 '평화 대 냉전' 구도 사이에는 공통점이 있다. 이들 구도에서는 독재 세력과 냉전 세력이 청산 및 극복해야 할 대상이 된다. 속으로야 다른 생각을 할지라도 공공연하게 "나는 독재를 옹호한다."라거나 "저는 냉전파입니다."라고 주장할 만한 정치 세력은 많지 않다. 따라서 독재와 냉전파로 치부당한(자임한) 세력은 궁극적으로 소수로 전락할 수밖에 없다. 반면 민주와 평화는 지향해야 할 보편적 가치이기에 대중의 적극적 지지를 받을 수 있다. 기득권층이 아무리 물리력을 쓰고 여론 매체를 장악한다 해도 종국에는 민주·평화 세력이

상대를 압도하면서 역사의 전진을 주도하는 것이다.

그러나 좌우 대결 구도는 양상이 전혀 다르다. 좌파 또는 우파가 청산 대상일까? 일반적인 국민 정서에서 이 둘은 어느 한쪽이 무조건 낡았다거나 타파해야 할 무엇이 아니다. 따라서 다수의 국민이나 정치 세력이 어느 한편으로 크게 쏠리기 어렵다. 게다가 우리 사회는 아직까지 냉전 유산에서 자유롭지 못하고, 박정희 정권이 만들어 낸 지역감정이 여전히 똬리를 단단히 틀고 있다. 아무래도 우파가 좌파에 비해 수적으로 우세할 수밖에 없는 상황이다. 좌우 대결 구도는 영호남 지역 대결 구도에 의존했는데, 상대적으로 보수 성향이 강한 영남 지역 거주자가 호남보다 두 배 정도 많다. 여기에 최근 세대 대결 구도가 가세했는데, 보수적 성향이 강한 5060세대가 상대적으로 진보적인 2030세대에 비해 여전히 인구가 많다.

무엇보다도 좌우 구도는 우리 사회의 가장 중요한 문제를 드러내는 데 무력하다. 소수 기득권층이 권력을 독점하고 국민 다수는 소외당하고 있다는 진실 말이다. 우리나라는 대체로 스스로를 보수 또는 우파라고 여기는 사람들이 절반 또는 그 이상을 차지해 왔다. 그러나 이 많은 수가 기득권층은 아니지 않은가. 기득권층은 수적으로는 사실 얼마 되지 않는 세력이다. 이들은 보수(우파)의 어젠다를 던지면서 정치, 여론, 학문 등을 두루 동원해 많은 사람들을 보수층으로 끌어들인다. 보통 사람들이 보수층에 합류할수록 정치, 경제, 문화 권력을 독점하고 있는 자신들의 본질을 감추기 쉬워진다. 소수 기득권층이 지배하는 것이 아니라 다수 보수 집단이 대한민국을 이끄는 것처럼 보이는 것이다. 국민이 양분되어 옥신각신하는 좌우 대결 구도는 기득권에게 더할 나위 없이 안정적인 환경이다.

좌우 구도는 반드시 타파해야 한다. 그러기 위해서는 진영 논리에서도 벗어나야 한다. 보수 진영 전체를 대결 상대로 삼는 것은 자기 손발을 묶는 짓이나 다름없다. 보수 진영을 질타하고 공격하는 것이 우선 기분은 통쾌할지 모르나 그럴수록 보수적 성향의 사람들은 진보 측에서 하는 말을 듣지 않으려 하고 함께 협력하기를 거부할 뿐이다.● 한국 사회에 필요한 것은 보수냐 진보냐 또는 누가 더 낫냐 하는 대결과 진영 논리가 아니다. 소수 기득권 세력을 고립시키고 다수 국민이 동참할 수 있는 새로운 정치적 구도를 모색해야 한다. 물론 보수와 진보, 좌파와 우파를 뛰어넘어 다수가 함께 동의할 수 있는 새로운 가치와 비전이 먼저 나와야 할 것이다.

# 진보의
# 잃어버린 20년

진보개혁 세력은 1980년대 민주화를 성취하고 노동조합을 성장시켰으며 시민사회의 개화를 이끌었지만 1990년대 중반 이후로는 국민이 믿고 지지할 만한 활동이나 토대를 일구는 데 실패했다. 이들은 신자유주의 공세에 맞서 자신의 소임을 다하지 못함으로써 국민의 신망을 잃었다. 그런데 한두 번의 실패도 아니고 장기간 길을 잃고 무기력한 모습으로 일관한 이유가 도대체 무엇일까? 혹시 진보개혁 세력의 사고 자체에 근본적 한계가 있었던 것은 아닐까?

● 전북대 강준만 교수가 쓴 『싸가지 없는 진보』는 진영 논리 아래에서 오히려 고립되고 왜소해지는 진보의 문제점을 잘 드러낸다. 다만 이 책은 진보 내부의 문제점을 살피는 데에만 초점을 맞추고 있다. 진보가 스스로 자초한 일면도 있지만, 한국 사회 전반을 좌우 대결 구도로 몰고 간 특정 세력의 의도 역시 놓쳐서는 안 된다.

민주주의는 끊임없이 심화 발전시켜야 하는 영원한 과제이다. 지구상에서 민주주의를 완성했다고 평가받는 나라는 없다. 1987년 이후 한국 사회는 '민주화 이후의 민주주의'에 대한 새로운 숙제를 받은 셈이었다.

최장집 교수는 정치평론집 『민주주의의 민주화』에서 외환 위기 이후 한국의 민주주의 상황을 비판적으로 성찰하면서 '노동 없는 민주주의' 문제를 집중적으로 제기했다. 그는 우리 사회가 형식 절차만 남고 사회적, 경제적 내용은 빠진 껍데기만의 민주주의로 전락하고 있다고 비판했다. 그가 말한 '노동 없는 민주주의'란 무엇인가.

시민혁명 직후 근대 유럽을 지배한 사조는 철저하게 돈을 가치판단의 중심에 둔 부르주아 사상이었다. 그 시대 모든 권리의 원천은 돈이었다. 근대 민주주의의 요람이라는 영국에서조차도 19세기 초까지 선거권과 피선거권은 공장주, 은행가, 법률가, 교수, 지주 등 일정 규모 이상 재산을 가진 사람에게만 부여되었다. 그들을 다 합해 봐야 대략 10만 명에 불과했다. 신대륙으로 건너간 이주자들이 세운 미국의 헌법 질서는 귀족 계층이 잔존한 유럽에 비해 훨씬 민주적인 것으로 평가받지만, 역시 19세기 전반기까지 여성과 흑인은 말할 것도 없고 백인 남성 절반 이상이 투표권을 갖지 못했다. 재산이 법 규정에 미달하면 투표권을 주지 않았다. 여성은 아예 투표를 할 수 없었다. 당시만 해도 여자는 (남성) 재산의 일부로 간주되었기 때문이다.

돈을 기준으로 한 부르주아 민주주의에 정면으로 반기를 든 것은 노동자들이었다. 노동자들은 1주 1표 원리로써 돈의 지배를 제도화한 자본주의 기업 조직에 맞서 1인 1표를 기반으로 한 노동조합을 결성했다. 노동조합은 태생부터가 돈의 논리에 맞서 사람의 권리와 가치를 옹호한 조직이다. 노동자들은 재산 소유와 무관하게 사람이라면 누구나 동등하게 권리를 행사하는 보통선거제 도입을 위해 치열하게 투쟁했다. 대표적인 예가 영국에서 1830년대 후반부터 1850년대 초까지 벌어진 차티스트 운동이다. 그런 노력이 쌓여서 마침내 최고 재산가와 이름 없는 노동자가 적어도 선거에서는 똑같이 한 표를 행사하는 시대가 열렸다. 시민혁명기에는 부르주아가 민주주의 발전에 선도적 역할을 했지만, 이후 오늘과 같은 민주주의에 도달하기까지는 돈이 아닌 사람의 가치를 옹호한 노동자들이 그 주역이었음을 잊어서는 안 된다.

여기서 두 가지 사실을 확인할 수 있다. 첫째, 민주주의는 노동자의 참여를 통해서만 지속적으로 발전한다. 둘째, 노동자는 언제나 사람 중심의 가치를 확고하게 견지해야 자기 역할을 다할 수 있다. 최장집 교수가 제기한 '노동 없는 민주주의'의 함의도 이와 관련이 있지 않을까. 그러나 외환위기 이후 진보개혁 세력 전반은 너무도 쉽게 노동을 중심으로 한 민주주의 발전 과제를 놓아 버렸다. 노동자 자신들도 전체 노동자, 즉 사람의 가치를 기본으로 하는 노동운동의 길에서 멀어져 갔다.

여기에 덧붙여 두 가지 요소를 더 생각해 볼 수 있다. 먼저 '총체적 인식의 결핍'이다. 민주화 운동 시기에는 요구와 이해관계가 천차만별인 다양한 부문의 운동 주체들이 민주화라는 하나의 의제로 집중했다. 그러다 6월민주항쟁으로 1차 승리를 거두자 각 주체들은 저마다 자신들에게 우선적으로 필요하고 중요한 의제들로 운동의 중심을 옮겨갔다. 이로써 다양한 시민운동이 펼쳐지기 시작하는데, 이는 매우 자연스럽고도 합법칙적 과정이었다. 문제는 운동이 분산되며 이들 전체를 아우르는 총체적 인식이나 사회의 근본 모순을 해결하려는 거대 담론이 사라진 것이었다. 여기

사회주의 체제의 붕괴는 개혁진보 세력의 향배에도 큰 영향을 미쳤다. 2014년 우크라이나 시위에서 레닌 동상을 끌어내리는 장면.

에 소련 사회주의 체제가 몰락하면서 시민사회운동 진영 안에서 체제 변혁이라는 거대 담론은 지극히 비현실적인 것이 되어 버렸다.

한마디로 한국 사회가 어느 방향으로 치닫고 있는지 큰 물결을 파악하는 힘이 현저히 약화되었다. 시민사회운동이 비약적으로 성장하고 그에 비례해 사회적 감시 능력 또한 크게 신장되었음에도 불구하고, 정작 현실에서 벌어지고 있는 대대적인 신자유주의 흐름을 감지하고 대처하는 데에는 매우 느리고 둔감했다. 돌아보면 나 역시도 1987년 노동자대투쟁 이후 1990년대 초중반까지는 민주화 다음 과제를 통일이라 생각하고, 노동운동에 통일 의제를 어떻게 결합시킬 것인가 하는 데에만 주로 관심을 가졌다.

다음으로, '안이한 낙관주의'이다. 작용이 있으면 반드시 반작용이 있다. 역사는 항상 진보만 하는 것은 아니다. 한 걸음 앞으로 가는가 싶다가 두 걸음 뒤로 후퇴하는 경우도 비일비재하다. 국민의 민주적 권리가 신장되고 소득분배가 개선되었다면 이를 독점하던 세력 입장에서는 그만큼 빼앗겼다는 뜻이다. 그들은 언제고 상황을 되돌리기 위해 절치부심할 것이다. 특히나 한국은 세계 자본주의 체제 안에서 대외 의존성이 심하고 외부 충격에 매우 취약한 나라이다. 국제 금융자본의 역습, 기득권층의 반격은 얼마든지 예견되는 것이었다.

하지만 1990년대 전반기까지 사회가 비교적 순탄하게 굴러가는 사이 그런 긴장감은 봄날 눈 녹듯 사라졌다. 조금만 주의를 기울였다면 소련의 붕괴 이후 제1의 적이 사라진 조건에서 미국의 국제 전략이 사뭇 바뀌어 감을 능히 짐작했을 텐데 말이다. 진보개혁 세력은 외환 위기를 전후로 세계정세가 어떻게 흘러가는지, 국제 금융자본의 전략이 어떻게 달라졌는지 제대로 감을 잡지 못했다. 자본주의의 속성을 간과하고 안이하게 긴장을 늦추는 바람에 무방비 상태로 신자유주의의 공습을 받게 된 것이다.


진보개혁 세력이 추락한 것은 사회주의권 붕괴나 미국의 정책과 같은 외적 요인 때문만은 아니다. 몇몇 잘못된 대응이나 실수 탓도 아니다. 1990년대 이후 진보개혁 세력은 노동과 사람을 중심에 두는 관점에서 후퇴했고, 자본주의와 한국 사회의 구조적 모순에 대해 안이하게 대처했다.

결국 1990년대 중반 이후 오늘에 이르는 시기가 한국의 진보에게는 '잃어버린 20년'이 되고 말았다. 진보개혁 세력이 제자리를 되찾고자 한다면, 무엇보다 지난 20년의 역사와 자신의 궤적에 대해 강도 높은 성찰을 해야만 한다. 무엇이 잘못되었는지 아는 것이 가장 우선이다. 앞으로 진보가 날개 없는 추락을 멈추고 다시 역사 발전의 견인차로 등장할 것인지는 이 성찰의 깊이와 진중함에 온전히 달려 있다.

# 2부
# 절망에서 희망으로

— 현대사 실패와 성공의 교훈

"인류에게 가장 큰 비극은 지나간 역사에서 아무 교훈도 얻지 못한다는 것이다." 역사학자 아놀드 토인비의 명언이다. 우리 현대사는 뼈아픈 실패와 기적 같은 성공 모두를 유산으로 남겼다. 실패한 역사에서 어떤 교훈을 얻을 것이며, 성공한 역사는 어떻게 계승할 것인가?

# 민족 분단은
# 피할 수 없었던 일인가?

우리는 종종 분단의 상처를 잊고 지낸다. 하지만 자세히 들여다보면 지금 우리 사회가 앓고 있는 고통의 상당 부분이 분단으로부터 비롯했음을 알 수 있다. 한반도는 미국과 소련이라는 초강대국의 야심과 냉전 체제 대결에 제물로 바쳐졌다. 해방 70년이 지난 오늘, 조금 다른 각도에서 외적 요인과 잠시 거리를 두고 내부적인 문제를 살펴보자. 해방 정국을 살다간 이들이 무엇을 택했고 어떻게 행동했기에 외세에 의한 분단을 저지하는 데 실패한 것일까.

# 미 군정에 올라탄
# 이승만과 친일파

2차 세계대전 종전 무렵 미국과 소련은 국력이나 군사력 모두 세계 최강이었다. 식민지에서 갓 벗어난 조선 민중이 이들 강대국의 외압을 거부하고 독자적인 길을 걷기란 결코 쉬운 일이 아니었다. 그렇다고 외세가 다른 나라를 강제로 점령하고 허수아비 정권을 세워 마음먹은 대로 휘두르는 일 또한 만만한 것은 아니다. 가깝게는, 미국의 이라크 및 아프가니스탄 침공 전쟁이 이를 잘 보여준다. 미국의 전투력은 여전히 세계 최고이지만 이라크전에 1조 7000억 달러, 아프가니스탄전에 1조 달러라는 천문학적 전비를 쏟아붓고도 의도한 목표를 제대로 달성하지 못한 채 군대를 철수해야 했다.●

여기에 비하면 식민지에서 해방된 조선은 1948년 8월 15일 남한 단독 정부가 수립되어 분단이 확정될 때까지 적어도 전면전이 벌어지는 상황은 아니었다.●● 미 군정이 실시되고 미국과 소련 양 강대국이 정치적, 외교적으로 치밀하게 개입했다 하지만 우리 민족 내부에서 좀 더 현명하게 대응하지 못한 뼈아픈 측면이 존재하는 것이다. 남한을 위주로 살펴본다면, 분단을 저지하고 한반도 통일 정부 수립으로 나아갈 수 있는 절호의 기회

● 미국은 2001년 10월 영국군과 합동으로 아프가니스탄 전역을 공습하며 시작한 전쟁으로 탈레반 정권을 붕괴시키고 친미적 정권을 수립하는 듯했다. 그러나 탈레반 잔여 세력의 끈질긴 반격으로 결국 2014년 12월 아프가니스탄을 포기하고 철군하기에 이른다.
여기서 이라크전은 2003년 3월부터 2011년까지 벌어진 미국의 이라크 침공 전쟁을 말한다. 1990년에 이라크 쿠웨이트 침공으로 발발한 걸프전쟁과 비교해 제2차 걸프전쟁이라고도 한다.
●● 물론 1945년 해방부터 1948년 정부 수립까지의 전개 과정이 평온했다는 것은 결코 아니다. 수많은 테러와 무고한 학살, 가차 없는 탄압이 무수히 자행되었다. 1950년 6월 25일 전쟁이 발발하기 전까지 이미 남한에서 희생된 민중의 수는 수십만 명에 이른다.

를 적어도 세 번 놓쳤다. 이번 장에서는 이 문제를 분석하고 교훈을 찾아보려 한다.

'왜 분단을 막지 못했을까'라는 의문에 답을 찾자면, 먼저 분단을 가장 원했던 세력이 누구인지 확인할 필요가 있다. 복잡한 정치적 사건도 의외로 간단한 방법으로 그 실체적 진실에 접근할 수 있다. 퀴 보노(Cui Bono)?● 누가 그 일로 인해 이익을 얻는가를 따져 보는 것이다. 한반도를 둘로 나눔으로써 이득을 거둘 수 있는 세력은 과연 누구였을까?

1945년 8월 15일 일제의 패망과 함께 한반도는 해방을 맞이했다. 하지만 미국이 38선을 제안하고 소련이 이를 수용함으로써 한반도에는 분단의 그림자가 드리워졌다. 38선이 그어짐과 동시에 남쪽에는 미군, 북쪽에는 소련군이 진주했다. 미군은 조선 민중들의 자발적 통치기관으로 출현한 인민위원회●●를 강제 해체하고 군정을 실시했다. 바야흐로 한반도는 통일국가로 나아가느냐 분단 체제를 굳히느냐 하는 기로에 섰다. 그런데 그때 이승만과 친일파가 미국과 한편이 되어 남한만의 단독정부를 수립함으로써 분단 체제를 더욱 굳히는 방향으로 내달았다. 물론 이들이 한반도의 반쪽만을 원했던 것은 아니다. 가능하면 한반도 전체를 손에 넣고 싶었지만, 한반도 전역을 포괄하는 통일 정부로 곧장 직행할 경우 오히려 전체를 다 잃을 가능성이 다분했다.

● 실용적 성향이 매우 강했던 로마인들은 국가적 쟁점이 생길 때마다 '퀴 보노'를 묻곤 했다. 로마의 정치가 키케로가 자주 썼던 말로 전한다.
●● 광복 이후 자생적으로 결성된 민간 자치 기구로서 전국 145개소가 설립되어 사실상 한반도 대부분 지역을 포괄했다. 조직, 선전, 치안, 식량, 재정부를 갖추고 해방 정국에서 대체 권력을 형성했으나, 미 군정은 이를 좌익 조직으로 인식하고 불법화했다. 동시에 일제에 복무하던 관료와 군, 경찰 들을 군정 통치에 등용하고 각 지역의 인민위원회를 군경을 동원해 폭압적으로 해산함으로써 남한 지역 내에서 자치적인 인민위원회의 활동은 사실상 종료된다.

일본 패망 후 한국에 진주한 미군이 일장기를 내리고 미국 국기인 성조기를 게양하고 있다(1945년 9월).

　당시 38선 이북 지역은 전적으로 좌익이 장악한 상태였다. 친일 세력의 대부분은 좌익 정권을 피해 대거 38선 이남으로 이주했다. 38선 이남의 사정은 복잡하기 그지없었는데, 크게 세 세력이 치열한 각축전을 벌이고 있었다. 남조선노동당(남로당)을 중심으로 한 사회주의 성향의 좌익 세력, 김구를 중심으로 한 민족주의 성향의 임시정부(임정) 세력, 그리고 미 군정이 재등용하면서 기사회생한 친일파 세력이다.

　좌익은 식민지 시대 비타협적 민족해방운동을 통해 폭넓은 대중적 기반을 확보하고 있었다. 조직력 또한 여타 세력을 압도했다. 이들은 토지개혁 등을 앞세워 인구 절대 다수를 차지하는 노동자와 농민 사이에서 압도적 영향력을 행사하고 있었다. 지식인 상당수도 그들에 동조했다.

　임정 세력은 오랫동안 해외에 근거지를 두고 독립운동을 한 탓에 국내에 이렇다 할 조직 기반을 구축하지 못했다. 하지만 우익 진영에서 거의 유일하게 비타협적 민족해방운동을 견지했다는 점에서 임정이 지닌 상징성은 대단한 것이었다. 해방 정국 초기 친일파 일부까지를 포함한 우익 진영이 '임정봉대'●를 내세우면서 대거 그 주위에 결집한 것이 이를 입증한다.

　미 군정이 친일파를 선택한 일차적 이유는 친일파가 식민지 시절 일본에게 그러했던 것처럼 자신들에게도 충성할 거라 여겼기 때문이다. 친일파가 일제 식민지 시대를 거치며 행정과 치안 분야 등에서 습득한 실무 경험도 미 군정의 통치 행위에 긴요한 요소였다. 그 즈음 친일파의 정치적 대부로 떠오른 인물이 바로 이승만이다. 이승만은 미국에서 망명 생활을 한 덕분에 누구보다 미국을 잘 이해했고 군정과도 깊은 교감을 나누던 사이였다. 친일파는 미 군정 기관의 요직을 차지하고 상당한 권력을 휘두르고 있었으나 대중들은 여전히 그들을 불신하고 혐오했다. 그러다 보니 친일파를 토착 동맹 세력으로 선택한 미 군정의 정치적 지배력 또한 매우 불안정하고 취약한 상태였다.

　이러한 조건에서 각각의 세력은 38선을 어떤 시선으로 보았을까. 서둘러 걷어내고 통일 정부 수립으로 가기를 희망했을까, 아니면 남과 북을 가르는 분단선으로 더욱 굳히기를 원했을까?

　해방 정국에서 곧장 통일 정부 수립을 위한 선거가 실시되었다고 가정

---

● 　임정봉대(臨政奉戴)론은 중경 임시정부를 높이 받든다는 뜻으로, 해방 직후 여운형의 건국준비위원회(건준)에 반발해 결성된 지주, 자산가 중심의 정당으로서 우익 민족주의 세력을 대표하는 한국민주당(한민당) 등에서 주장한 논리이다. 임시정부를 법통으로 삼아 정부를 세우자는 이 주장에는 당시 민중들이 강하게 지지했던 좌익과 건준 세력을 배제하고 한민당의 영향력을 넓히려는 정치적 계산이 담겨 있었고 입지가 불안했던 친일 세력 다수가 이 주장에 동조했다. 그러나 한민당은 이후 김구가 단독정부 수립을 반대하자 임정 지지 노선을 버리고 이승만의 단정 노선에 참여한다.

해 보자. 가장 유리한 입장에 있는 것은 좌익이었다. 임정 세력이 누구와 연합할 것인지가 남는 문제인데 적어도 친일파와 손잡을 가능성은 거의 없었다. 반면 친일파는 미국의 지지를 최대한 등에 업는다 해도 30퍼센트 이상 득표하기는 절대 불가능했다. 결국 좌익 단독이거나 좌익과 임정 세력의 연합으로 통일 정부가 구성될 수밖에 없었다.

통일 정부가 수립되면 한반도에 주둔한 미군과 소련군의 철수를 요구했을 것이다. 외국 군대가 한반도에 주둔할 이유가 사라진 조건에서 미국이든 소련이든 한반도 유일 합법 정부의 요구를 거부할 명분은 없다. 한반도에 중국과 소련을 견제하는 정권을 세우려는 미국으로서는 난처한 일이 아닐 수 없다. 한편 수십 년 동안 미국에서 떠돌다 귀국한 이승만이 대통령에 선출될 가능성 또한 거의 없었다. 가장 궁지에 몰리는 것은 친일파이다. 통일 정부가 과거 청산과 친일파 응징에 나설 것임은 자명했다. 미국이나 이승만, 친일파 입장에서 볼 때 통일 정부는 무덤이나 다름없는, 결코 받아들일 수 없는 카드였다.

해방 정국에서 미국과 이승만, 친일파가 한반도 전역의 헤게모니를 장악할 수 있는 길은 딱 한 가지뿐이었다. 먼저 분단 장벽을 굳힘으로써 남북의 좌익을 확실히 분리시킨다. 그리고 38선 이남의 좌익과 임정 세력의 상호 대립을 유도함으로써 서로가 서로의 힘을 약화시키도록 한 뒤 각개격파한다. 그러한 과정을 거쳐 비로소 남한 지역의 헤게모니를 차지한다. 이어서 무력을 포함한 다양한 수단을 동원해 38선 이북을 제압해 한반도 전체를 손에 넣는다. 이것이 미국과 이승만, 친일파가 선택한 노선이었다. '분열에 기초한 분단의 길'이라 하겠다.

그렇다면 미국과 이승만, 친일파의 의도를 파탄시키고 통일 정부 수립으로 나아가는 길은 무엇이었을까. 38선 이남에 초점을 맞춘다면, 우선적으로 좌익과 임정 세력이 연합해 친일파를 철저히 무력화시키는 것이었다. 토착 동맹 세력이 힘을 잃어버리면 미국과 이승만도 별 수가 없기 때문이다. 친일파는 분단 주도 세력 중 집중적인 타격을 가해야 할 '약한 고리'였다. 다시 말해, 분단 반대 세력이 추구할 노선은 '연합에 기초한 통일의 길'이었다.

결국 해방 정국은 연합에 기초한 통일의 길과 분열에 기초한 분단의 길이 충돌한 것으로 요약할 수 있다. 그리고 상황은 결코 비관적이지 않았다. 좌익과 임정이 연합할 여지는 충분했다. 무엇보다도 상대적으로 이념 차이가 크게 부각되었던 중앙과 달리 지역 차원에서는 두 세력이 격의 없이 협력하고 있었기 때문이다. 더불어 친일파에 대한 대중적 불신과 혐오가 극에 달했기 때문에 친일파를 제압하는 것 또한 마냥 어려운 일이 아니었다. 문제는 지도적 위치에 있는 인물들의 관점과 태도였다. 바로 이 지점에서 운명을 가르는 사건이 발생했다.


## 엉망이 된 해방 정국

1945년 12월 16일부터 열흘에 걸쳐 미국·소련·영국 외상이 모스크바에서 회동해 전후 처리와 관련된 여러 사안을 논의했다. 한반도 문제도 그중 하나였다. 미국 대표는 한반도 문제 해결 방안으로 미소 양군 사령관을 최고 책임자로 하는 신탁통치를 제안했다. 신탁통치 기간은 5년으로 하되 10년으로 연장할 수 있다. 그 기간 동안 미·소·영·중 대표로 구성된 신탁 정부가 입법·사법·행정에서 전권을 행사하며, 조선인은 단지 행정관, 고문관, 조언자의 자격으로 참여할 수 있다는 내용이었다.

이에 소련은 독립에 대한 조선인의 열망과 미국의 신탁통치 안을 절충해 4개항으로 구성된 새로운 안을 제출했다. 조선인이 참여하는 임시정부를 수립하되, 임시정부는 미소공동위원회가 한국의 정당 및 사회단체와 협의해 구성한다. 미·소·영·중 4개국이 임시정부를 후견하되, 그 기간은 5년 이내로 한정한다는 것이었다.

결국 모스크바삼상회의에서의 결정은 소련이 제시한 원안에 가깝게 내려졌다. 그 요지는 다음과 같다. (1)임시 조선민주주의정부 수립을 추진한다. (2)이를 담당할 미소공동위원회를 운영한다. (3)조선의 자치 발전과 독립국가 수립을 원조하기 위해 최고 5년 기간으로 미·소·영·중 4개국 신탁통치 협약을 조선 임시정부와 협의 후 제출한다.

상당히 애매하고 불완전한 내용을 담은 이 결정은 두 가지 가능성을 동시에 품고 있었다. 먼저 38선을 기준으로 한 남북 분단이 아니라 통일 정부(임시 조선민주주의정부) 수립을 목표로 한다는 점은 고무적이었다. 신탁통치도 5년 이내에서 조정이 가능하고 조선 임시정부와의 협의를 통해 그 내용을 결정하기로 한다는 점에서 어느 모로 보나 남북 분단과는 거리가 있었다. 반면 한편으로는 그 애매성으로 인해 미소 간 의견 대립은 물론 한반도 내 좌우익 간 갈등을 촉발할 가능성이 농후했다. 무엇보다 막 해방을 맞은 조선인들은 신탁통치 결정을 정서적으로 받아들일 수 없었다. "36년의 일제강점이 끝났나 했더니 또 신탁통치라고?"

이처럼 아슬아슬한 상황에 결정적으로 『동아일보』 보도가 불을 질렀다.

1945년 12월 27일자 헤드라인이다.

"소련은 신탁통치 주장, 소련의 구실은 38선 분할 점령, 미국은 즉시 독립 주장"

삼상회의의 최종 결정이 발표된 것은 모스크바 시각으로 28일 오전 6시(한국 시각 28일 오후 12시)였다. 동아일보의 27일자 보도는 결정이 내려지기도 전에 나왔으며, 사실과도 다른 명백한 오보였다.<sup>●</sup> 이후에라도 결정된 내용을 차분히 분석하고 설명해 주기만 했어도 신탁통치를 둘러싼 한반도 내부에서의 극한 대립은 최소화될 수 있었을 것이다. 그러나 통일 임시정부 수립이라는 골자는 사라지고 신탁통치만 부각된 채 이미 여론은 되돌릴 수 없는 상황으로 치달았다.

김구가 이끄는 임정 세력은 삼상회의 결정 사항이 전해지자 이를 신탁통치로 규정하고 즉각적인 반대 운동을 전개했다. 임정 세력이 주도한 '신탁통치반대운동(반탁운동)'은 폭발적인 호응을 얻었다. 12월 31일 서울 시민의 반탁 시위에 이어 1월 1일에는 관공서와 기업의 파업이 연이어 발생했다. 군정청 조선인 직원 3,000명 중 2,100명 정도가 12월 29일 총사직을 결의한 뒤 시위행진을 벌였고, 30일에는 서울 시청 직원도 총사직을 결의했다.

모스크바삼상회의 결정은 이행에 있어 미소 간 원활한 협조가 필수 조건이었으나 냉전이 격화하며 그 여지가 급속히 축소되기 시작했다. 모스

---

● 이러한 오보가 우익이 국내 여론을 분열시키기 위해 의도한 것인지에 대해서는 여러 쟁점들이 있다. 『동아일보』는 이 기사의 원 소스가 12월 25일자 워싱턴 발 AP통신 외신 보도였으며 『동아일보』만이 아니라 『조선일보』와 좌익의 영향을 받던 『서울신문』도 이 외신을 보도했다고 주장한다. 『동아일보』의 주장을 다 받아들인다 하더라도 언론이 사실 관계조차 확인하지 않고 추측성 외신을 확정 사실인 양 보도하고 인화성 강한 주제에 대해 선정적인 보도로 일관한 점에 대해서는 변명의 여지가 없다.

"소련은 신탁통치 주장, 소련의 구실은 38선 분할 점령, 미국은 즉시 독립 주장" 『동아일보』 1945년 12월 27일자의 역사적 오보. 이로 인해 신탁통치 반대 시위가 들불처럼 번졌다.

크바삼상회의를 기점으로 그때까지 미국 외교가를 지배하던 소련과의 협력을 중시하는 국제주의 노선이 후퇴하고 거꾸로 소련과의 대결을 추구하는 냉전주의 흐름이 급격히 부상한 것이다. 결국 삼상회의 결정 사항은 문서로 그칠 뿐 현실화될 가능성이 희박해진 것이 당시의 국제 정세였다. 그러나 한반도에서는 그 여파가 갈수록 거세져 갔다.

좌익도 처음에는 반탁운동에 적극 합류했다. 하지만 얼마 지나지 않아 소련의 요구대로 삼상회의 결정을 적극 지지하는 입장을 취했다. 이러한 노선 변경은 상당한 내부 반발을 수반했다.

1946년 1월 2일 개최된 (얼마 후 남로당으로 확대 재편한) 조선공산당 중앙확대위원회에서 박헌영이 삼상회의 결정에 대한 절대 지지 입장을 관철시키려 했을 때 중앙위원 다수가 반대 의사를 표명했다. 조선공산당 중앙에서 지지로 입장을 선회한 이후에도 지역의 좌익 세력 상당수가 오랫동안 반탁운동을 전개했다. 아울러 조선인민당을 이끈 여운형 등 좌익 계열의 주요 지도자들도 내심 반대 의사를 갖고 있었다. 꽤 많은 이탈자가 발생한 것이다.

좌익 내부에서조차 반발과 이탈이 적지 않았다는 것은 당시 대중 정서가 반탁으로 크게 기울어져 있었음을 입증한다. 무엇보다 대중의 눈에 비친 삼상 결정은 강대국이 자신들의 운명을 임의로 결정하는 행위였다. 오랜 식민 통치에서 벗어나 독립과 자주 실현을 갈망하던 대중들은 심한 분노와 모욕감을 느꼈다.

사정이 이러함에도 불구하고 소련과 좌익이 모스크바삼상회의 결정을 관철하려고 한 의도는 무엇이었을까? 앞서 이야기했듯 당시 한반도 전체 세력 판도에서는 식민지 시대에 민족해방운동을 주도한 좌익이 절대 우위를 점하고 있었다. 민주주의 임시정부를 수립한다면 좌익 주도의 정부가 될 가능성이 높았다. 따라서 소련은 삼상 결정 실현이야말로 소련에 우호적인 정부를 수립할 기회로 보았다.●

좌익 또한 비슷한 계산을 했다. 소련과 합작해 자신들이 주도하는 정부를 수립할 수 있다고 확신했다. 나아가 임시정부 수립에서 임정 세력 중심의 반탁 진영을 배제하자는 소련의 주장에도 동조했다. 좌익이 장악한 임시정부 수립을 고대했던 것이다. 철저하게 진영 논리로 접근했다고 볼 수 있다. 그러느라 좌익은 결국 임정 세력과 연합해 친일파를 제압해야 한다

●　　이 점은 미소 공동위원회 소련 측 대표 슈티코프의 발언을 통해서도 충분히 확인된다. "소련에 충성하는 임시 민주 정부가 한국에 수립되는 것에 관심을 갖고 있기 때문이다."

신탁을 반대하는 대중들의 시위(왼쪽). 좌익 세력은 반탁운동에 적극 합류했다가 추후 노선을 변경해 찬성으로 돌아서며 연합의 기회를 놓쳤다(오른쪽).

는 전략적 목표를 놓치고 말았다. 연합의 길을 등진 채 분열의 길로 나아간 것이다.

반탁운동을 이끌고 있던 김구는 좌익의 선택이 한국을 소연방으로 편입시키기 위한 음모라고 보았다. 식민지 시대부터 품고 있던 사회주의자들에 대한 의심이 일거에 불거진 것이다. 김구는 좌익 세력을 응징하기로 결심했다. 곳곳에서 김구의 지시 아래 좌익을 겨냥한 테러가 난무했다. 여기에 맞서 좌익은 김구를 파시스트로 규정하는 등 맹비난을 퍼부었다. 이렇듯 두 진영 사이의 대립이 갈수록 격화되자 좌우익 간에 비교적 원만한 협력 관계를 유지했던 지역마저도 갈등에 휩싸이기 시작했다.

이 와중에 친일파들은 대거 반탁운동에 합류함으로써 일시에 즉각 독립을 주장하는 세력으로 변신했다. 비록 일시적 현상이라 하더라도 친일파에 대한 대중의 분노와 혐오는 상당히 희석되었다. 친일파들로서는 정치적으로 회생할 결정적 기회를 맞이한 것이다. 국내 입지가 크지 않았던 이승만이 세를 확보해 나가기 시작한 것도 이 무렵부터이다. 친일파의 입지가 급격히 넓어지는 데 반해 친일파 청산을 위해 협력해야 할 좌익과 임정 세력은 서로를 공격하는 데 시간과 정력을 소모하는 최악의 상황이 벌어지고 말았다. 미국과 이승만 입장에서는 자신의 의도대로 정세를 이끌고 갈 수 있는 더없이 유리한 환경이 조성되었다.

혼란스런 상황에서 모스크바삼상회의 결정 이행을 목적으로 미소공동위원회가 1946년, 1947년 두 차례에 걸쳐 개최되었으나 말싸움만 하다가 아무런 성과 없이 끝나고 말았다. 그리하여 삼상 결정은 좌우익 간의 대립만을 격화시킨 채 완전히 물 건너가고 말았다.

과연 모스크바 삼상 결정이 던져졌을 때 어떻게 대응하는 것이 옳았을까? 가장 원칙적인 대응은 '조선의 문제는 조선인에게 맡기고 미소 양군 모두 즉시 물러갈 것'을 요구하는 것이었다. 즉 민족 자결의 원칙을 일관되게 견지했어야 했다. 만약 좌익이 이런 입장을 취했다면 모든 지점에서 양상이 크게 달라졌을 것이다.

무엇보다도 대중의 전폭적인 지지를 얻었을 것이다. 신탁통치 반대 여론에서 드러나듯이 대중의 갈구는 '즉시' 독립에 있었다. 김구가 이끄는 임정 세력과의 연합도 실현되었을 것이다. 동시에 친일파의 본색을 드러내는 계기도 될 수 있었다. 친일파 입장에서는 자기에게 기사회생의 길을 열어준 미군을 향해 철군하라고 요구하는 일은 절대 불가능했기 때문이다. 이래저래 친일파는 대중적 입지를 완전 상실할 가능성이 높았다. 미국 입장에서 이는 곧 정국 운용을 뒷받침해 줄 토착 동맹 세력이 사라지는 것을 의미하고, 그 같은 조건에서 미국이 군정 체제를 마냥 끌고 가기란 사실상 불가능해진다.

신탁통치를 둘러싼 갈등은 어쩌면 한반도가 미국과 소련 어느 쪽에도 기울지 않고 중립화 통일로 나아갈 결정적 기회이기도 했던 것이다. 그러나 소련의 힘을 과신하고 대중 정서는 도외시한 좌익의 섣부른 결정, 그리고 사태를 객관적으로 차분히 조망하고 힘을 모아 가지 못한 임정 세력의 정치적 미숙함은 결과적으로 미국과 친일파의 무대를 넓혀 주고 말았다.

# 다시 한 번
# 찾아온 기회

1948년 8월 미국과 친일파의 주도 아래 남한만의 단독정부가 수립되었다. 이승만은 초대 대통령으로 선출되었다. 그로부터 얼마 후 북한에서도 '조선민주주의인민공화국'이라는 이름의 정부가 수립되었다. 분단 저지는 일차적으로 실패로 돌아갔다. 하지만 정세를 뒤집을 기회가 전혀 없는 것은 아니었다. 남한만의 단독정부가 수립되었지만 친일파 단죄의 요구는 시퍼렇게 살아 있었다. 당시 상황에서 어느 누구도 친일파 문제를 쉽게 피해갈 수 없었다. 헌법을 처음 만든 국회의원들 역시 마찬가지였다.

제헌의회●에서 제정한 제헌헌법은 제101조에 "이 헌법을 제정한 국회는 1945년 8월 15일 이전의 악질적인 반민족행위를 처벌하는 특별법을 제정할 수 있다."라고 명시했다. 이를 근거로 1948년 9월 7일 국회 본회의에서 재적의원 140명 중 찬성 103표, 반대 6표로 전문 3장 32조의 '반민

반민특위 활동으로 체포된 친일파들. 가운데가 경성방직 사장 김연수, 오른쪽이 '민족대표 33인'이었으나 변절한 최린이다(위). 반민법으로 기소된 친일파의 공판이 진행 중이다(아래).

족행위처벌법(반민법)'이 통과되었다. 이승만 정권은 여론에 떠밀려 법안을 공포할 수밖에 없었다. 국회는 곧바로 김상덕을 위원장으로, 김상돈을 부위원장으로 하는 '반민족행위특별조사위원회(반민특위)'를 구성했다. 반민특위는 1949년 1월 5일 중앙청에 사무실을 내고 본격적인 활동에 돌입했다. 합법적으로 제도권의 힘을 발동해 친일파를 제압할 수 있는 길이 열린 것이다.

반민특위는 일제강점기에 조선비행기공업주식회사를 설립해 전투기를 생산하는 등 적극적으로 친일 활동을 한 화신백화점 사장 박흥식을 체포하는 것으로 시작해 이종형과 최린 등 거물급 친일파들을 속속 체포했다. 활약이 구체적으로 드러나자 열광적인 지지와 성원이 잇달았다. 2월 2일 자 『서울신문』은 "민족정기가 살았느냐 죽었느냐를 의심했더니 과연 민족정기는 죽지 않았다. 보라! 눈부신 반민특위의 활동을!"이라는 사설을 실어 반민특위 활동을 격찬했다. 특별재판부가 1949년 3월 28일부터 반민족행위자에 대한 재판을 시작하자 분위기는 더욱 고조되었다. 이승만과 친일파는 재기불능의 치명상을 입을지도 모른다는 위기의식을 느꼈다.

그러나 단독정부 수립 후 지리멸렬해 있던 임정 세력이나 남로당 어느 쪽도 이 절호의 기회를 자신의 것으로 만들지 못했다. 그들은 대중의 뜨거운 지지와 호응을 반민특위 활동을 굳건하게 뒷받침할 수 있도록 조직하

●    한국의 제1대 국회의원 선거는 1948년 5월 10일 실시되었다. 남한 단독으로 치러졌고 이를 통해 제헌의회가 성립되었다. 이어서 7월 17일 헌법이 제정되고, 8월 15일 대한민국 정부가 수립됨으로써 분단을 제도화한 선거로 평가되기도 한다. 이런 역사적 맥락과는 별개로 이 선거가 우리 역사상 처음으로 성인이라면 누구나 동등하게 투표권을 행사하는 보통선거로 치러진 것은 주목할 만하다. '혁명의 조국'이라 불렸던 프랑스에서조차 보통선거가 처음 실시된 것은 1949년이다. 한국의 보통선거 제도 도입은 거저 얻어진 것이 아니다. 일제강점기부터 지속된 치열한 대중 투쟁이 반영된 결과이다.

는 데 완벽하리만치 무능했다. 정세 흐름에 민감한 이승만은 이 점을 날카롭게 간파했다. 이승만과 친일파는 생사를 건 반격을 시작했다.

돌연 '국회 프락치 사건'이 터졌다. 국회가 휴회 중이던 1949년 5월 17일, 국회 소장파 의원인 최태규, 이규수를 시작으로 8월 14일까지 국회부의장 김약수를 포함해 모두 15명의 의원이 1948년 12월 1일 제정된 국가보안법 위반으로 구속되었다. 모두 반민법 제정과 반민특위 설치를 주도했던 인물들이었다. 또한 이들은 외국군 철수와 평화통일을 주장해 왔는데 이승만 정권이 이를 남로당의 국회 프락치 공작*에 의한 것으로 규정하면서 대거 구속을 감행한 것이다. 그럼에도 상황을 뒤집을 만한 저항은 딱히 없었다. 자신감을 얻은 이승만은 더욱 과감하게 나아갔고, 그의 지시를 받은 친일파들은 반민특위를 향해 결정적인 공격을 가했다.

1949년 6월 6일 일요일 아침 7시경, 중부경찰서장 윤기병이 인솔하는 무장 경찰대가 반민특위 본부를 포위하고 아침에 출근하는 특위요원과 직원 35명을 체포해 시내 각 경찰서에 수감했다. 경찰대는 급히 현장에 달려온 검찰청장 권승렬에게까지 총을 들이대고 권총을 압수할 정도로 난폭하기 그지없었다. 수감된 특위요원들은 심한 고문을 받았고 석방되었을 때에는 23명이 적어도 1주일에서 1개월 이상 치료를 받아야 했다. 이 습격사건**으로 반민특위의 조사 활동을 보조하는 특별경찰대가 실질적인 기

---

● 　당시 검찰은 개성에서 남로당 특수 공작원인 정재한을 검거했는데 평양에 머물고 있던 박헌영에게 보내는 국회 공작 보고서를 소지하고 있었다고 밝혔다. 검찰은 이 보고서를 유일한 증거로 소장파 국회의원을 구속 기소했으나 정작 정재한은 재판에 출석하지 않았다. 아울러 정재한을 알고 있거나 본 사람 역시 아무도 없었다.
●● 　사건 발생 직후인 6월 9일 이승만은 AP통신과의 기자회견에서 "내가 특별경찰대를 해산하라고 명령한 것이다."라고 습격 사건이 자신의 지시임을 확인했다.

능을 상실했고 반민특위 활동은 급속도로 위축되었다.

반민특위 격파로 정세의 주도권을 장악한 이승만과 친일파는 곧바로 좌익에 대한 무차별 공격을 가하기 시작했다. 1949년 10월 이승만 정권은 국가보안법을 근거로 남로당, 근민당, 인민당 등 133개 정당 및 사회단체를 불법화시켰다. 이와 함께 1949년 한 해 동안에만 무려 11만 8,621명을 국가보안법 위반으로 처형했다. 처형된 사람들 절대다수는 좌익에 속했지만 임정 세력도 상당수 포함되어 있었다.

피바람이 몰아치는 극심한 탄압 속에서 투항과 전향이 이어졌다. 남로당 서울시당의 경우는 핵심 대열이 한꺼번에 투항했다. 결국 남로당 조직은 거의 붕괴했고, 좌익 계열 인사 대부분이 이승만 정권의 관리 아래 들어갔다. '보도연맹'은 이를 위해 만들어진 조직이었다. 주어진 기회를 살리지 못하면 곧바로 역습을 당한다는 사실을 섬찟하게 보여주는 현대사의 처연한 장면이다.

## 물을 떠난 물고기, 남로당

고립된 상태에서 남로당 잔존 세력은 유격대 중심의 무장투쟁을 전개했으나 이승만 정권의 토벌을 극복하지 못했다. 좌익은 새로운 활로를 찾아야 하는 상황이었다. 이 지점에서 오히려 한 걸음 앞서 나간 이들은 국민이었다. 대중의 지향이 분출된 것은 1950년 5월 30일에 실시된 제2대 국회의원 선거였다.

대중의 적극적 참여 속에서 치러진 5·30선거는 2년 전 5·10선거와 비교해볼 때 몇 가지 차이점이 있었다. 먼저 1948년 단독정부 수립을 위해 실시된 5·10선거에는 좌익과 중간파, 김구 계열의 민족주의 세력이 선거를 보이콧하면서 불참했지만 5·30선거에는 이들이 적극 참여했다. 좌익 계열의 정당과 단체가 모두 불법화된 조건에서 진보적 인사들 대다수는 무소속으로 출마했다. 그리고 5·10선거에서는 단독정부 수립 추진 세력이 큰 갈등 없이 선거에 임했는데 5·30선거에서는 집권 이승만 세력과 야당인 민주국민당 사이에 첨예한 대립이 빚어졌다.

이러한 상황에서 대중은 좌익과 중간파 혹은 민족주의 계열에 속하는 진보적 성향의 후보들에게 집중적으로 표를 던져 이승만 정권 나아가 단독정부 추진 세력 전체를 응징했다. 그렇다면 이때 남로당 중앙은 어떤 방침을 갖고 5·30선거에 임했을까? 그들의 슬로건은 "망국적인 5·30 단독선거를 파탄시켜라!"였다.

물론 남로당의 방침은 전혀 이행되지 못했다. 선거를 위협할 만한 그 어떤 사건도 발생하지 않았다. 방침을 이행할 조직이 거의 파괴된 상태이기도 했지만 더욱 중요한 것은 대중이 남로당의 방침과는 정반대로 선거에 적극적 의미를 부여하고 참여했기 때문이다. 가뜩이나 불법화되어 활동 기반을 잃은 상태에서 대중과 완전히 엇갈려 걸음으로써 남로당은 국민으로부터 빠르게 유리되어 갔다. 물을 떠난 물고기의 신세, 자멸의 길로 들어섰던 것이다.

5·30선거 결과는 단독정부 추진 세력의 대참패였다. 여야 우익 진영 모두를 합해도 전체 의석의 38퍼센트인 81석을 차지하는 데 그쳤다. 그중에서 이승만 직계인 대한국민당과 민주국민당은 각각 24석씩을 얻었을 뿐이다. 그에 반해 무소속이 차지한 의석은 126석에 이르렀다.● 이는 전체 의

석의 60퍼센트 정도에 해당했다.

이승만은 심각한 정치적 위기에 봉착했다. 당시 헌법 체계에서는 대통령을 국회에서 선출하도록 되어 있었고 임기 또한 2년이었다. 선거 결과에 따르면 이승만을 지지하는 세력은 대한국민당 24석, 대한독립촉성국민회 14석을 포함해 최대한 모은다 해도 57석을 넘을 수 없었다. 게다가 함께 단독정부를 추진했던 민주국민당마저 야당으로 탈바꿈해 이승만과 대립하는 실정이었다. 무소속 의원들 상당수와 원내에 진출한 사회당과 민족자주연맹 등이 민주국민당과 연합해 이승만을 실각시킬 가능성이 절대적이었다. 만약 이승만이 실각하고 새로운 정부가 들어섰다면 이후 어떤 역사가 펼쳐졌을까.

하지만 이승만은 직후에 발발한 한국전쟁을 통해 위기에서 극적으로 탈출해 버린다. 나아가 전시 분위기에서 직선제 개헌을 강행함으로써 장기 집권의 발판을 마련하는 데 성공했다. 반면 5·30선거 결과 맞이한 분단 종식의 기회는 한국전쟁과 함께 사라져 버렸다. 이에 대해서는 다음 장에서 살펴보기로 하자.

● 　무소속 당선자들은 성향이 다양했을 것으로 짐작된다. 그럼에도 5·10선거에 비해 진보 및 중도의 비중이 크게 증가한 것은 분명했다. 몇몇 사례를 통해 5·30선거에서 진보·중도 진영이 정치적으로 큰 성공을 거두었음을 확인할 수 있다. 서울 성북구에 사회당 후보로 출마한 임정 계열의 조소앙은 미군정에서 경무부장을 지낸 조병옥을 압도적 표차로 누르고 전국 최다 득표를 기록했다. 중도 좌익으로 여운형과 함께 근로인민당을 이끌었던 장건상은 옥중 출마에도 불구하고 부산에서 전국 2위로 득표했다. 김규식이 이끌었던 민족자주연맹 소속으로 서울 중구에 출마한 원세훈은 서울시장이자 대한국민당 최고위원이었던 윤치영을 눌렀다. 이밖에도 진보·중도를 대표한 엄항섭, 윤기섭, 조봉암, 여운홍, 안재홍, 윤길중 등이 의회에 진출했다. 반면 단독정부 추진 세력이었던 대한국민당과 민주국민당의 지도급 간부 인사들 다수가 낙선의 고배를 마셔야 했다.

과연 분단은 우리 민족의 힘만으로는 어찌할 수 없는 숙명과 같은 것이었을까? 이제 우리는 이 질문에 대해 다른 답을 해볼 수 있을 것이다. 국민들은 혼란스러운 정국에서도 매 순간 정세 흐름을 돌리기 위한 노력을 멈추지 않았다. 오히려 당시 정치 세력들이 이 중요한 기회를 놓치거나 국민의 선택과 동떨어진 판단을 내렸다.

대중과 유리된 모험적인 엘리트주의는 역사 진전에 아무런 도움이 되지 않는다. 어느 세력을 막론하고 정국 주도권을 독차지하려는 계산과 욕심은 번번이 협력과 연합의 길을 좌절시켰다. 국민의 힘을 굳게 믿고 통일 세력을 최대한 끌어 모아 분단 세력에 대응하는 정치 구도를 형성함으로써, 승자독식이 아닌 상생의 길을 모색했다면, 우리 현대사는 출발부터 크게 달랐을 것이다.

# 한국전쟁이 남긴
# 교훈은 무엇인가?

한국전쟁은 한민족에게 씻을 수 없는 트라우마를 남겼다. 전쟁은 엄청난 희생을 낳았을 뿐 아니라 분단을 고착시키는 결정적 계기로 작용했다. 남북한 모두에게 최대의 시련을 안긴 이 전쟁은 분명 우리 역사의 아픈 부분이지만 여기에서 교훈을 얻지 못한다면 한반도 상생 평화의 길은 언제고 다시 위협받게 될 것이다. 수많은 희생을 치르면서 한국전쟁이 우리에게 남긴 교훈은 무엇인가?

# 김일성의
# 과도한 자신감

그간 한국전쟁의 발발 배경을 둘러싸고 남침설, 북침설, 남침 유도설, 한반도 내 계급투쟁설 등 다양한 입장이 각축을 벌여 왔다. 이는 1994년 김영삼 대통령이 러시아 방문 과정에서 보리스 옐친 대통령 측으로부터 전달 받은 한국전쟁 관련 소련 외교문서, 새롭게 공개된 미국 정부 문서, 한국전쟁 중 미군이 노획한 북한 기밀문서가 연구되면서 어느 정도 윤곽이 잡혔다. 적어도 남침인가 북침인가 혹은 남침을 유도한 것인가 하는 논쟁은 상당 정도 무의미해졌다. 한국전쟁의 직접적인 출발은 북한의 무력 통일 시도였음이 분명해졌기 때문이다.

김일성은 일제강점기 강대한 일본군에 맞서 무장 투쟁을 성공적으로 전개한 경험으로 무력 사용에는 누구보다 자신감이 컸다. 이를 더욱 부추긴 것은 남로당 총책 박헌영이었다. 박헌영은 인민군이 진격하면 20만 남로당 당원을 주축으로 남조선 민중이 봉기를 일으킬 것이므로 승리는 필연이라고 호언장담했다. 여러 정황에 비추어볼 때 김일성은 박헌영의 주장을 매우 신뢰했던 것으로 보인다.

김일성이 스탈린에게 무력 통일 의사를 처음 밝힌 것은 1949년 3월 5일 모스크바회담에서였다.● 다음은 소련 외교문서에 기록된 대화 내용이다.

김일성: 스탈린 동지. 이제 상황이 무르익어 전 국토를 무력으로 해방할 수 있게 됐습니다. 남조선의 반동 세력들은 절대로 평화통일에 동의하지 않을

●　김일성 입장에서는 당시 정세에서 남침을 위해서는 공산주의 진영을 주도하는 소련의 동의가 필수적이었다. 군사 원조를 받기 위해서도 필요했다. 김일성은 박헌영을 동반하고 스탈린을 만났다.

것입니다. 그들은 자신들이 북침을 하기에 충분한 힘을 확보할 때까지 분단을 고착화하려고 합니다. 우리의 군대는 강하고 남조선에는 강력한 빨치산 부대의 지원이 있습니다.

스탈린: 남침은 불가합니다. 첫째 북조선 인민군은 남조선군에 대해 확실한 우위를 확보하지 못하고 있습니다. 수적으로도 열세입니다. 둘째 남조선에는 아직 미군이 있습니다. 전쟁이 나면 그들은 개입할 것입니다. 셋째 소련과 미국 사이에 아직도 38도선 분할 점령이 유효함을 기억해야 합니다. 이를 우리가 먼저 위반하면 미국의 개입을 막을 명분이 없습니다.

김일성: 그렇다면 가까운 장래에 조선의 통일 기회는 없다는 말씀인가요. 남조선 인민들은 하루 빨리 통일을 해 미 제국주의자들의 속박에서 벗어나고 싶어 합니다.

스탈린: 적들이 만약 침략 의도가 있다면 조만간 먼저 공격해 올 것이오. 그러면 절호의 반격 기회가 생깁니다. 그때는 모든 사람이 동지의 행동을 이해하고 지원할 것이오.

—박명림, 「한국전쟁의 발발과 기원 1」 재인용


스탈린이 신중하면서도 소극적인 태도를 취한 것은 두 가지 이유에서였다. 먼저 스탈린은 2차 세계대전을 치르면서 전쟁에서는 명분에서 우위를 확보하는 것이 대단히 중요하다는 점을 깨달았다. 또한 알타협정을 바탕으로 이루어진 미국과의 협력 관계를 계속 유지하고자 했다. 그로서는 미국과의 대결을 야기할 전쟁이 매우 부담스러웠다.

스탈린의 이 같은 태도는 미군이 남한에서 철수한 1949년 6월 이후에도 이어졌다. 1949년 9월 24일 소련 공산당 중앙위원회는 북한 지도부에 성급한 개전을 반대한다는 입장을 전달했다. 대내외 상황으로 보아 남조선에 대한 공격은 시기적으로 적절치 못하며, 미국이 유엔으로부터 파병 승인을 얻어 낼 구실을 제공할 수 있으며, 종국에는 외국군 점령이 장기화해 조선 통일이 지연되는 결과를 초래할 것이라는 내용이었다. 이후에 벌어진 양상을 상당히 정확하게 예견한 것이었다.

그러나 1949년 10월 중국 공산당이 대륙 석권에 최종 성공하자 분위기는 급속히 바뀌기 시작했다. 북한 수뇌부에서 무력 통일에 대한 의욕은 더욱 커졌다. 반면 미국과 소련의 관계는 더 이상 협력의 여지가 없을 만큼 대결 분위기로 치닫고 있었다. 그에 따라 스탈린 역시 국제 정세 변화를 인정하며 입장을 바꾸었다. 1950년 1월 22일 마오쩌둥과의 회담에서 스탈린은 얄타협정 폐기를 결심했다고 통보하며 미국에 대항해 싸워야 한다고 강조했다. 그로부터 얼마 후인 1월 30일 스탈린은 김일성의 무력 통일 방안에 대해 동의 의사를 밝혔다.

김일성은 곧바로 베이징으로 건너가 5일간 머물며 중국의 답을 기다렸다. 중국 공산당 최고 지도자 마오쩌둥은 김일성의 군사적 지원 요청을 거절하기 어렵다고 판단했다.● 마오쩌둥은 수만 명의 조선인이 중국 공산당 편에 서서 목숨 걸고 투쟁한 사실과 2차 국공내전 당시 전세를 가르는 주요 격전지였던 동북 전투에서 북한의 지원이 결정적이었음을 잊지 않았

●　북한에 대한 지원이 중국 공산당 지도부 내에서 쉽게 합의된 것은 아니다. 최고위급 간부 회의에서 참석자 대다수가 신중론을 펴자 마오쩌둥은 한 수 위로 대응했다. 그는 김일성이 무력 통일을 시도했을 때 38선을 만든 장본인들인 미국과 소련이 충돌해 3차 세계대전으로 비화할 가능성이 있는지 따져보라고 했다. 최고위급 간부 류샤오치와 저우언라이가 잇달아 치밀한 논거를 들어 3차 세계대전으로 발전할 가능성은 없다는 주장을 폈다. 회의 분위기는 '그렇다면 해볼 만하지 않으냐'는 쪽으로 급반전했다. 분위기를 파악한 마오쩌둥은 참전을 기정사실화하고 간부들에게 마음의 준비를 하도록 지시했다.

다. 당시 북한은 중국 공산당 측에 다량의 무기를 지원했고, 북한 땅을 경유해 작전을 전개할 수 있도록 도왔으며, 북한을 환자 치료 등을 위한 후방 기지로 활용하도록 했다.

김일성, 스탈린, 마오쩌둥 삼자 사이에 한반도 무력 통일 방안이 조율되자 소련과 중국은 북한에 대한 군사 지원을 시작했다. 탱크, 야포, 전투기 등 소련제 무기가 집중적으로 북한으로 유입되었다. 1949년 자국 군대에 소속된 조선인 2개 사단을 북한에 보낸 바 있는 중국은 추가적으로 1만 4000명의 조선인 출신 군인을 북한 인민군에 편입시켰다. 이들은 모두가 실전 경험이 풍부한 백전노장들로서 한국전쟁에서 주도적 역할을 수행한다.

북한 자체적으로도 1946년 토지개혁 이후 경제가 안정적으로 발전했기에 군사력을 증강할 여력이 확보되고 있었다. 북한의 공업 생산력은 해방 이전인 1944년보다 20퍼센트 향상되었으며 농업 생산도 같은 시기보다 40퍼센트 증가했다.

마침내 개전 하루 전인 1950년 6월 24일, 북한 인민군 일선 부대에는 전면적인 공격에 대비한 각종 명령이 하달되었다. 장비의 최종 점검과 분배가 이루어졌고, 북에서 남으로 향하는 진격로에 대한 근접 정찰 명령이 떨어졌다. 또한 공병부대는 38선 일대에 매설된 지뢰를 제거하라는 명령을 받았다. 이는 전적으로 남진을 위한 것이었다. 한국군의 북진을 저지하기 위해 지뢰를 제거하는 일은 있을 수 없기 때문이다. 마침내 6월 25일 새벽 4시 인민군은 38선을 넘어 파상적 공격을 가하기 시작했다. •

# 미국은
# 무엇을 노렸나?

1950년 6월 25일 새벽에 누가 먼저 전면적 전쟁을 개시했는가 여부와 별개로 전쟁의 주요 당사자였던 미국의 움직임을 주목해 볼 필요가 있다. 미국의 태도는 한국전쟁의 발발 배경과 그 이후의 전개 과정에 결정적 변수로 작용하기 때문이다.

1947년부터 1980년까지 CIA 극동본부 간부로 일한 하리마오는 자신의 저서 『38선도 6·25한국전쟁도 미국의 작품이었다!』에서 미국은 북한이 어떻게 전쟁을 준비하는지 훤히 꿰고 있었다고 주장한다. 심지어 1950년 6월 25일 새벽 4시에 공격이 개시될 것이라는 사실도 사전에 파악하고 있었다고 한다. 그런데 상부는 이러한 보고를 무시했으며 심지어 보고 자료를 소각하기까지 했다. 북한의 남침을 막기 위한 노력은 전혀 없었다. 박승억은 그의 책에서 이렇게 이야기하고 있다.

"미국의 핵심 의중은 전혀 다른 곳에 있었다. 한국을 벌거숭이로 만들어 놓고 북한이 남침해 올 수 있는 여건을 조성한 뒤 강 건너 불구경하듯 D-Day를 기다리던 미국. 어째서 미국이 그처럼 행동했을까?"

비슷한 의구심을 미 공군 특수첩보대 대장 도널드 니컬스도 제기한 바 있다. 그는 회고록에서 "전쟁 발발 3개월 전 '6월 25일 남침'이라고 날짜

● 한편 브루스 커밍스 등 수정주의 역사학자 일부는 한국군이 해주로 진격한 사실을 근거로 '남침 유도설'을 제기해 왔다. 북한이 남한의 선제공격에 대응하는 과정에서 전면적인 남진으로 전환했다고 본 것이다. 하지만 많은 사료가 등장하면서 이러한 주장은 설득력을 상실했다. 한국군의 해주 진격은 일부 한국군 장교의 발언과 그에 뒤이은 26일자 남한 언론의 보도를 근거로 한 것이었다. 그런데 정작 북한은 한국군의 해주 진격을 허무맹랑한 날조로 일축했으며, 도리어 해주 방면을 담당했던 인민군 지휘관 최현, 방호산 등을 개전 초기 올린 공로를 인정해 승진까지 시킨 바 있다.

까지 확실하게 찍어서 맥아더에게 올렸지만, 무슨 이유에서인지 몰라도 그 보고는 무시되었다."라고 언급했다.

전쟁 당시 한국군 장성들에게서도 의미심장한 증언이 나온다. 국군 군번 1번이자 한국전쟁 당시 국군 제2사단장, 제3군단장, 제1군단장 등을 역임하고 대장으로 예편한 이형근 장군은 6·25를 전후로 한 10대 미스터리가 있다고 증언했다. 특히, 전쟁 발발 직전 수차례 대규모 남침 징후를 보고했지만 묵살되었고, 6월 13일부터 20일까지 전후방 부대에 대대적 교대 명령이 내려진 탓에 지휘관들은 지형이나 부하들 신상조차 파악하지 못하고 전투에 임했다는 것이다.

많은 증언과 자료가 미국이 전쟁 징후를 알고도 방치했거나 최소한 적극 대응하지 않았음을 지적하고 있다. 미국의 속셈은 무엇이었을까? 그 실마리는 바다 건너 일본에서 충분히 찾아볼 수 있다. 일본은 한국전쟁 당시 미군의 후방 병참기지 역할을 맡았다. 태평양전쟁에서 승리한 후 미국이 세운 일본 점령 정책의 방향은 향후 전쟁 도발 가능성을 제거하기 위해 일본을 민주화하는 것이었다. 그러나 1948년부터 점령 정책 기조에서 일본인들이 '역코스'라고 부른 급격한 변화가 일어난다. 정책의 초점이 온통 일본을 공산주의 견제를 위한 아시아 기지로 만드는 데 맞추어진 것이다. 그에 따라 우익 국가주의자들을 제거하는 작업이 중단되고 구시대 정치인들이 대거 복귀했다. 거꾸로 진보주의자들은 미국의 '국익'에 위협이 된다는 이유로 밀려나기 시작했다. 이와 함께 아시아 침략을 뒷받침했던 일본 재벌들을 해체하는 작업도 중단되었다.

1949년이 되자 임박한 전쟁을 대비하는 심상치 않은 양상이 벌어지기 시작했다. 먼저 일본에 주둔하는 미8군이 1949년부터 본격적인 전투 훈련에 돌입했다. 동시에 일본 내 미군 기지에서 대대적인 시설 확장과 보수 작업이 진행되었고, 일본의 군수품 공급 능력을 강화하기 위한 일련의 조치가 취해졌다. 이를 위해 1949년 4월 16일 일본 국회는 정부 재정을 군수품 생산에 투입할 수 있도록 한 '대충자금특별회계법'을 통과시켰다.

이러한 준비 과정은 한국전쟁 기간 동안 미군이 전개한 작전과 정확히 맞아 떨어졌다. 한국전쟁 발발과 함께 미8군 지상군은 즉각적으로 한국으로 이동해 낙동강 전선을 사수했다. 또한 미군 비행기는 일본 비행장에서 이륙해 일본 회사에서 생산한 네이팜탄을 한국에 떨어뜨렸다. 미군 대포는 방대한 양의 일본제 포탄을 쏘아 댔고, 제7함대는 일본항을 출발해 한국 해안선에 근 3년간 포격을 퍼부었다.

이처럼 공세적 냉전 전략을 주도하던 미 국무장관 딘 애치슨은 1950년 1월 20일 동아시아에서의 미국 방어선을 명시한 이른바 '애치슨 라인'을 발표했다. 한국과 대만은 애치슨 라인에 포함되지 않았다. 이는 미국이 한국에 대한 방어를 포기하는 것으로 해석될 여지가 많았다. 일각에서 애치슨 라인을 '남침 초대장'이라고 부르는 이유이기도 하다. 그러나 애치슨 라인은 어디까지나 프로그램 일부만을 공개한 지극히 계산된 표현에 불과했다.●

애치슨 라인이 발표된 지 얼마 후인 4월 8일 미국은 NSC-68(국가안전회의 68번 각서)을 통해 국방비를 종래의 135억 달러에서 500억 달러로 급속히 증대하는 계획을 비밀리에 추진했다. 미국 정부는 이후 한국전쟁이 발

● 　1949년 12월 13일 미국 국가안전회의(NSC)에 제출된 자료는 필리핀, 오키나와, 일본 본토 등 아시아 해안의 섬 체인(애치슨 라인과 동일하다)에 대해 '우리의 첫 방어 라인으로, 그리고 우리가 그곳으로부터 공산 지배 지역의 감소를 모색할지도 모르는 첫 공격 라인'으로 정의하고 있다. 이는 한반도와 대만은 방어선이 아니라 진격의 교두보가 될 수 있음을 강하게 암시하는 것이었다.

발했을 때 방대한 국방비 조달을 차질 없이 추진할 수 있었다.

전체적으로 볼 때 미국은 북한의 공격 계획을 사전에 파악하고 있었을 뿐 아니라 반격을 위한 만반의 준비까지 갖추고 때만 기다렸다고 볼 수 있다. 이와 관련해 역사학자 브루스 커밍스는 기밀 해제된 미국 정부 자료를 바탕으로 다음과 같이 증언하고 있다.

> 미 국방부와 중앙정보부 등 일부에서 공산주의에 대한 반격 전략을 주장하고 대상 지역으로 동아시아가 자주 거론되었다. 미 국방부는 1950년 6월 중순 북한이 침략할 경우 신속히 후퇴해 다시 세력을 결집한 뒤 인천항으로 상륙, 반격 작전을 편다는 전쟁 계획을 마련했다.
>
> —『한겨레』, 1990년 12월 15일자

미국의 의도가 북한의 공격을 저지하는 데 있었다면 사전에 조치를 취했어야 했고 이를 위해 동원할 수단은 매우 많았다. 하지만 미국은 그저 북한의 선제공격을 기다리고 있었다. 미국의 궁극적인 목적은 북한의 남침을 저지하는 것 정도가 아니었다는 뜻이다.

미국이 전쟁을 원했다고 주장하는 이들이 제시하는 배경은 미국의 군수산업 상황이었다. 미국 정부는 군수산업체들로부터 국지전 수준이라도 전쟁을 재개하라는 압력을 강하게 받고 있었다. 당초 예상과 달리 2차 세계대전이 2년이나 빨리 끝나 버리면서 미국 군수산업에는 미처 소화하지 못한 전쟁 물자가 산더미처럼 쌓였다. 재고를 처리하지 못하면 미국 경제가 자칫 공황에 빠질 수도 있었다. 탈출구는 군수품 재고를 쏟아 부을 전쟁뿐이었다.

당시 미국 입장에서 제반 정황을 정리해 보면, 한반도 전쟁은 팽창하는 사회주의권에 보내는 강력한 경고가 되는 동시에 종전 후 침체에 빠진 경기를 진작시킬 매우 매력적인 카드가 될 수 있었다. 다시 한 번 묻지 않을 수 없다. '퀴 보노?'

## 완벽하게
## 빗나간 계산

북한과 소련의 자료를 종합해 볼 때, 김일성은 전쟁을 구상하면서 미군이 개입할 가능성이 희박하다고 보았음이 분명하다. 소련과 중국이 배후에 버티고 있는 조건에서 한반도 내 대규모 전쟁에 개입하기가 부담스러우리라고 예상한 것이다. 스탈린 역시 김일성의 판단에 일정 정도 동의한 것으로 확인되고 있다. 소련 정보기관이 미국의 전반적 분위기가 타국의 전쟁에 개입하기 꺼리는 쪽으로 흐르고 있다고 보고한 것이 적지 않은 영향을 미쳤다.

설령 미군이 개입한다 해도 본토 병력이 투입되기까지는 한 달 반 정도 시간이 걸릴 것이고, 김일성은 그 전에 충분히 전쟁을 끝낼 수 있다고 확신했다. 인민군이 서울을 점령하기만 하면 박헌영의 주장대로 20만 남로당 당원을 주축으로 남조선 민중이 봉기를 일으킬 것이고 그러면 나머지 지역은 손쉽게 장악할 수 있기 때문이다. 그래서 김일성은 병사들에게 최소량의 군수 물자만 지급했고, 동계 전투에 대해서는 전혀 대비하지 않았다.

막상 전면적인 공격이 시작되자 실제 상황은 애초 전제했던 것과 사뭇 다르게 흘러갔다. 인민군은 진격을 미룬 채 서울에서 3일간 머물며 민중

봉기가 일어나기를 기다렸다. 그러나 봉기는 어느 곳에서도 일어나지 않았다. 여러 가지 원인이 있었지만, 무엇보다 이승만 정권이 한걸음 앞서 그 가능성을 제거했기 때문이다. 이승만 정권은 농지개혁에 대한 계획을 발표해 농민의 혁명 의지를 약화시켰으며, 전쟁 발발과 동시에 민중 봉기의 주축이 될 세력을 대거 제거해 나갔다. 남로당 조직은 대부분 와해된 상태였고, 당원 및 관계자들은 보도연맹 등을 통해 정부 관리 아래 있었는데 그마저 개전 초기에 대부분 학살당한 것이다.

군사작전 역시 뜻대로 진행되지 않았다. 춘천 지역으로의 진격 작전이 차질을 빚었고 조기에 붕괴시킬 수 있을 것으로 믿었던 한국군은 빠르게 전열을 재정비하면서 저항 태세를 구축했다. 무엇보다도 한국전쟁의 풍향을 좌우할 미군이 예상보다 빨리 개입했고 또한 강력한 힘을 발휘했다.

500여 기가 넘는 전투기를 보유한 주일 미 공군은 개전 직후 한반도로 출격했고, 일거에 북한의 공군력을 무력화시키면서 제공권을 장악했다. 그로부터 미 공군기는 남진하는 인민군을 비롯해 평양 등 북한 지역에 집중적인 폭격을 가했다. 당시 인민군은 미 공군의 공격에 대해 아무런 대비도 하지 않은 상태였다. 방공 장비도 전혀 없었을 뿐 아니라 전술 또한 준비되어 있지 않았다. 그 결과 인민군은 주간 작전이 어려워지면서 진격 속도가 크게 떨어졌다. 더불어 일본에 주둔하고 있던 미8군 지상군이 신속하게 한반도로 이동해 한국군과 더불어 낙동강 전선을 사수함으로써 미국 본토에서 대규모 병력이 투입될 수 있는 시간을 벌었다.

인천 상륙 작전의 성공은 북한에게 치명적 결과를 안겨 주었다. 남쪽으로 진주했던 인민군은 완전 고립되면서 일거에 붕괴했다. 다수의 인민군이 살상되거나 포로가 되었으며 일부는 산악 지대를 통해 북으로 이동했고 또 다른 일부는 남한의 좌익 세력과 함께 게릴라전으로 전환했다. 인민군 전력이 거의 붕괴된 상태에서 북부 접경 지역을 제외하고는 북한 땅 대부분을 미군이 점령하기에 이르렀다.

바로 여기서 북한 지도부의 안이한 판단 착오가 드러난다. 북한 지도부는 중국 공산당이 그러했던 것처럼 자신들 역시 무력으로 한반도를 통일할 수 있다고 확신했지만 궁극적으로 상대해야 할 미국과의 힘 관계에서 중국 대륙과는 근본적 차이가 있음을 간과한 것이다.

1937년 중일전쟁이 시작되면서 현대식 장비로 무장한 일본군은 파죽지세로 중국 대륙을 유린했다. 그러나 일본군은 중국 전역을 점령하는 데 이르지 못했다. 중국은 촌락 수만 200만 개에 이르는 광대한 나라였다. 중국 침략에 동원된 일본군 숫자는 100만 정도로 추정되는데, 중국 각 촌락마다 일본군 병사 한 명씩을 배치한다고 해도 절반밖에 채울 수 없었던 것이다. 결국 일본군은 철도와 도로를 통해 이동하면서 해안을 따라 발달한 대도시를 점령하는 데 역점을 두었다. 이러한 일본군의 작전 전개 때문에 대도시를 기반으로 삼고 있는 국민당의 행정 조직은 남김없이 무너지고 군대 역시 그 기반이 급속히 약화되었다. 결국 국민당은 해안 지대를 포기하고 내륙 깊숙한 곳에 있는 충칭으로 본거지를 옮겨야 했다.

반면 공산당 산하 홍군은 마오쩌둥의 지구전 원리에 따라 일본의 발길이 미치지 않는 광활한 농촌을 무대로 유격전을 전개함으로써 역량 손실을 최소화하면서도 일본군에 효과적인 공격을 가했다. 그리하여 공산당과 홍군은 항일 전쟁이 지속되면서 급속하게 세력이 커졌다. 항일 전쟁이 승리로 끝났을 무렵 공산당은 정치적 힘에서나 무력에서나 국민당을 훨씬 능가했다. 결국 2차 세계대전 종전과 함께 벌어진 국공내전에서 공산당은 최종 승리를 거둘 수 있었다. 미국은 국민당이 패퇴함에도 불구하고 일본의 전철을 밟을까 두려워 군사 개입을 할 수 없었다.

하지만 한반도는 사정이 달랐다. 미국은 즉각적이고도 전면적으로 개입했고 빠른 시일 안에 대부분 지역을 점령했다. 만약 중국의 참전이 없었더라면 북한은 꼼짝없이 미국에 의해 점령당할 상황이었다.

미군이 압록강 변에 다다를 무렵 중국이 전격적으로 참전했다. 이로써 한국전쟁은 오늘날 G2로 불리는 미국과 중국이 처음 격돌한 국제전으로 비화했다. 당시 중국 입장에서 볼 때 참전은 더 이상 선택의 여지가 없는 일이었다. 만약 미군이 북한 전체를 점령한다면 중국은 미국의 직접적인 군사적 위협에 직면하기 때문이다. 이른바 순망치한(脣亡齒寒), 즉 입술이 망가지면 이가 시린 상황에 직면한다. 중국은 입술에 해당하는 북한을 지켜야 했다.

미국과 중국은 한국전쟁에서 각자의 특성을 강하게 드러냈고 이를 통해 서로의 실력을 확인할 수 있었다. 미국은 자본주의의 강력한 생산력을 바탕으로 세계 최강의 화력에 의존한 전투 방식을 추구했다. 주간에 도로를 따라 이동하며 적을 만나면 공군기 지원 아래 엄청난 화력을 퍼붓는 식으로 전투를 수행했다. 그렇게 미군은 북한 인민군을 쉽게 제압하면서 파죽지세로 한반도 북부 지역을 향해 진군했다.

중국군은 전혀 달랐다. 당시 중국군이 보유한 화력은 미군과 비교가 안 될 정도로 원시적이었다.● 하지만 중국군은 이에 개의치 않았다. 미군과 반대로 주로 야간에 산악 지대를 이용해 이동했고, 전선을 무사히 통과한

●　당시 중국군이 말과 쌍봉낙타로 보급품을 실어 날랐다는 보도도 있다. ('6·25 비사: 중공군에 혹사당한 말과 낙타', 『연합뉴스』, 2010년 6월 24일자)

한국전쟁 당시, 미군의 F9F-2B 팬더 전투기 두 대가 원산 상공을 비행 중이다. 아래는 1951년 횡성전투의 한 장면이다. 중국군이 나발을 불며 유엔군 진지를 향해 돌격하고 있다.

뒤 미군을 앞뒤에서 협공했다. 중국군이 미군을 공격한 방식은 야간에 최대한 근접한 뒤 백병전을 전개하는 것이었다. 이편과 저편 구분 없이 뒤엉켜 싸우는 상황에서는 총검을 휘두르는 것 이외에 그 어떤 성능 좋은 무기도 소용이 없었다.

중국군은 심리전에도 매우 능했다. 은밀히 미군을 포위한 뒤 근처 주민을 동원해 함성을 지르도록 해 적군이 끊임없이 몰려오고 있다는 착각과 공포를 불러일으켰다. 미군은 중국군이 끝없이 밀려오는 인해전술을 사용했다고 하지만 대부분은 이런 정황에서 빚어진 착각이었으며, 실제 중국군의 참전 규모는 서방 세계가 생각했던 것보다 훨씬 적었다.

중국군이 불시에 공격을 개시해 오자 전혀 예기치 않은 사태에 직면한 미군은 완전 넋을 잃고 말았다. 심리전에서 압도당한 미군은 속수무책으로 패주했다. 전세는 리지웨이가 새로운 미군 사령관으로 부임해 대량 살상 위주의 '몰살 작전'을 전개하면서 어렵사리 수습되었다. 이후 전쟁은 지리한 소모전 양상을 띠면서 어느 쪽도 제대로 주도권을 잡지 못하는 상태가 계속되었다.

한국전쟁은 1953년 7월 27일 판문점에서 전쟁을 잠시 멈추는 정전협정●을 체결하는 것으로 겨우 일단락되었다. 이승만 정권은 휴전 반대를 외치면서 협정 조인에 참여하지 않았다. 그 결과 협정은 미국, 북한, 중국 3국의 서명으로 발효되었다. 이후 중국이 협정 관리에 관한 모든 권한을 북한에 위임함으로써 협정의 양 당사자는 북한과 미국이 되었다.

---

● 　정식 명칭은 '국제연합군 총사령관을 일방으로 하고 조선민주주의인민공화국 최고사령관 및 중국인민지원군 사령관을 다른 일방으로 하는 한국 군사 정전에 관한 협정'이다. 당시 UN군 총사령관 클라크, 북한군 최고사령관 김일성, 중국인민지원군 사령관 펑더화이가 서명했다.

# 너무도 비참한
# 전쟁의 참화

한국전쟁은 민족 전체에게 치명적인 상처를 남긴 씻을 수 없는 비극이었다. 전쟁을 거치며 국토의 대부분이 파괴되고, 500만 명의 인명 희생이 발생했으며 이산가족은 1000만 명에 달했다. 이러한 파괴와 살상을 주도한 것은 주로 미 공군기의 무차별 폭격이었다. 한국전쟁 당시 북한 공군력은 개전 초기에 미 공군에 의해 완전 궤멸된 상태였다. 미 공군기의 무차별 폭격은 특히 북한 지역에서 극심했다. 폭격의 목표는 북한의 전쟁 수행 능력을 원천적으로 고갈시키는 것이었다. 이는 곧 인간에게 유용한 모든 것이 파괴 대상이 됨을 의미한다. 가령 도시의 공장은 군수 물자를 생산 공급할 수 있다는 이유로, 들녘의 곡식은 적군의 군량미로 공급될 수 있다는 이유로 모두 폭격의 대상이었다.

미 공군기의 폭격은 미군 장교들의 표현대로 '북한 전체를 석기 시대로 되돌려 놓으려는' 기세였다. 그에 따라 북부 산악 지대 일부를 제외하고는 공장, 도로, 교량, 댐, 병원 등 인간이 만들어 놓은 시설 대부분이 파괴되었다. 평양은 건물 두 채만 남은 채 완벽하게 잿더미로 변했다.

무수히 많은 인명이 희생될 수밖에 없었다. 한국전쟁 관련 자료들은 대체적으로 북한 지역에서 남한에 비해 두 배 정도 많은 인명 피해가 발생한 것으로 파악하고 있다. 북한의 인구수가 남한의 절반 정도였음을 감안하면, 남한에서 1명 죽을 때 북한에서는 4명꼴로 목숨을 잃었다는 이야기이다.

아군 지역이라고 할 수 있는 남한도 사정은 딱했다. 미 공군은 인민군이 사용 가능한 시설을 제거한다는 이유로 남한 지역에 있던 건물과 도로, 교

전쟁으로 갈 곳 잃은 노파가 군인을 붙잡고 오열하고 있다.

량 등을 대거 파괴했다. 그 과정에서 주택과 학교, 공장 들도 함께 부서졌다. 『한국은행 경제연감』에 따르면 한국전쟁으로 남한이 입은 피해는 1953년 국민총수입의 1.7배에 달한다. 주택과 교육 시설의 46퍼센트, 제조업 시설의 42퍼센트, 철도의 75퍼센트가 파괴되었다.

미군의 작전 수행 과정에서 희생당한 남한 지역 민간인도 상당수에 이르렀다. 폭탄에는 눈이 없다. 어린아이들이 있다고 피해서 떨어지지 않는다. 더욱이 남북한 주민은 외관상 전혀 구분되지 않는다. 개전 초기 미군은 북한 인민군이 피난민으로 위장해 전선을 돌파할 가능성이 크다고 보고 피난민 전체를 불신과 경계의 눈으로 보았다. 그 의심은 끝내 민간인에 대한 무차별 학살로 이어졌다. 이 사실은 윌리엄 킨 미25사단장이 전투 지역에서 움직이는 모든 민간인은 적으로 간주하고 발포할 것을 명령했던 사실에서도 확인된다. 이 같은 폭격은 이산가족 발생과도 밀접한 연관이 있다. 피난민들이 무리 지어 이동할 때 앞서의 이유로 미 공군기들은 무차별 폭격을 가했다. 아수라장이 된 상태에서 수많은 혈육이 뿔뿔이 흩어진 채 다시 만나지 못하면서 난데없이 이산가족이 되었다.

1983년 KBS에서 이산가족 찾기 운동을 전개했다. 이 프로그램은 단일 주제로 무려 138일 총 435시간 동안 생방송으로 진행되어 기네스북에 등재되기도 했다. 수많은 이산가족이 출연해 사연을 호소했고 온 국민이 지켜보면서 하염없이 눈물을 흘렸다. 당시 그 기막힌 사연들을 TV로 지켜보던 나는 어떤 의문을 떠올렸다. 흔히 이산가족이라면 남북이 가로막혀 발생한 경우를 떠올린다. 그런데 당시 KBS 프로그램에 참여한 이산가족은 대부분 남한 땅에서 헤어진 경우였다. 남북 사이에 발생한 이산가족은 그 프로그램에 출연할 이유가 없었다. 북한 땅에 있는 이산가족이 방송을 보고 만나러 올 리는 없기 때문이다. 아무리 전쟁 시기라지만 남한에 살던 주민들 사이에서 왜 그토록 많은 이산가족이 생겼던 걸까. 이 의문은 한국 전쟁사를 공부하면서 풀렸다. 결국 남한 이산가족의 대부분은 미 공군기의 무차별 폭격이 만든 '난리통'에 생긴 것이다.

## 국가가
## 국민을 학살하다

한국전쟁 동안 이승만 정권은 전시 상황을 이용해 좌익 세력을 무참하게 학살함으로써 반대 세력의 싹을 완전히 제거했다. 그야말로 학살 광풍이 몰아쳤다. 형무소에 수감되어 있던 좌익 인사들 대부분은 법적 절차 없이 죽음으로 내몰렸다.

숱하게 자행된 학살 사례 중 하나로 대전형무소의 경우를 살펴보자. 한국전쟁 발발 당시 대전형무소에는 약 3000여 명의 좌익 인사가 수감되어 있었다. 그중 2000여 명은 4·3제주민중항쟁 등 각종 민중 항쟁과 빨치산 투쟁에 관계된 사람들이었으나 핵심 인물들은 체포 직후 처형되었기 때문에 이들은 당시 실정법에 비추어 보더라도 죄질이 가볍거나 무고하게 수감된 경우가 대부분이었다. 게다가 수감자 다수는 나이가 10대 후반에서 20대 초반이었다.

대전형무소 수감자들에 대한 학살은 대덕군 산내면 낭월리 골령 골짜기에서 열흘에 걸쳐 이루어졌다. 매일같이 수감자들이 트럭에 짐짝처럼 실려 왔다. 도착하는 즉시 군인들이 개머리판으로 때리고 발로 차면서 짐승 다루듯 수감자들을 끌어내렸다. 처음 3일 동안은 사형목에 매단 뒤 처형

한국전쟁 당시 대전형무소에서는 보도연맹원과 정치범 1,800여 명이 학살되었다.

했으나, 이후로는 구덩이 앞에 10명 씩 엎어 놓고 총살했다. 시체는 곧바로 구덩이 속에 던져졌고 구덩이가 다 차면 대기하고 있던 소방대원들이 흙으로 덮었다.

이와 동일한 성격의 집단 학살이 전주, 진주, 원주, 청주, 대구 등 전국 주요 형무소에서 수백 명 단위로 이루어졌다. 그중에서도 대구형무소 학살은 다른 곳에 비해 규모가 컸다. 1960년 6월 국회 진상조사특위가 1950년 대구교도소에 수감 중 군경에 신병이 인도된 1,402명의 명단을 확보했는데, 그들 모두 근처 경산 코발트 광산 등지에서 학살된 것으로 확인되었다.

한국전쟁 중 최대 규모의 '좌익 청소'는 보도연맹원을 대상으로 이루어졌다. 전쟁 발발 전 이승만 정권은 좌익 인사들을 모아 보도연맹이라는 조직에 강제 가입시킨 뒤 관리하고 있었다. 전쟁이 터지자 즉시 군경 합동 작전 아래 보도연맹원 학살이 자행되었다. 인민군의 진주로 손 쓸 겨를이 없었던 한강 이북을 제외한 남한 전역에서 시군 단위로 수백 명씩 한꺼번에 죽임을 당하는 참극이 벌어졌다.

경남 거제에서는 1950년 7월과 8월 사이에 보도연맹 가입자 수백 명이 학살당했다. 이들은 4~5명씩 철사로 묶인 채 돌덩이를 달고 지심도 앞바다에 수장되었다. 주민들에 따르면 동풍이 불 때마다 해변가에 시신이 떠밀려 왔다고 한다. 주민들이 시신을 거두어 한곳에 합장했는데 그 수만도 수백 구였다.

충북 청주는 보도연맹원 수가 약 500명 정도로 추정되는데 이들은 개전 직후인 7월 초부터 청주경찰서로 연행되었다. 예비 검속 소식을 들은 가족들이 청주경찰서 앞으로 몰려들었을 때에는 이미 군용 트럭에 태워진 상태였다. 가족들이 아우성을 치자 헌병들은 이들을 먼저 남쪽으로 피난시켜 준다며 안심시켰고 이에 가족들은 음식과 옷이 담긴 보퉁이를 건네며 안부를 빌었다. 하지만 그 순간이 모두에게 마지막이 되고 말았다. 보도연맹원들은 곧바로 보은, 미원 방면 국도변으로 끌려가 전원 학살되었다.

4·19혁명 직후 민주화 바람을 타고 국회 차원에서 보도연맹 학살 사건에 대한 진상 조사가 이루어졌다. 조사위는 희생자가 최소한 10만 명 이상이라고 추정했다. 그러나 보도연맹 가입자가 최대 33만 명에 이르렀고 살아남은 자가 극소수에 불과함을 감안할 때, 희생자 수가 30만 명에 이를 거라고 보는 견해도 있다.

이밖에도 수없이 많은 좌익 인사들이 아무런 재판 절차도 거치지 않은 채 임의적으로 학살되었다. "너 빨갱이지!"라는 말 한 마디면 끝나는 상황이었다. 도대체 얼마나 많은 사람이 이승만 정권에 의해 학살당했는지 아무도 정확하게 모른다. 성공회대 한홍구 교수는 한국전쟁 중 이승만 정권이 학살한 민간인 숫자가 적어도 50만에서 많게는 100만에 이를 거라고 추정한다. 그의 표현대로, 대한민국이라는 나라 자체가 거대한 공동묘지 위에 서 있는 셈이다. 국가의 첫째 임무는 국민의 생명과 안전을 보장하는 것인데 오히려 국가가 국민에 대한 도살자로 등장한 것이다. 남한 내 진보의 씨앗도 이 과정에서 거의 절멸될 수밖에 없었다.

## 가슴에 그어진
## 38선

한국전쟁으로 남북 사이 적대 의식이 극에 달했다. 땅 위에 그어진 38선이 사람들 가슴에도 새겨졌다. 전쟁 이전만 해도 남한 민중은 이념과 상관없이 같은 민족으로서 북한에 대해 대체로 우호적인 입장이었다. 그러나 전쟁을 거치면서 상황이 급변했다. 1952년 12월 실시한 설문조사에 따르면, 휴전회담에 찬성한 사람은 노동자의 경우 18퍼센트, 학생과 교사는 21퍼센트에 불과했고, 나머지는 유엔군과 국군 증강을 통한 북진 통일을 지지했다.

김일성 등 북한 지도부는 남한 민중이 미국과 이승만에 맞서 투쟁할 것을 기대했으나, 그런 일은 벌어지지 않았다. 대신 남과 북 사이에 강력한 전선이 형성되고 말았다. 전쟁 기간에 대거 전장에 투입된 남한 젊은이 상당수가 인민군과의 전투 중 사망했다. 전사자 가족과 동료들은 인민군과

한국전쟁 발발 불과 3일째 되던 날 국군은 북한군의 남진을 저지하기 위해 한강의 유일한 인도교를 폭파시켰다. 최소한 500명이 폭사했고, 서울 사람들은 발이 묶였다. 이승만 대통령과 정부 인사들은 전날 이미 남쪽으로 피난한 상태였다.

북한에 대한 적개심으로 가득 찼다. 북한 사람들 역시 크게 다르지 않았을 것이다.

남한 사람들은 한국전쟁 기간 동안 겪었던 무지막지한 고통의 일차적 책임이 전쟁을 일으킨 북한에게 있다고 생각했다. 사실상 미군과 이승만 정권이 가한 고통마저도 북한의 책임으로 인식했다. 북한에 대한 적대감이 사회 전반을 압도하면서 반공 의식이 폭넓게 형성되고 북한과 대치하고 있는 미국을 맹목적으로 추종하는 친미 의식이 광범하게 퍼졌다. 바야흐로 친미·반공 이데올로기가 한국 사회에 강하게 뿌리내린 것이다.

북한은 남한과 정반대 방향으로 나아갔다. 전쟁 이후 사회주의 체제로 빠르게 전환한 북한에서는 자연스럽게 사회주의 이데올로기가 뿌리내렸다. 북한 정권은 시종 일관 사회주의의 우월성과 종국의 승리를 강조하면서 인민 전체에 이를 공유시키는 일에 필사적인 노력을 기울였다. 이와 함께 북한 주민을 통합시킨 강력한 이념은 반미였다. 반미 의식은 미국이 사회주의 대척점에 있는 자본주의 진영의 중심국이라는 점에서 나온 것이기도 했지만, 일차적으로 한국전쟁의 경험에서 비롯한 것이었다.

북한 사람들은 한국전쟁 중 미 공군기의 무차별 폭격, 기총 소사, 집단 학살 등을 경험했다. 특히 구월산 유격대에 대한 보복으로 자행된 신천대학살은 북한 사람들 뇌리에 미군의 잔인성을 각인시켰다. 북한 측 자료에 따르면, 미군이 북한 지역에 진주해 있던 45일 동안 황해도 신천군에서 전체 인구 14만 3000여 명의 약 25퍼센트에 해당하는 3만 5300여 명이 학살되었다. 원암리에서는 900여 명을 한꺼번에 방공호에 넣고 학살한 것으로 알려졌다. 북한 주민의 반미 의식은 분단 체제 아래서 미국과의 군사적 대치 상태가 지속됨에 따라 자연스럽게 체질화되어 갔다. 휴전선 이남에서 북쪽을 향해 총구를 겨냥하고 끊임없이 자신들을 위협하는 미군의 존재는 그 자체로서 살아 있는 반미 교과서였다.

결국 한국전쟁을 거치면서 남과 북은 지배 이념에서 극단적으로 양극화되었다. 북한은 사회주의와 반미주의를 지배 이념으로 삼아 국가적 통합을 달성할 수 있었다. 반면 남한은 친미·반공 이데올로기가 지배 이념으로 자리 잡았다. 이로써 남북은 한 치 타협의 여지가 없을 정도로 대척점에 서게 되었다.

지난 100년의 역사가 생생히 입증하듯 강대국에 둘러싸인 한반도는 내부가 분열되면 언제든지 외세가 개입해 들어와 나라가 송두리째 짓이겨질 수 있는 처지이다. 남북 분단은 그 같은 우리의 운명을 가장 압축적으로 보여준다. 한반도는 그야말로 민족 구성원 모두가 힘을 합해 나아가야 가까스로 미래를 보장받을 수 있는 곳이다.

만약 북한 지도부가 민족 상생의 관점을 갖고 있었다면 감히 무력 통일을 시도할 수 있었을까? 전쟁은 한쪽이 죽거나 굴복해야 끝나는 것으로 상생의 여지가 전혀 없다. 무력 통일 시도는 선택 자체가 잘못된 것이었다. 게다가 북한 지도부는 한반도의 구체적 현실에 근거하지 않고 국제공산주의운동이라는 진영 논리에 빠져 무력 통일을 시도했다. 5·30선거 결과로 남한 내에 모처럼 형성된 유리한 정세도 그와 함께 무산되고 말았다.

참화를 겪고 나서 성찰과 반성이 고개를 들었다. 1972년 7·4남북공동성명에서 남북의 합의로 천명한 통일의 3대 원칙 '자주, 평화, 민족 대단결'도 그 결과물로 볼 수 있다.

한국전쟁 기간 동안 남북 모두 철저하게 의세에 의존했다. 북한은 소련과 중국에 의존해 무력 통일을 준비했고 중국의 도움으로 위기에서 벗어날 수 있었다. 남한은 모든 것을 미국에 내맡기다시피 했다. 그에 대한 반성으로 나온 것이 '자주'의 원칙이다. 한국전쟁은 통일이라는 목적이 결코 전쟁이라는 수단을 정당화시켜 주지 않음을 확인해 주었다. 우리 민족의 대원칙이 '평화'일 수밖에 없음을 우리는 경험했다. 또 한국전쟁은 진영 논리가 얼마나 끔찍한 비극으로 이어질 수 있는지도 보여주었다. 우리에게는 상생의 관점이 필요하다. 이것이 바로 '민족 대단결'의 원칙이다.

# 한강의 기적을 일으킨 주역은 누구인가?

1960년대 초 한국은 세계에서 가장 가난한 나라 중 하나였다. 1961년 한국의 1인당 국민소득은 82달러로, 아프리카 가나의 절반 수준이었다. 그러던 한국이 초고속 압축 성장을 일구어 내면서 불과 몇십 년 만에 세계 유수 경제 대국 반열에 올라섰다.

한국은 2015년 현재 전자, 자동차, 조선 등 많은 분야에서 글로벌 강자이며 무역 규모가 1조 달러를 넘어서는 세계 8대 무역 대국이다. 또한 2004년 이후 10년간 국내 자본의 해외 투자가 2905억 달러에 달하고 해외에 설립한 법인 수도 6만 개에 이르는 유력 자본 수출 국가이다. 과연 한국이 짧은 기간 안에 이토록 놀라운 성공을 거둔 원동력은 무엇일까?

# 한국 산업화의
# 미스터리

1992년 세계은행이 발간한 『세계개발보고서』에 따르면 한국은 1965년 이후 연평균 경제성장률이 7.1퍼센트로서 세계에서 경제가 가장 빨리 성장한 나라였다. 연평균 경제성장률이 1퍼센트일 때 두 세대가 지나면 경제 규모가 두 배로 커지고, 6퍼센트일 때엔 무려 64배로 커진다. 연평균 경제성장률 7.1퍼센트가 어느 정도의 위력을 갖는지 충분히 짐작할 수 있다.

성장 속도만으로도 놀랍지만 한국이 처했던 조건을 돌이켜보면 놀라움을 넘어 경이롭기까지 하다. 현대 경영학의 아버지로 불리는 피터 드러커가 1954년 공적 임무를 띠고 한국을 방문했다. 당시 드러커의 눈에 비친 한국은 황량한 폐허의 땅이었다. 전쟁으로 온 나라가 처참하게 망가졌고 빈곤의 그림자가 짙게 드리워져 있었다. 정치 역시 난장판이었다. 독재가 판쳤다. 자본과 기술을 전혀 갖추지 못한 조건이라 경제 건설에 성공할 가능성은 거의 없어 보였다. 남미의 브라질처럼 풍부한 지하자원이 매장된 것도 아니요 거대한 국내 시장이 형성되어 있지도 않았다. 분단 때문에 북방 진출이 차단되어서 국제 교역의 거점이 되기도 어려웠다.

비슷한 시기 경제 건설에 성공한 '아시아의 네 마리 호랑이'의 경우, 한국을 제외한 대만, 홍콩, 싱가포르는 모두 중국계 나라이고 통상을 통해 성장했다. 그 배경에는 전 세계에 퍼져 있는 막강한 화교 네트워크가 존재한다. 화교 전체의 경제력은 일본의 GDP에 근접할 정도로 엄청나다. 동남아시아에서는 나라별로 많게는 경제력의 80퍼센트를 화교가 장악해 왔다. 대만, 홍콩, 싱가포르는 이들 화교로부터 필요한 자본과 기술을 끌어들였고 또 화교 네트워크를 통해 수출 시장을 개척할 수 있었다. 덩샤오핑이 개혁개방을 실시했을 때 초기에 중국에 진출한 해외 자본 대부분도 화교 자본이었다.

하지만 한국은 화교 같은 배경도 없었다. 말 그대로 맨땅에 헤딩해야 하는 처지였다. 미국이나 일본에서 적극 도와준 것도 아니었다. 결정적 도움이 필요한 순간마다 이들은 소극적 태도를 취했다. 물론 외국자본이 충분히 유입된다고 해서 경제적 성공이 보장되는 것은 아니다. 1970~1980년대를 풍미한 종속이론의 지적대로, 외국자본에 의존해 개발 전략을 실시할 경우 경제 잉여가 선진국으로 유출되어 저발전의 구조화* 가능성이 있다. 실제로 여러 나라가 그 같은 수렁에서 빠져나오지 못했다.

이래저래 한국의 산업화 성공은 미스터리가 아닐 수 없다. 그런데 외환위기를 기점으로 한국 경제가 고도성장을 마감하고 저성장 기조에 접어들면서 기성세대와 일부 언론이 '옛날이 좋았지.' 식의 프레임을 꺼내 들었다. 박정희의 공과에 대해 정치적 독재와 경제성장을 따로 구분해서 보자는 제한적 옹호론도 잇따라 제기되었다. 이런 주장은 뚜렷한 학문적, 실증적 탐구도 없이 점차 확대되어 마침내 '박정희가 없었으면 한국의 경제성장도 없었다.'라는 주장으로까지 비약했다. 식민지에서 해방된 나라들 및 가난한 제3세계 국가 중에서 한국처럼 경제성장에 성공한 나라는 없으며 이는 전적으로 박정희 정권의 리더십과 정책** 덕분이라는 것이다. 이 주장을 펴는 이들에게 한강의 기적을 일으킨 주역은 박정희이고, 박정희식 성장 시스템이야말로 무에서 유를 창조한 한국 산업화 성공의 주요 원동력이다. 이런 논리는 때 아닌 박정희 향수를 불러일으켰고 기성세대는 물론 유신 독재를 경험하지 않은 젊은 세대에까지 파급되었다. 이 같은 분위

건배를 하고 있는 박정희 내외(왼쪽)와 새마을운동 사업장에 동원된 주민들(오른쪽).

기는 2012년 대선에서 박근혜 후보의 승리에 적지 않은 영향을 미쳤다. 과연 한강의 기적은 박정희의 작품일까?

박정희식 성장 시스템이 한국 경제의 고도성장을 자극하고 이끄는 데서 일정한 역할을 한 것을 부인할 이유는 없다. 하지만 한국 경제 성공의 주요 원동력으로 보기에는 결정적 문제가 있다. 무엇보다도 그것은 후대도 아닌 박정희 당대에 침몰한 지속 가능성이 전혀 없는 시스템이었기 때문

● 　『빈곤의 세계화』를 쓴 미셸 초스도프스키에 따르면, 개발도상국에서 셔츠를 생산할 경우 로열티, 관세, 운송 및 보관료, 도소매의 유통 마진과 해당 분야 임금 등으로 선진국이 취득하는 몫은 상품 총 부가가치의 97퍼센트에 이른다. 불과 2~3퍼센트만이 임금과 제조업자 이윤 등의 형태로 개발도상국 몫이 된다. 선진국의 번영은 상당 부분 제3세계 민중의 희생을 바탕으로 이룬 것이며, 반대로 개발도상국은 구조화된 저발전에 시달리게 된다.
●● 　구체적으로는 외환과 금융 통제, 정부의 적극적인 경제개발 계획과 시장 개입, 수출 드라이브 정책, 대기업 육성 정책 등이 거론된다.

이다.

박정희식 경제개발은 1970년대 후반에 이르러 물가 폭등과 부동산 투기 과열로 이어지면서 심각한 한계를 드러냈다. 당시 주무 경제부처인 경제기획원이 한국 경제의 틀과 기조를 완전히 바꾸지 않으면 모든 것이 끝장날 거라고 했을 만큼 상황은 매우 심각했다. 하지만 박정희 자신은 명확한 판단을 내리지 못한 채 우왕좌왕했고, 혼란이 가중되는 가운데 1979년 10월 부하인 김재규에 의해 피살되고 말았다. 박정희식 시스템도 그와 함께 침몰했다.

박정희 이후 국가 개입을 줄이고 시장의 자율적 기능을 강화함과 동시에 대외 개방을 추진하는 등 경제 운용의 틀과 기조에서 상당한 변화가 일어났다. 정부 역할은 여전히 중요했지만 그 비중이 꾸준히 감소되었다. 1990년대 접어들어서는 정부 주도 경제개발을 상징했던 '5개년 경제개발계획'마저 완전 폐기되기에 이르렀다. 그런데도 고도성장 기조는 그대로 이어졌다. 이는 한국 경제 고도성장의 주요 원동력이 박정희식 시스템과 무관하게 별도로 존재했음을 확인할 수 있다.

해답의 실마리는 연세대 우대형 교수의 연구 논문 「한국 경제성장의 역사적 기원」에서 어느 정도 찾을 수 있다. 우 교수는 1960년대 이후 한국 경제성장의 원동력을 알아보기 위해 식민지를 경험한 60여 개국의 데이터를 수집한 뒤 이를 경제성장 모형에 대입해 분석했다. 그 결과 다음의 세 가지 결론에 도달한다. 첫째, 역사적 전통 특히 과거의 기술 수준이 경제성장과 매우 연관이 깊다. 둘째, 식민지 기간이 짧을수록, 독립한 연도가 빠를수록 성장률이 높다. 셋째, 1960년 당시 교육 수준이 이후 경제성장에 결정적 영향을 미친다.

이 기준으로 볼 때 한국은 조사 대상 국가들 중에서 최상위권에 속했다. 한국의 식민지 경험은 다른 나라에 비해 기간이 짧았고 독립 연도도 빨랐다. 과거의 유산과 전통이 완전히 유실될 정도는 아니었던 것이다. 자료 취합이 가능한 세계 104개국의 전근대발전지수●를 조사한 결과 한국은 전 세계 17위, 식민지를 경험한 국가 가운데는 1위였다. 경제개발 계획이 시작되기 이전인 1960년대에 이미 한국 사회는 경제성장에 유리한 전통 사회 유산을 풍부하게 가지고 있었다. 우 교수의 논문에 따르면, 이것이 경제 발전에 차지하는 역할은 40퍼센트 정도이다.

여기서 특히 중요한 것이 1960년 당시의 초기 조건인데, 한국은 초등학교 취학률이 조사 대상 국가 중 30위, 1인당 교육년수가 19위 등으로 교육 수준이 매우 양호한 나라였다. 참혹한 한국전쟁이 종료된 지 불과 7년 후, 4·19혁명 등 정치적 격변과 지독한 가난의 한복판인 1960년에 이 정도면 놀라운 수준이다. 뒤에서 곧 확인하겠지만 한국의 교육열은 산업화 성공과 관련해서 각별한 의미를 지닌다. 한편 1960년 당시 한국의 중위소득층 비율은 조사 대상국 47개 국가 가운데 1위이다. 역설적이게도 당시 나라가 너무 가난한 탓에 국민들도 너나할 것 없이 평등하게 가난했기 때문이다. 또 해방 정국을 거치며 토지개혁이 이루어져 빈부 격차가 크지 않다는 것도 경제성장에 유리한 요인이었다. 누구나 해볼 만하다는 의지를 가지면서 사회에 역동성이 생기기 때문이다.

한국은 전통 사회 유산, 1960년 당시의 교육 수준, 빈부 격차 등 경제성장에 큰 영향을 미치는 초기 조건에서 식민지 출신 국가 가운데 단연 앞섰

● 신석기 혁명 시기, AD 1500년의 기술 수준과 도시화율 및 인구밀도, 국가역사지수 등의 세부 지표를 계량화해 구한다. 자세한 내용은 우대형 교수의 논문을 참조하라.

다. 이는 곧 한국이 본격적으로 산업화에 착수하기 전에 이미 경제성장에 필요한 인적, 문화적, 기술적 에너지를 풍부하게 내재하고 있었음을 말해 준다. 이 에너지야말로 한국 경제의 지속적인 성장을 가능케 했던 원동력이다. 물론 이러한 에너지는 몇몇 통치 관료들이 아니라 전체 국민들에게서 나온다. 독일이 양차 세계대전으로 크게 몰락하고도 '라인 강의 기적'을 이루어 오늘날 유럽 경제의 맹주가 된 것이나, 일본이 태평양전쟁에서 대패하고도 세계 수위의 경제 대국으로 올라선 것도, 모두 그 사회 내부의 에너지와 국민들에게서 연원을 찾을 수 있는 것이다.

딱딱한 계량 모형 분석은 이 정도로 해두고 산업화 국면에서 국민들이 어떤 상태에 놓였고 실제 어떤 역할을 했는지 생생하게 살펴보자.


## 유난히 열정적인 평등주의

산업화 국면에서 한국인들은 다른 나라에서는 쉽게 찾아볼 수 없는 왕성한 에너지를 쏟아 냈다. 이는 한국인이 지닌 몇 가지 특성이 동시 작용하면서 빚어진 결과였다.

가장 먼저 살펴볼 특성은 평등에 대한 집착이 유별나다는 점이다. 한국인은 남에게 지기 싫어하고 유난히 자존심이 강하다. 서울대 사회학과 송호근 교수는 이를 한국인의 마음의 습관으로 보면서 '평등주의'라 명명했다. 일본 상사 주재원으로 한국에 오랫동안 체류했던 모모세 타다시는 『여러분 참 답답하시죠?』라는 책에서 한국인에 대해 이렇게 묘사한다.

어떨 때 보면 한국인들은 전부 왕의 유전자를 갖고 있는 것 같다. 모두 출세하여 리더가 되고 싶어 한다. 그래서 남들 밑에서 명령받는 일을 잘 못 견디고, 부자들을 못 참아 내고, 남이 출세하는 것을 탐탁지 않게 여기고, 다른 사람의 공적을 좀체 인정하지 않는다. 그 정도 돈만 있으면, 누가 밀어주기만 하면 나도 그 정도는 해낼 수 있다는 생각이다.

이 같은 특성은 다른 나라 사람들과 비교할 때 더 도드라진다. 선진국에서는 부자와 빈자가 사는 거주 지역이 뚜렷이 구분된다. 미국 베벌리힐스는 백만장자들이 모여 사는 호화로운 지역이다. 미국인들은 그곳에 사는 사람들을 욕하기보다 부러움을 표시한다. 영국의 옥스퍼드 대학에서는 교수가 학생들에게 상류층의 문화와 예법을 가르친다. 일본의 유명 회사들은 신입사원 입사식 때 명문대 출신에게 별도의 좌석을 배정하는 등 특별대우를 한다. 멕시코의 고급 아파트에는 집주인 전용 엘리베이터가 따로 있어서 파출부나 잡역부가 타는 것이 허용되지 않는다. 해당 나라에서 이런 일들은 별문제 없이 통용되지만, 한국에서는 사회가 발칵 뒤집힐 일이다. 도저히 용납이 안 되는 것이다.

이 같은 한국인 특유의 평등주의는 다분히 역사적 경험에서 형성된 것이다. 학자들은 조선 후기 사회를 '개방적 신분 사회'로 파악하고 있다. 중세 유럽의 폐쇄적인 신분 사회와는 확연히 다르다는 것이다. 당시 상민이 이른바 '족보 세탁'을 통해 양반의 지위를 얻는 일이 널리 확산되었다. 18세기 후반이 되자 전체 인구의 70~80퍼센트가 양반 족보를 갖기에 이르렀다. 이는 대중적 신분 상승 욕구가 사회 전반을 지배했음을 의미한다.

이 욕구는 근대 이후 격동기를 거치며 한층 강렬해진다. 근대 이후 한국 사회에는 권위를 인정받은 안정적 지배 집단이 존재하지 않았다. 대부분의 지배 집단은 대중으로부터 혐오와 비난의 대상이 되었을 뿐이다. 지배 집단의 해체와 재구성이 반복되면서 지배층으로의 진입 장벽 또한 허물어졌고, 그 결과 수직적인 신분 상승이 다반사로 일어났다. 정계와 재계를 중심으로 살펴보자.

박정희와 전두환은 가난한 농민의 아들로 태어나 대통령이 된 인물들이다. 또한 전직 대통령이었던 김대중과 노무현 등은 대학 문턱도 넘지 못한 상고 출신이다. 현대건설 사장을 거쳐 이후 대통령 자리에 오른 이명박은 샐러리맨 출신이다. 한때 매출액 기준 4위 재벌이었던 대우그룹 총수 김우중 역시 샐러리맨 출신이다. 현대그룹 창업자 정주영 역시 초등학교 졸업이 학력의 전부였다. 역동적인 한국 현대사는 밑바닥에서 시작해 최고 자리에 오른 수많은 인간 군상으로 가득하다. 이러한 역사적 경험이 축적되면서 한국인들은 자연스럽게 평등주의를 내면화했다.

평등주의 지향은 산업화와 민주화 모두에 중요하게 작용했다. 사회 전체가 높은 교육열과 저축률을 보였고, 중소기업인은 왕성한 투자 열기를 드러냈다. 이는 고스란히 급속한 경제성장의 원동력으로 작용했다. 평등주의에 바탕을 둔 격렬한 열정이 고도 경제성장의 에너지가 된 것이다. 또한 특권적 지위를 이용해 함부로 사람을 무시하고 거들먹거리는 꼴을 눈 뜨고 못 봐주는 한국인의 특성은 민주화 투쟁에서도 강력한 원동력이 되었다.

# 대한민국은
# 대학민국

한국인의 남다른 교육열은 그 뿌리가 매우 깊다. 조선은 선비가 중심인 사회였다. 말하자면 지식인 중심 사회였다. 무사 중심 사회였던 근대 이전 일본이나 상인 중심 사회였던 근대 유럽과 확연하게 대비된다. 자연스럽게 사회 전반적으로 교육을 중시했다. 대표적인 예로, 조선에는 고을마다 서원이 있었다. 서원은 그 기능으로 볼 때 오늘날의 사립대학과 마찬가지였다.

교육을 중시하는 전통은 식민지 치하에서도 면면히 이어졌다. 일제 때 만주로 건너간 우리 조상들은 눈보라 속에서 맨손으로 일구어 낸 논을 3등분해 하나는 독립운동을 뒷받침하는 군전(軍田)으로, 또 하나는 아이들 학교를 세우는 학전(學田)으로, 나머지 하나를 굶주림을 이겨내는 생전(生田)으로 삼았다. 교육은 잠시도 포기할 수 없는 그 무엇이었다.

한국전쟁 기간에도 수그러들지 않은 교육열은 세계인의 입을 벌어지게 했다. 언제 목숨이 날아갈지 알 수 없고 당장 먹을 것조차 구하기 힘든 난리통에도 교육만큼은 계속되었다. 학교 건물이 파괴된 터라 천막을 치고 수업했고 그마저도 없으면 맨바닥에서 공부했다. 피난을 갈 때도 자녀의 책 보따리는 챙겼다.

산업화가 본격화되면서 교육에 대한 욕구는 더욱 강해졌다. 산업화 시절 자녀 교육은 소외와 가난으로부터 벗어날 수 있는 가장 확실한 투자였다. 대학 졸업장은 중산층으로 진입하는 통행증이었다. 너나할 것 없이 자식 교육을 위해서라면 어떤 희생도 마다하지 않았다. 농촌에서는 자식을 대학에 보내려고 기꺼이 논도 팔고 소도 팔았다. 교육은 한국인의 평등주

한국전쟁 당시 피난지의 초등학생들. 한국인들은 전쟁의 참화 속에서도 교육을 멈추지 않았다.

의 성향을 충족시킬 수 있는 최고의 출구였다.

높은 교육열은 세계 최고의 대학 진학률을 낳았다. 가히 '대학'민국이라 부를 만했다. 유학 또한 세계 최고 수준이었다. 인구수를 감안하면 미국 박사 학위 소지자 수는 한국이 일본보다 약 10배 가까이 많았다. 물론 이 모든 것이 긍정적 결과만을 낳은 것은 아니요, 부작용도 적지 않았다. 그렇지만 높은 교육열 덕에 단기간에 과학기술 인력을 확보하고 고급 인력을 바탕으로 지속적으로 생산성을 향상시킬 수 있었던 것만큼은 분명하다.

1990년대 이후부터 중국과 동남아시아가 한국의 10분의 1도 안 되는 낮은 임금을 경쟁력으로 삼아 무섭게 치고 올라왔다. 이때 한국은 한층 지식 집약적인 첨단산업 중심으로 산업구조를 고도화함으로써 그 같은 추격에서 벗어날 수 있었다. 한국의 산업구조는 1960년대 경공업, 1970년대 중화학공업, 1990년대 자동차와 전자 산업, 1990년대 이후 IT산업 중심으로 꾸준히 고도화했다. 만약 높은 교육열이 뒷받침되지 않았다면 한국 경제는 일찌감치 국제 경쟁력을 잃었을 것이다.

전후 한국에서 절망만을 보고 돌아갔던 피터 드러커에게 한국의 경제성장은 매우 놀라운 것이었다. 드러커는 한국을 지속적으로 관찰했고 그로부터 많은 영감을 얻었다. 이후 그가 '지식사회론'을 주창할 수 있었던 것도 이와 무관하지 않다. 드러커는 『자본주의 이후의 사회』의 한국판 서문에서 이렇게 썼다.

사실 한국은 내가 30년 이상이나 주장했던, 즉 지식이 현대사회와 현대 경제의 핵심 자원이라는 것, 그리고 진실로 지식은 현대사회를 만들고, 성과 있는 현대 경제를 만드는 오직 유일한 자원이라는, 나의 주된 명제의 최고 모범 국가입니다.

## 국민 저축으로 마련한 종잣돈

산업화 초기의 가장 큰 숙제 중 하나가 초기 자본이다. 산업화가 어느 정도 궤도에 오르면 생산된 경제 잉여의 일부를 투입함으로써 확대 재생산을 꾀할 수 있다. 그러나 산업화 초기에는 경제 잉여 자체가 거의 전무하기 때문에 달리 해결할 수밖에 없다. 이른바 '자본의 원시적 축적'● 문제를 풀어야 하는 것이다.

그렇다면 한국은 어떻게 초기 자본을 마련했을까? 가장 쉬운 방법은 외자 도입이지만 워낙 가난하다 보니 신용도가 낮아서 돈을 빌려주려는 나라가 없었다. 정부는 급한 대로 독일에 광부와 간호사를 파견해 그들이 보내온 외화를 종잣돈으로 삼았다. 한국군을 미국 용병으로 베트남전쟁에 파병해 병사들 월급으로 지급된 달러를 전용하기도 했다. 수많은 청춘을 희생시키고 목숨과 맞바꾸면서 얻은, 말 그대로 피와 눈물로 얼룩진 종잣돈이었다.

그러나 이 모든 것보다 더 큰 비중을 차지한 것은 국민의 저축이었다. 저축은 크게 정부 주도의 강제 저축과 국민의 자발적 저축으로 나뉜다. 강제 저축이 이루어지는 방식은 다음과 같다. 일단 중앙은행이 추가로 지폐를 발행한 뒤 이를 산업화에 투입한다. 그러면 인플레이션이 발생해 국민의 상대적 소득이 줄어든다. 이는 보이지 않게 국민의 호주머니를 터는 일이다. 반면 기업에겐 호재다. 인플레이션 덕에 대출금 상환 부담이 크게 줄어 기업 활동이 더 용이해진다. 이러한 눈속임 정책을 쓴 정부에게 공을 돌려야 할까. 아니면 실질적으로 기업이 성장할 원천을 지속적으로 공급해 준 국민의 희생과 헌신을 높이 사야 할까.

강제 저축보다 더 긴요하게 쓰인 것이 국민의 자발적 저축이다. 산업화 시절 직장인들 사이에서는 수입의 30~40퍼센트를 저축하는 일이 일반적

●　초기 자본이 만들어지는 것을 말한다. 근대 유럽 국가들은 식민지 약탈에 기반을 둔 해외 무역을 통해 부를 축적했고 이를 바탕으로 산업화를 추진한 경우가 많았다. 소련은 농민의 몫을 강제 이전시키는 방식으로 산업화를 추진했다. 그러다 보니 대표적 곡창지대인 우크라이나에서 대규모 아사가 발생하기도 했다. 독일의 사회학자 막스 베버는 『프로테스탄티즘 윤리와 자본주의』에서 프로테스탄티즘이 강제한 금욕주의가 소비를 압살하면서 '금욕적 강제 절약에 의한 자본 형성'이 자본의 원시적 축적을 이루었다고 기술한다. 한국 사회에서도 잘살아 보겠다는 국민 열망이 저축률을 높여 원시적 축적의 동인이 되었다고 할 수 있다.

1975년 바쁘게 돌아가는 현대자동차 공장(위). 1977년 대한민국은 수출 100억 달러를 달성한다. 수출의날 기념식에 참석한 노동자들의 모습(아래).

이었다. 공장 노동자들은 매우 낮은 임금을 받으면서도 적금을 몇 개씩 부었다. 자식 공부시키고 내 집 장만하고 나중에 뭐든 해볼 밑천도 마련할 요량에서였다. 민주화 투쟁이 한창이던 1987년에는 가계 저축률이 24퍼센트를 상회했다. 이는 OECD 최고 수준이었다.•

높은 저축률은 투자 자금 조달을 용이하게 만들어 높은 투자율로 이어졌다. 그 덕에 초고속 자본축적이 가능했다. 한국 경제의 발전에서 외국인 직접투자가 총자본 형성에서 차지하는 비중은 별로 크지 않았다. 선진국은 물론이고 멕시코와 브라질 등 다른 개발도상국에 비해서도 비중이 낮았다. 결국 초기 자본 역시 국민들이 해결해 낸 것이다.


## 중소기업의
## 열정과 도전

한국의 성인 남자치고 '사장님' 소리 한번 들어 보지 않은 사람은 드물다. 이 호칭이 일반적으로 통용되는 것은 사장이 되고 싶은 한국인의 열망을 고스란히 반영하기 때문일 것이다. 실제로 한국인들은 거침없이 창업을 했고 투자에서도 과감성을 보였다. 남에게 뒤지기 싫어하는 근성이 여기서도 나타났다. 기업인들의 과감한 도전은 우리 경제성장의 또 하나의 축이었다. 철강, 조선, 자동차, 반도체 등 오늘날 세계를 주름잡는 한국의 대표 상품과 기업도 이러한 창업 열기 속에서 탄생했다. 중소기업과 대기업을 막론하고 창업자들과 경영자들의 도

•　　가계 저축률은 외환 위기 이후 빠르게 하락해 2013년에 4.5퍼센트 수준까지 떨어진다. GDP는 상승하고 있지만 정작 가계로서는 실질 소득이 정체하거나 감소해 저축할 여력이 없음을 보여준다.

전과 분투에는 아낌없는 박수를 보내야 한다.

경제개발계획이 진행되면서 기간산업과 수출산업 위주로 정부 지원과 각종 특혜가 집중되어 대기업이 급성장하기 시작했지만 산업화 초기 대부분의 기업은 중소기업이었다. 이들 중소기업은 기술 수준을 향상시키는 데 큰 역할을 담당했다. 예컨대 1981년에서 1987년 사이에 전체 중공업 매출액이 3.3배 늘어난 데 비해 주로 중소기업이 담당하는 부품 산업의 매출액은 5.3배 늘어났다. 덕분에 전자, 자동차, 조선 등에서 부품 수입 의존도가 1978년 40.5퍼센트에서 1985년 29.3퍼센트로 낮아졌다. 한국의 중공업이 세계적 수준의 경쟁력을 갖추는 데는 중소기업의 기여가 결정적이었다.

어느 나라든 중소기업은 경제 발전의 필수적 요소이다. 중소기업은 규모가 작기 때문에 전문성을 바탕으로 특화된 제품을 생산하면서 변화하는 시장에 기동성 있게 대처하는 장점을 지닌다. 만약 대기업에서 필요한 공구나 부품을 자체로 생산할 경우 비용이 두세 배 이상 든다. 중소기업의 뒷받침이 있어야 대기업도 발전할 수 있는 것이다.

과거 소련 경제가 낙후한 주요 원인도 중소기업을 경시한 탓이다. 1980년대 후반 미국에는 500인 이하 중소기업이 약 500만 개나 되었으나 소련은 같은 규모의 중소기업이 1~2만 개에 불과했다. 당시 소련에서 기계를 만드는 기업들은 70퍼센트 이상이 스스로 주물이나 강판을 만들어야 했고, 공구를 만들어 써야 하는 업체도 절반이 넘었다. 당연히 비용은 비용대로 더 들면서 품질과 생산성은 떨어졌다.

인구 2000만 명에 불과한 대만이 외환 보유고에서 세계 수위를 기록하는 것도 상당 부분 소규모 기업들 위주로 국가 경제를 운영해 왔기 때문이다. 저명한 미래학자 앨빈 토플러는 『권력이동』에서 미래 사회를 이끌고

갈 기업은 움직임이 둔한 대기업이 아니라 기동성이 뛰어난 소규모 기업이라고 주장했다. 그는 이를 뒷받침할 근거로, 미국에서 1977년 이래 새로 생겨난 일자리 2000만 개 중 대부분을 중소기업이 만들어 냈고 기술혁신도 대부분 중소기업에서 이루어 냈다는 사실을 들었다.

고도성장 기간 한국 정부의 지원은 대부분 대기업에 집중되었다. 그런 조건에서도 중소기업이 왕성하게 발전한 것은 전적으로 중소기업인들의 왕성한 창업과 투자 열기 덕분이었다. 여기서도 다시 한 번 박정희와 당시 정부의 역할에 대한 상찬이 상당히 과장된 것임을 확인할 수 있다. 중소기업이 아니었다면 한국은 결코 산업화에 성공하지 못했을 것이다.

## 산업화 성공의 부산물, '슈퍼 갑' 재벌

국민의 놀라운 열정과 헌신은 한국 산업화 성공의 주요 원동력이었지만 국민의 다수를 차지하는 노동자와 농민들은 산업화의 과실 분배에서 철저히 소외되었다. 한국의 산업화가 양적으로는 놀라운 성공을 거두었지만 그 이면에는 짙은 그늘이 드리워져 있었다.

1970년의 노동생산성을 100으로 했을 때 1975년과 1980년의 노동생산성은 각각 155.3과 254.7로 가파르게 상승했다. 그에 반해 실질임금은 1970년을 100으로 했을 때 1975년과 1980년에 각각 130.5와 210.1로 상승하는 데 그쳐 노동생산성 상승률을 밑돌았다. 경제성장에 기여한 바에 비해서 노동자에게 돌아간 상대적 몫이 점점 줄었다는 이야기이다.

박정희 정부는 노동자 임금을 낮게 유지하기 위한 방편으로 쌀을 제외한 나머지 식량에 대해 값싼 외국 농산물을 들여오는 저곡가 정책을 취했다. 농민들은 쌀이 아닌 작물의 재배를 점차 포기할 수밖에 없었다. 어렵게 농사를 지어 봐야 도리어 손해를 봤기 때문이다. 한국의 농업 생산 기반은 빠르게 허물어졌고 농촌 또한 쇠락해 갔다. 소득 불안과 열악한 환경 탓에 지속적으로 이농이 발생했고 결국 농촌에는 노인들만 남았다.

노동자와 농민이 산업화의 과실을 나눠 갖지 못하는 가운데 국민경제는 점점 소수 재벌의 손아귀에 들어갔다. 총수 1인 지배 아래 수많은 계열사가 하나의 재벌 그룹을 형성하면 몇 가지 이점이 있다. 먼저 금융기관으로부터 대출을 받을 때 서로 보증을 서줄 수 있다. 또 계열사끼리 독점 구매를 해줌으로써 서로 키워줄 수 있다. 다양한 업종을 망라함으로써 한 분야에서 실패하더라도 다른 쪽에서 성공을 거둘 수도 있다. 말하자면 위험을 분산시키는 것이다. 재벌들은 이러한 이점을 이용해서 한국 경제의 성장 동력을 거침없이 흡수했고 이를 통해 거대한 괴물로 자라났다.

외환 위기가 발생한 1997년 당시 국내 총 매출액에서 30대 재벌이 차지하는 비중은 45.9퍼센트에 달했다. 한국 경제의 절반 정도를 30대 재벌의 총수와 그 일가가 지배한 꼴이었다. 더욱이 상위 5대 재벌이 차지한 비중은 32.3퍼센트로, 재벌 총수 다섯 명이 한국 경제의 3분의 1가량을 좌지우지하는 실정이었다. 재벌은 성장 속도에서도 뚜렷한 차이를 드러낸다. 1979~1989년 사이 국민총생산은 4.6배 증가했는데, 같은 기간 동안 10대 재벌의 매출 총액은 7.6배 증가했다. 그중에서도 삼성은 15.5배, 현대는 11.7배 증가했으며 대우, LG, 쌍용 등도 8배 이상 증가했다.

재벌과 정치권력의 유착은 온갖 부정부패의 원천이었다. 재벌은 순수한 경제 논리에서 탄생했다기보다 비정상적인 정치 환경이 빚어낸 결과물이다. 재벌은 정치권력과 '악어와 악어새' 관계로 막대한 정치자금을 제공하고 그 대가로 각종 특혜를 독식함으로써 거대하게 몸집을 불릴 수 있었다.

정치권력이 가져다준 특혜는 영업 인허가, 외자 도입 허가 및 지불 보증, 외화 배정, 조세 감면, 종합 무역상사 지정, 부실기업 인수 지원, 공기업 불하 등 매우 광범위했고, 이를 통해 재벌 기업은 짧은 기간 안에 독점적 지위를 확보할 수 있었다. 전두환 정부 때 이루어진 부실기업 정리만 해도, 인수 기업들은 거저나 다름없이 부실기업을 챙길 수 있었고, 심한 경우 정상화 명목으로 거액의 신규 대출까지 받아 사세를 확장했다.

총수 일가의 경영권 승계 과정에서는 온갖 편법과 불법이 발생했다. 이 양상은 시간이 흐르면서 구조화하는 경향을 보였다. 재벌 총수들은 대부분 얼마 안 되는 지분으로 상호 출자, 순환 출자를 통해 거대 그룹을 지배해 왔다. 문제는 그룹 규모가 빠르게 팽창하고 경영권이 2~4세로 승계되면서 총수의 지분율이 줄어들 수밖에 없다는 데 있다. 이른바 '후계자의 덫'에 걸려드는 것이다. 이런 상황에서는 정상적인 방법으로 그룹 지배권을 유지하기 어렵기 때문에 불법과 편법을 동원해 비자금을 조성하는 경우가 많았다. 오너 중심의 재벌 체제를 유지하고자 했을 때 밟을 수밖에 없는 수순이었다.

대표적 사례가 삼성이다. 삼성은 경영권 승계를 뒷받침하기 위해 정치권 및 관계 전반을 조직적으로 관리해 왔다. 이러한 삼성의 행보는 로비 내역을 담은 이른바 X파일과 김용철 변호사의 폭로로 그 전모가 드러났듯이 철저히 불법적인 뇌물 제공을 매개로 한 것이었다. 2002년 대선 때 삼성에서 정치권으로 흘러들어간 자금만 400억 원에 이르며, 핵심 권력기관인 검찰, 재정경제부, 국세청 직원들에는 일상적으로 금품과 향응을 제공했다. 삼성은 이를 위해 임직원 명의의 차명계좌 수천 개를 개설하는 등의 방법으로 비자금을 조성해 왔다. 그 과정에서 명의 도용, 분식 회계 등 수많은 불법 행위가 있었음은 이미 널리 알려진 사실이다.

산업화 시기 재벌 체제는 나름대로 성장의 견인차 구실을 한 측면도 있다. 계열사끼리 서로 밀어주고 감싸 주면서 국제 경쟁력을 확보해 나갔고, 총수에게 권력이 집중되는 '오너 경영'으로 신속하고 과감한 결정을 내림으로써 새로운 국면을 열어 나갔다. 하지만 재벌들의 과욕은 이 같은 장점마저 단점으로 바꾸어 버렸다.

총수 일가의 불법 편법 행위가 빈번해지면서 공식 조직보다 비선 조직의 권한이 강해지기 시작했다. 시스템이 중시되는 대기업에서 이런 현상이 지속되면 조직 전체가 무력해질 가능성이 매우 크다. 불투명한 경영은 기업 신뢰도를 대폭 떨어뜨렸다. 이는 오늘날 기업 환경에서 매우 치명적이다. 게다가 총수가 사법 처리 대상이 되면서 리더십마저 크게 흔들렸다. 전적으로 오너의 결정에 의존했던 경영진은 오너 부재 상황에서 아무런 투자 결정도 못 내리는 사태가 빈번해졌다.

그럼에도 불구하고 외환 위기 이후에도 재벌로 경제력이 집중되는 현상은 꾸준히 이어졌다. 경제개혁연구소에 따르면 자산 보유 기준으로 전체 재벌 그룹이 차지하는 비중은 2000년 46퍼센트에서 2012년 57퍼센트로 증가했다. 하지만 국민경제에서 재벌의 역할은 완연히 달라졌다. 성장의 견인차 기능은 포기한 채 국민경제의 생태계를 파괴하는 포식자로 돌변한 것이다. 재벌 기업들은 거듭되는 구조조정과 해외 이전으로 일자리 창출에는 거의 기여하지 못한 반면 승자독식 추구로 사회 양극화를 심화시킴으로써 저성장 기조를 장기화시키는 주범으로 전락했다.

　한국의 산업화는 짧은 기간 안에 놀라운 성공을 거두었지만 그에 못지않게 숱한 악성 부산물을 남겼다. 무엇보다도 경제성장의 원동력을 제공한 국민 대부분은 배제한 채 산업화의 과실을 재벌이 독식하는 구조가 가장 큰 문제점이다. 앞으로의 성장도 중요하지만, 이러한 모순을 해결하기 위한 경제 민주화 역시 큰 숙제로 남아 있다.

　한국이 단기간에 산업화에 성공할 수 있었던 주요 원동력은 평등주의 지향을 품은 국민들의 열정과 헌신이었다. 한때 세계 최고 수준이었던 저축률, 여전히 세계 수위를 차지하는 교육열은 성장 엔진에 끊임없이 기름을 부었다. 과감하고 도전적인 기업 창업과 투자 열기, 모험을 감수한 경영자들의 열정도 경제 도약의 중요한 견인차였다. 만약 이러한 요소가 없었다면 어느 누가 지휘봉을 잡더라도 한국의 산업화는 그와 같은 성공을 거두지 못했을 것이다. 한강의 기적을 일으킨 진짜 주역은 단연 국민들 자신이었다.

# 엄혹한 그 시절
# 민주화는 어떻게 가능했나?

최근 우리 사회의 민주주의가 위기에 처했다는 진단이 늘고 있다. 보수 정권이 연이어 들어서면서 공권력의 폭압과 사찰, 인권 유린 사례가 심상치 않고 뒷방에 처박혔던 국가보안법이 다시 심판자로 등장했다. 정당 해산이라는 초유의 사태도 벌어졌다. 대통령 선거 과정에서 국정원 등 국가기관이 공공연하게 개입하고 불법 선거 자금이 유입된 정황이 백일하에 드러났지만 아무도 책임지지 않는다.

한국의 민주주의는 아직도 많은 도전에 직면하고 있다. 이런 상황에서 우리의 민주화 과정을 되돌아보고 역사적 교훈을 찾는 것은 각별한 의미가 있을 터이다. 엄혹하기 그지없던 독재 치하에서 우리 국민은 어떻게 민주화 투쟁을 일구고 끝내 승리를 쟁취했던 것일까?

# 독재 정권에서
# 살아가기

오늘날 민주주의는 공기처럼 익숙하고 자연스럽다. 그러나 여기까지 오는 과정은 실로 만만치 않았다. 과거 군사독재의 실체를 알고 나면 저절로 탄성이 나온다.

한국은 분단국가이다. 더욱이 같은 분단국가였던 독일과 달리 남과 북이 서로 총부리를 겨누고 전쟁을 치른 나라이다. 전쟁을 경험한 분단국가라는 특수성은 남북한에 세계에서 인구 대비 가장 거대한 규모의 군 조직을 탄생시켰으며, 나아가 군 조직을 배경으로 강력한 정보 조직을 가동케 했다. 이를 바탕으로 군사정권은 물샐 틈 없는 대국민 감시망과 강력한 물리적 억압 시스템을 구축했다. 1980년 5월 광주에서 드러났듯 경우에 따라 언제든지 국민을 상대로 대규모 학살을 자행할 태세까지 갖추었다. 말 그대로 목숨을 걸지 않으면 저항을 각오하기조차 쉽지 않은 상황이었다.

게다가 국민들은 한국전쟁 트라우마로 북한의 위협 운운만 해도 꼼짝없이 움츠러들었다. 군사정권은 국민의 민주화 요구를 북한을 이롭게 하는 국론 분열 및 이적 행위로 몰아가기 일쑤였다. 때문에 국민들은 물리적 억압보다 더 강력한 심리적 억압에 시달렸는데, 이는 분단을 경험하지 않은 다른 나라에서는 찾아볼 수 없는 특수한 상황이다. 한국의 민주화는 이 모든 장애물을 극복하면서 이루어진 것이다.

비슷한 시기에 아시아에서 고도성장을 구가한 대만, 홍콩, 싱가포르 등에서는 민주화 투쟁이랄 것이 없거나 매우 미약했다. 이들 나라에서는 경제적 성공에 만족하면서 정치적 요구를 억제하는 경향이 나타났다. 역설적이게도 가장 엄혹한 조건에 있던 한국이 아시아권에서 유일하게 유럽의 시민혁명과 같은 아래로부터의 대중 투쟁을 성공시킴으로써 시민권을 획득하고 민주주의를 성숙시켜 나가고 있다.

민주화의 원동력을 살피기 위해서는 군사독재의 원조인 박정희 시대를 구체적으로 되짚어볼 필요가 있다. 박정희는 하나의 목표(경제 건설) 달성을 위해 나머지(인권과 민주주의 등)는 철저히 희생시켜도 된다는 군사작전식 사고에 익숙한 인물이었다. 그에게 민주화는 사치스럽고 거추장스럽기 짝이 없는 것이었다. 만주 군관학교와 병영에서 습득한 사고와 습성을 고스란히 간직한 박정희에게 국민은 사병과 마찬가지로 명령에 따라 일사불란하게 움직여야 하는 통제 대상이었을 뿐이다.

당시의 사회구조는 이 같은 병영 통제 시스템이 촘촘하게 밑바닥까지 지배했다. 가장 낮은 층위에는 노동자가 존재했다. 그들은 산업화의 기치 아래 몸이 부서져라 일하며 경제 건설에 매진했다. '산업화 역군'이라는 구호가 요란했지만 정작 노동자에 대한 대우는 지극히 열악했다. 1970년대 초까지 한국의 대표 수출 분야였던 섬유 업종 노동자의 작업 환경을 살펴보자.

당시 섬유 산업 노동자는 주로 10대 후반에서 20대 초반의 여성들이었는데, 그들의 처지는 상상하기 어려울 정도로 비참했다. 재단 작업을 하는 영세업체가 밀집해 있던 서울 청계천가의 평화시장에는 2000명 이상의 노동자가 일했지만 화장실은 단 세 동뿐이었다. 말도 안 되게 부족한 시설이지만, 당시에는 이 정도로도 충분했다. 이유는 간단하다. 노동자들은 작업 중 화장실 가는 것조차 쉽게 허락받지 못했기 때문이다. 대부분 용변을 참으며 일했고 되도록 물도 마시지 않았다. 작업장 환경은 열악하기 이를 데 없었다. 통풍 시설 하나 없는 좁은 작업장에는 옷감에서 떨어져 나온 실밥과 먼지가 수북이 쌓였다. 일하던 자리에 그대로 앉아 점심 도시락을 먹다 보면 밥 위에 먼지가 허옇게 내려앉았다. 끊임없이 먼지를 들이키면서 물조차 마시지 않고 일하다 보니 기관지와 폐 손상이 심각했다. 각혈하는 환자가 속출했고 제때 치료받지 못해 끝내 세상을 떠나는 경우도 발생했다.

노동 시간은 작업량이 비교적 적은 여름을 제외하고는 하루 14~15시간에 이르렀다. 아침 8시 반 출근해 밤 11시에 퇴근했다. 일거리가 밀리면 야간작업이 다반사였고 사나흘씩 연거푸 밤낮으로 일하는 경우도 있었다. 업주들은 어린 시다(미싱 보조사)들에게 잠 안 오는 약을 먹이거나 주사를 놓아 가며 밤일을 시켰다. 한 달 통틀어 휴일은 이틀, 첫째 셋째 일요일 정도였는데 그나마도 제대로 지켜지지 않았다. 당시 유행하던 민중가요 〈야근〉은 노동자들의 처지를 그대로 드러낸다.

서방님의 손가락은 여섯 개래요, 시퍼런 절단기에 싹둑 잘려서.
한 개에 오만 원씩 이십만 원을, 술 퍼먹고 돌아오니 빈털터리래.
(…) 사장님네 강아지는 감기 걸려서 포니 타고 병원까지 가신다는데
우리들은 타이밍약 사다 먹고요, 시다 신세 면할 날만 기다립니다.
(…) 묵묵히 참으면서 일만 하세요. 윗분들이 다 알아서 해줄 거예요.
3년만 지내보면 알게 될 거다. 귀머거리 폐병쟁이 누구누군지.

이토록 고생해서 벌어들인 수입은 어느 정도였을까? 1970년에 전태일이 조사한 바에 의하면 시다가 월 1800~3000원, 미싱사가 7000~2만 5000원, 재단사가 1만 3000~3만 원 정도의 급여를 받고 있었다. 한창 어리광을 부릴 나이인 열서너 살짜리 시다 아이가 하루 종일 일하고 받는 일

당이 70원 꼴이었던 것이다. 라면 한 봉지가 20원 하던 때였다. 요즘 라면 한 봉지 값이 700~800원 정도이니 시다들의 하루 일당은 요새 돈으로 3,000원이 채 안 되었던 셈이다. 인간적 멸시 또한 극에 달했다. 사용자나 관리자가 노동자에게 존댓말을 쓰는 경우는 거의 없었다. 노동자는 공돌이, 공순이라는 경멸 섞인 용어로 불렸다. 여성 노동자들은 성희롱에 시달리는 일도 다반사였다.

그러던 1970년 11월 13일 오후 1시 30분 무렵. 한 청년이 평화시장 근처 국민은행 앞길로 뛰어나가며 외쳤다. 그는 전신이 불길에 휩싸여 있었다.

"근로기준법을 준수하라!"

"우리는 기계가 아니다! 일요일은 쉬게 하라!"

"노동자들을 혹사하지 말라!"

그는 몇 마디 구호를 짐승의 소리처럼 외치다가 그 자리에 쓰러졌다. 그의 품에서 근로기준법 책이 함께 불타고 있었다. 청년은 다시 일어나 외쳤다.

"내 죽음을 헛되이 하지 말라! ……!"

직업: 평화시장 재단사, 나이: 24세, 이름: 전태일.

이렇게 스물넷 젊은 청춘이 평화시장 앞길에서 한 점 불꽃으로 피어올랐다 스러졌다. 하지만 그의 유언은 살아남았다. 전태일의 죽음을 계기로 노동 문제는 뜨거운 사회 현안으로 떠올랐다.

현실에 각성한 섬유 산업 여성 노동자들을 주축으로 노동조합이 만들어지고 투쟁이 불붙기 시작했다. 박정희 정권은 시종 야수적 탄압으로 응답했다. 대표적인 사례가 1978년 벌어진 인천 동일방직 노동자 투쟁에 대한 진압이다. 동일방직 1000여 명 여성 노동자들은 노조를 파괴하려는 회사

1988년 노조 설립필증을 받고 즐거워하는 청계피복노조 조합원들.

측과 경찰에 맞서 탈의 시위까지 전개하면서 치열한 투쟁을 벌였다. 경찰은 여성 노동자들을 무차별 공격해 일대를 피투성이 아수라장으로 만들었다. 회사 측에 매수된 일부 남성 노동자들은 급기야 여성 노동자들에게 분뇨를 뿌리고 강제로 먹이기까지 했다. 경찰의 엄호 아래 저질러진 만행이었다.

## 국가라는 거대 병영의
## 군수품

병영 통제 시스템 속에 편입된 것은 노동자만이 아니었다. 박정희 정권은 준군사 조직에 해당하는 갖가지 장치들을 만들어 전 국민을 어떤 식으로든 병영 통제 조직 안에 묶었다.

1968년 1월 북한 무장 게릴라가 청와대를 급습한 사건이 벌어지자 이를 계기로 박정희 정권은 향토예비군 창설을 서둘렀다. 3월 31일까지 250만 명에 이르는 향토예비군 편성이 완료되었고, 다음날인 4월 1일 대전공설운동장에서 "일하면서 싸우고 싸우면서 건설한다."라는 구호 아래 창설식이 열렸다. 이와 함께 고등학생과 대학생을 대상으로 교련 교육이 실시되기 시작했고, 일종의 학생 군사 조직인 학도호국단이 학생 자치 조직인 학생회를 대체했다. 1971년 12월 10일 해방 이후 처음으로 민방위 훈련이 실시되었고 곧바로 민방위대가 창설되었다. 뿐만 아니라 1976년 5월 31일부터는 전국 모든 동리에서 일제히 한 달에 한 번씩 반상회를 열도록 의무화했다. 반상회는 일제 때의 국민반을 본뜬 것으로 정부가 시달하는 사항을 공유하고 수상한 사항이 있으면 신고도 하는 말단 주민 통제 방식이었다.

당시의 한국은 사회 전체가 거대한 군대 조직이나 다름없는, 명실상부한 병영 국가였다. 박정희 정권은 국민의 머릿속 생각과 발언까지도 엄격한 통제 대상으로 삼았다. 술을 마시다 정부를 비판하기만 해도 보안법으로 처벌을 받는 바람에 '막걸리 보안법'이라는 말이 나올 정도였다.

통제는 특정 영역, 특정 집단에 국한되지 않았다. 야간 통행금지, 혼식과 분식 장려, 출산 조절, 마을 청소, 쥐잡기, 가옥 구조 등 국민들의 일상생활 모두를 대상으로 삼았다. 머리 모양이나 옷차림도 마찬가지였다. 군사정권은 장발과 미니스커트를 일종의 사회적 반항 행위로 간주하고 엄격히 통제했다. 장발 단속은 1970년부터 시작되었다. 1973년의 단속 실적은 1만 2,870건이었고, 1974년 6월 1~8일 서울시경이 주도한 장발 단속

1968년에 열린 향토예비군 창설식(위). 1975년 여의도 광장에서 열린 중앙학도호국단 발대식(아래).

에 걸린 사람만 무려 1만 103명이었다. 이어서 1973년 3월부터는 무릎 위 17센티미터 이상 올라가는 미니스커트를 단속하기 시작했다. 경찰이 지나가는 젊은 여자를 세워 놓고 다리에 자를 들이대는 웃지 못 할 광경이 곳곳에서 벌어졌다.

대중문화 역시 엄격히 통제되었다. 영화와 노래는 철저한 사전 검열 과정을 거쳤고, 다양한 이유로 금지곡이 생겼다. 이미자의 〈동백 아가씨〉가 왜색을 이유로, 한국 록의 기념비적 작품인 신중현의 〈미인〉, 이장희의 히트송 〈그건 너〉, 송창식의 〈고래사냥〉 등이 저속과 퇴폐 판정으로, 대학가에서 애창되던 양희은의 〈아침이슬〉은 저항적이라서, 이미자의 〈서귀포 칠십 리〉 등은 월북 작가의 작품이라는 이유로 금지되었다. 금지곡으로 지정되면 음반 판매금지는 물론이고 방송에 내보낼 수도 공공장소에서 부를 수도 없었다. 당시 금지곡으로 묶였던 약 500곡은 1987년에 들어서야 해금되었다.

박정희 정권 아래에서 국민은 자유롭고 독립적인 인격체가 아니었다. 국가의 주인이 아니라 국가가 제시한 규격과 표준에 맞추어 엄격히 관리되는, 거대 병영의 군수품이나 다름없었다. 국민들 사이에서 정권에 대한 비판 의식과 저항 의지가 싹틀 수밖에 없었다.


## 지역 대결 구도와 왕따의 탄생

독재정권이 만들어내고 독재가 무너진 이후까지 그 유산을 남겨 국민에게 고통을 준 가장 큰 역사적 죄악은

뭐니 뭐니 해도 지역 대결 구도와 호남 차별이라고 할 수 있다.

1960년대까지만 해도 경상도와 전라도는 투표 성향이 비슷했다. 농촌이 많은 두 지역 모두 여당 지지 성향이 강했으며 수도권과 중부권이 상대적으로 야당 성향이 강해서 여촌야도(與村野都)라는 말이 나왔다. 그런데 1971년 대통령 선거에서 영남 출신인 공화당의 박정희와 호남 출신인 신민당의 김대중이 맞대결을 벌이면서 양상이 크게 바뀌었다.

선거에서 김대중 후보가 폭발적 인기를 끌자 궁지에 몰린 정권은 영남 지역이 인구에서 호남 지역을 압도하는 점을 이용해 선거를 영호남 지역 대결 구도로 몰고 갔다. 당시 이효상 국회의장은 박정희가 신라의 후예임을 강조하면서 경상도 대통령을 만들 것을 공공연하게 선동했다. "김대중이 정권을 잡으면 경상도 전역에 피의 보복이 있을 것이다!"라는 말을 퍼뜨리며 공포심을 조장했고 경상도 지역 공무원들에게는 "김대중이 정권을 잡게 되면 모조리 모가지가 날아갈 것"이라며 엄포를 놓았다. 또한 중앙정보부는 대구에서 호남향우회 명의의 전단을 날조해 살포했다. "호남인이여 단결하라!"라는 구호가 적힌 전단은 영남 사람들을 자극했다.

1971년 대통령 선거를 계기로 박정희 정권은 지역 대결 구도에 맛을 들였다. 인구의 다수를 차지하는 영남 지역의 지지를 유도해 정권의 안정성을 도모하면서 대대적인 편 가르기가 시작되었다. 박정희 정권은 영남 지역을 기득권 세력으로 만들기 위해 호남 지역을 노골적으로 차별했다. 정부 기관에서부터 호남 지역에 배정되어야 할 자리의 상당수를 영남으로 돌렸다. 영남 출신은 행정기관과 기업의 채용 및 승진에서 여로 모로 우대받은 반면 호남 사람들은 실력과 무관하게 차별을 받았다. 차별은 고위층으로 올라갈수록 정도가 심해졌다. 고위직 자리의 지역적 편향은 국가 자원 배분과 국토 개발의 불균형을 초래해 궁극적으로 호남 지역 전체를 경제적, 사회적으로 소외시켰다. 박정희 정권이 공업화를 열심히 추진하는 동안에도 호남 지역은 산업화에서 거의 소외되다시피 했다. 오늘날에도 수도권 인구 중에는 원적지가 전라도인 호남 출신이 많은 비중을 차지하는데, 이는 호남 지역 내부에 노동력을 흡수할 산업 기반이 취약하기 때문에 나온 결과이다.

정치권력에 의한 차별은 호남 사람들에 대한 각종 편견을 조장했다. 박정희 정권은 호남 차별을 정당화하기 위해 호남 사람들의 인간성에 대한 왜곡된 논리를 만들어냈다. 전라도 사람들은 겉 다르고 속 다르며 뒤 끝이 안 좋기 때문에 함부로 믿고 맡기면 안 된다는 식이었다. 이러한 논리가 시중에 유포되자 타 지역에서는 호남 사람이라고 하면 세도 놓지 않을 만큼 불신하고 경계하는 풍조가 만연했다. 군대에서도 호남 출신은 집중적인 학대 대상이 되었다.

이로부터 "너 전라도지!"라는 말은 "너 빨갱이지!"라는 말 만큼이나 공포를 자아내기에 이르렀다. 그러다 보니 호남 사람은 타 지역에서 자신의 출신지를 노출시키지 않기 위해 무척 애를 썼다. 자기 지역을 벗어나면 우선 말투부터 바꿨다. 서울에 온 지방 출신 중에 가장 먼저 서울말을 배우는 사람들도 호남 출신들이었다. 반면 경상도 출신은 수도권에 진출하더라도 사투리를 그대로 사용했다. 고치지 못하는 것이 아니라 안 고쳐도 불편이 없기 때문이다. TV 드라마나 영화에서 서울 바닥을 휘젓고 다니는 사기꾼이나 파렴치범은 으레 전라도 사투리를 썼다. 문화적 차별까지 덧씌운 것이다.

이 시절에 만들어진 노골적인 지역 대결 구도와 호남 차별은 두고두고 한국 사회를 병들게 했다. 박정희에 이어 전두환은 광주 시민을 폭도로 몰아 학살하는 만행을 저지르면서 정권을 장악했고, 이후 치러진 모든 선거에는 지역 대결 구도가 등장해 국민의 정치적 판단을 흐렸다. 병적인 사회는 힘없고 약한 존재를 왕따로 만들고 집단적 괴롭힘을 퍼부음으로써 나머지 구성원의 결속을 도모한다. 요즘에는 직장, 학교 등 사회 곳곳에서 왕따 문제가 발생한다. 왕따는 당하는 사람은 말할 것도 없지만 거기에 가세하거나 방조, 방관한 사람의 심리도 병들게 만든다. 수십 년 동안 한 지역 전체를 왕따로 삼아 온 집단 병리 현상에서 한국인 누구도 자유롭지 못하다.

호남에 대한 차별은 중세의 마녀사냥이나 나치의 유태인 탄압, 일본 관동대지진 당시 조선인 학살, 만델라 대통령 이전 남아프리카공화국의 흑백 차별 정책인 아파르트헤이트 등과 그 속성이 다르지 않다. 오직 차이점이 있다면, 예시한 역사적 사건들과 달리 호남 지역 차별은 이를 조장해 이익을 누리던 집권층을 무너뜨리는 결정적 계기로 작용했다는 점이다. 억눌린 호남인들의 분노와 저항 에너지는 마침내 1980년 5월 광주항쟁으로 터져 나왔고, 이는 한국사회 전체가 독재의 극악한 위협과 공포를 떨쳐내고 군부 정권과 맞대결해 나가는 기폭제가 되었다.


## 광주,
## 피의 강을 건너다

1960년 이승만 정권을 끌어내린 4·19혁명은 기적과도 같았다. 한국전쟁을 거치며 저항 세력의 씨가 마른 상태임에도 불구하고 휴전 이후 불과 7년 만에 일어났기 때문이다. 하지만 4·19혁명의 열기는 1년 뒤인 5·16군사쿠데타에 의해 처참하게 짓이겨졌다. 중요한 것은 군사쿠데타 당시 아무런 저항이 없었다는 사실이다. 이는 몇 가지 요인이 복합적으로 작용한 결과였다.

첫째, 쿠데타 세력이 작전을 주도면밀하게 전개함으로써 저항 세력을 신속하게 제압할 수 있었다. 둘째, 집권 민주당 정권에 환멸을 느끼고 있던 다수의 사람들이 가난한 농촌 출신인 군인들에 대해 상당한 기대감을 갖고 있었다. 셋째, 4·19혁명의 주역이었던 학생들은 군부에 맞서다가 자칫 목숨을 잃을 수 있다는 두려움을 갖고 있었다. 조정래의 소설 『한강』에 나오는 아래 대화는 당시 학생들의 두려움을 드러낸다.

"이거 다 된 밥에 재 뿌린 건데, 이렇게 당하고 있어야만 되나? 한 번쯤 밀어 붙여 봐야 되는 것 아냐?"

"목숨이 몇 갠데? 극형이라는 말 아직 안 들려?"

"괜히 똥폼 잡지 말어. 군대에서 말하는 시범쪼로 걸렸다간 국물도 없어. 저 치들 지금 지네들 위신 세우려고 아무나 하나 걸려들기만 바라고 독이 올라 있는 것 몰라?"

이처럼 서슬 퍼런 군부에 대한 공포는 어떻게 극복될 수 있었을까? 거기에는 수많은 광주 시민의 피가 바쳐졌다. 1979년 10월 26일 박정희는 김재규 당시 중앙정보부장이 쏜 총에 맞아 비명횡사했다. 이로써 18년 지속된 박정희 장기 독재가 막을 내린다. 하지만 전두환을 중심으로 한 신군부가 일련의 군사 쿠데타로 재집권 음모를 노골화하면서 상황은 다시금

미궁 속으로 빠져들었다. 민주화의 봄은 너무나 짧았다.

1980년 5월 14일 정오를 전후해 서울 지역 7만여 명의 대학생이 일시에 교문을 박차고 나가 계엄 철폐를 요구하며 가두시위를 벌였다. 다음날인 5월 15일, 학생들의 가두시위 대열은 더욱 확대되었고 시민들도 합세하기 시작했다. 서울에서만도 10만 학생과 30만 시민이 서울역 광장에 집결해 농성을 벌였다. 지방에서도 26개 대학이 가두시위를 전개했다.

전두환의 신군부는 아연 긴장하고 있었다. 하지만 군부의 진압을 두려워 한 학생 지도부의 오판으로 학생 시위대는 자진 해산하고 말았다.● 박정희의 5·16쿠데타 당시 드러났던 한계가 그대로 재현된 것이다. 상대가 겁을 먹고 물러설 때 거세게 몰아쳐야 한다는 것은 전투에서 상식에 속한다. 기회가 왔다고 판단한 신군부는 즉각적으로 5·17쿠데타를 단행했다. 대대적인 검거 선풍이 휘몰아치면서 대부분의 민주 세력은 저항력을 완전히 상실했다. 그와 함께 전국은 깊은 침묵 속으로 빠져들었다. 이 가운데 오직 한 도시만이 침묵을 거부하고 신군부에 맞서기 시작했다.

계엄 확대와 함께 광주에 진주한 것은 7공수여단이었다. 그들은 시위 진압보다는 전투에 대비해 훈련된 부대이고 휴대 장비 또한 전쟁용이었다. 운명의 5월 18일, 광주 지역 학생들은 "휴교 시 오전 10시 학교 정문 앞, 정오 도청 앞으로 집결한다."라고 사전 약속된 행동 방침에 따라 각자의 대학 정문 앞으로 모여들었다. 이미 정문은 총검으로 무장한 공수부대가 지키고 있었고, 그에 앞서 멋모르고 대학에 남아 있거나 등교하던 학생

---

● 이날 있었던 시위와 해산 결정은 '서울역 회군'이라 불린다. 시위는 밤 8시까지 계속되었지만 학생 지도부는 계속된 농성으로 의사 표명은 달성했고 계속될 경우 군이 개입할 명분을 준다는 판단으로 해산을 결정하고 당시 서울대 학생회장 심재철이 이를 발표했다. 5월 16일 전국총학생회 회장단은 정상 수업을 받으며 당분간 시국을 관망하기로 결정했다.

운명의 1980년 5월 18일, 전남대 학생들이 학교 정문에서 공수부대원과 대치하고 있다.

들은 공수부대원들로부터 피투성이가 되도록 얻어맞은 상태였다. 정문 앞에 집결한 학생들은 공수부대의 학교 점령을 비난하면서 일제히 구호를 외치기 시작했다.

학생들은 시내로 진출해 가두시위를 전개했다. 신군부는 광주에서의 시위가 전국으로 확산될 것을 우려했다. 7공수여단은 강경 진압 방침에 따라 무자비한 진압 작전을 전개했다. 그들은 3인 1조가 되어 학생으로 여겨지는 젊은이를 보기만 하면 닥치는 대로 폭력을 휘둘렀다. 중앙초등학교 후문 쪽에서는 공수부대원들이 여학생 여럿의 상의를 벗긴 채 구타했고 말리던 노인까지 진압봉으로 내리쳤다. 도망치는 학생들은 막다른 골목 끝까지 쫓아가 정신을 잃을 때까지 두드려 팼다. 진압 작전 목표는 시위

해산이 아니라 군부에 저항한 시민들에게 강력한 본보기를 보인다는 데 있었다.

18일 시위에 참가한 학생 수는 약 800명 정도였다. 이는 평상시의 시위 수준을 크게 넘어서는 것이 아니었다. 시민 대부분도 두려운 시선으로 사태를 지켜봤을 뿐이다. 그러나 18일 시위에 대한 야만적인 진압 소식이 퍼지면서 다음 날부터 분위기가 변했다. 학생들의 시위 행렬은 3000명 정도로 크게 늘어났고 시민들도 방관하던 자세를 버리고 적극 학생들을 격려하기 시작했다.

신군부의 살인 도구가 된 공수부대는 더욱 야수로 돌변해 갔다. 공수부대원들은 학생과 시민들을 연행해 끌고 가다가 조금이라도 반항하는 기색이 있으면 소총에 착검한 대검으로 찔러 버렸다. 도저히 시위 진압이라 할 수 없는 수준이었다. 곳곳에서 학생과 시민이 진압봉에 머리가 터지고 대검에 찔려 쓰러지는 가운데 사망자가 속출했다. 거리 곳곳에 피투성이가 된 시민들의 시체가 나뒹굴었고, 피 흘리는 학생을 태워 주던 택시기사마저 계엄군은 대검으로 찔렀다.

20일 날이 밝자 분노한 시민들이 일제히 거리로 나섰다. 휴교령이 내려진 상태였지만 고등학생들도 집을 나와 대거 시위에 합세했다. 살육전이나 다름없는 전날의 상황을 지켜본 시민들은 자구적 차원에서 각목, 쇠파이프, 돌, 연탄집게, 식칼, 화염병 등 무기가 될 만한 것들을 챙겼다. 시내 곳곳에서 공수부대와 시민들의 공방전이 치열하게 전개되었다. 관망 자세를 취하던 시민들도 자신감을 갖고 시위에 합류하기 시작했다. 어느덧 시위는 거대한 시민 항쟁으로 발전하고 있었다.

5월 21일 공수부대의 도발은 극에 달했다. 오후 1시경 느닷없이 애국가가 울려 퍼졌다. 미리 약속한 듯이 진압군은 일제히 엎드려쏴 자세를 취했고, 곧이어 도청 앞 광장을 가득 채운 10만 시민을 향해 무차별 발포를 감행했다. 금남로는 일시에 피바다를 이루었다. 거리는 순식간에 적막에 뒤덮였고, 죽은 이들의 피와 부상자들의 신음만이 금남로의 공백을 메웠다. 아우성치는 부상자들을 구하기 위해 시민들이 거리로 뛰어나왔지만 그들도 저격병의 표적이 되어 쓰러졌다.

신군부는 총을 쏘면 시민들이 굴복할 것이라는 확신에서 집단 발포를 지시했다. 하지만 광주 시민의 대응은 그들의 예상을 완전히 뛰어넘었다. 다수의 청년들이 차량을 나누어 타고 나주, 화순 등 광주 인근 지역으로 빠져나갔다. 경찰 병력이 남김없이 광주로 차출되었기 때문에 이들 지역은 거의 무방비 상태였다. 덕분에 청년들은 손쉽게 경찰지서와 파출소 무기고를 부수고 무기를 손에 넣을 수 있었다. 화순에서는 화순탄광 노동자들의 적극적인 도움으로 탄광 예비군 무기고에 보관되어 있는 총기와 다량의 다이너마이트를 획득할 수 있었다. 오후 3시가 되자 각지에서 무기를 획득한 차량들이 광주 시내로 돌아왔다. 무기는 즉각 시민들에게 분배되었다. 마침내 5·18광주민중항쟁을 역사의 분수령으로 만든 무장 시위대가 탄생한 것이다. 그들은 스스로를 일컬어 '시민군'이라 불렀다.

시민군이 시내 중심가에 최초로 모습을 드러낸 것은 21일 오후 3시 15분경. 도청 앞 집단 발포가 있은 지 약 두 시간이 지난 무렵이었다. 시민군이 나타나자 몸을 숨기고 있던 시민들은 열광적인 환호로 이들을 맞이했다. 그 시간 이후로도 광주 외곽으로부터 계속해서 무기가 반입되었다. 그에 따라 시민군의 숫자도 급속도로 늘어났고 순식간에 1000명을 넘어섰다. 결국 시민군은 계엄군을 시내에서 몰아내는 데 성공했다. 광주가 '해

방된 것이다.

광주 시민은 외부 세계와 완전 단절된 상태에서 매점매석을 방지함과 동시에 제한된 생필품을 최대한 활용했다. 쌀집에서는 한꺼번에 두 되 이상의 쌀을 팔지 않았고 담배 가게 주인은 한 사람에게 한 갑씩만 팔았다. 슈퍼마켓이나 식료품점도 마찬가지였다. 주민들은 주먹밥을 만들어 시민군에게 공급했다. 모두 그 누구에 의해서 강요된 바 없이 시민들이 자발적으로 한 행동이었다. 이 기간만큼은 강도나 절도도 완전히 자취를 감추었다. 심지어 술 취한 사람도 찾아보기 힘들었다. 시내 치안과 경비는 시민군과 학생들에 의해 순조롭게 유지되었다. 교통 역시 시민군이 확보한 차량을 이용해 제한된 범위에서나마 해결했다. 해방 광주에서의 일주일은 시민 스스로 자치를 통해 공동체를 유지할 능력이 있음을 보여주었다. 박정희 정권 아래에서 통제와 명령의 대상일 뿐이던 국민들이 국가권력의 진정한 주체임을 스스로 확인하는 과정이자 한국 역사에서 진정한 시민계급이 등장했음을 알리는 벅찬 경험이었다.

마침내 운명의 27일이 다가왔다. 계엄령으로 전국의 모든 대도시와 대학이 숨을 죽인 가운데 광주를 고립된 섬으로 만든 계엄군이 최후의 진압 작전을 감행했다. 진압 작전은 '충정작전'으로 명명되었으며 군 작전 지휘권을 쥐고 있는 미국의 공식 승인 아래 이루어졌다. 5월 22일 미 국방성 대변인 토머스 로즈는 "존 위컴 주한 유엔군 및 한미연합사령부 사령관은 그의 작전 지휘권 아래 있는 일부 한국군을 군중 진압에 사용할 수 있게 해달라는 한국 정부의 요청을 받고 이에 동의했다."고 밝혔다. 여기에 머물지 않고 미국은 오키나와에 있는 조기 경보기 2대와 필리핀 수빅 만에 정박 중인 항공모함 코럴씨호를 한국 근해에 출동시켰다. 만약의 사태에

1984년 반정부 시위 현장에 학생들이 "광주 학살 책임지고 미국은 공개 사과하라" 라는 피켓을 들고 나왔다.

대비한 군사작전의 일환이었다고는 하지만 이는 명백히 군부대가 광주 진압에 전념할 수 있도록 엄호하는 것에 다름 아니었다. 미국은 광주 진압을 승인했을 뿐 아니라 진압 작전의 주요 당사자로 참여했던 것이다.

급박한 상황에서 항쟁 지도부는 도청을 사수하기로 결심했다. 그들도 도청 사수가 물리적으로 가능하지 않다는 것을 잘 알고 있었다. 다만 군부의 총칼 앞에 비겁하게 무릎 꿇지 않고 광주 시민의 의지를 최후까지 알리겠다는 결연한 심정으로 그들은 역사 앞에 섰다.•

마지막 결전을 함께 할 도청 사수대 역시 시민들의 자원으로 조직되었다. 모두 150명이 지원했다. 그중 80명이 군 제대자였고 여학생 10명을 포함한 나머지 70여 명은 학생이거나 군대 경험이 없는 청년들이었다. 항쟁 지도부는 마지막 결전에 나설 사람들을 도청과 YMCA 등에 나누어 배치했다. 시민군들은 자기 인생에서 최후의 자리가 될지도 모를 장소를 둘러보면서 마음을 가다듬었다. 27일 새벽 2시 전후 어둠이 짙게 깔린 광주 시내에는 여학생(박영순, 당시 21세 숭의여전 2학년)**의 앳된 목소리가 방송을 통해 울려 퍼졌다.

"시민 여러분, 지금 계엄군이 쳐들어오고 있습니다. 우리를 잊지 말아주십시오. 우리는 민주주의를 위해 최후까지 싸울 것입니다."

그때 거의 모든 광주 시민은 잠들지 않고 깨어 있었다. 어둠을 타고 전해 오는 여학생의 목소리는 날카로운 비수가 되어 광주 시민의 가슴속에 박혔다. 이 순간의 처절한 느낌은 세월이 흐른 뒤에도 결코 지워지지 않았다. 새벽 3시 30분, 도청 인근 사방에서 총성이 울려 퍼졌다. 총성을 듣고 집을 뛰쳐나와 어둠 속에서 도청 주위를 맴돌던 시민들도 모두 계엄군의 포위망에 걸려들었다. 그렇게 수백 명이 체포되고 달아나던 사람들은 가차 없이 사살되었다.

이윽고 공수부대 3여단 특공조가 맹렬한 사격과 함께 도청을 공격해 왔다. 그 당시 광주 공격에 동원된 군부대는 지상군만 해도 31사단 병력

● 계엄군의 공격을 앞두고 무기를 반납하고 협상을 하자는 의견도 대두되었다. 하지만 23일부터 계엄군은 광주 전역에 계엄 사령관 이희성 명의의 전단을 살포하며 '소요는 고정 간첩, 불순분자, 깡패들에 의해 조종되고 있으므로 부득이 소탕하지 않을 수 없음'을 선전하고 있었다. 시민군과 학생들은 광주 시민의 투쟁을 폭도와 간첩 행위로 몰아가는 상황에서 항복할 수는 없다고 결연히 맞섰다.

●● 항쟁 지도부의 최후 방송은 도청 방송실에서 실시되었다. 박영순은 방송 직후 계엄군에게 체포되었다. 방송 차량을 이용한 가두 홍보 방송은 그 이전 5월 18일부터 26일 사이에 이루어졌고 전옥주, 차명숙, 이경희, 박영순 등이 참여했다. 모두 평범한 시민으로서 자발적으로 항쟁에 참여한 이들을 신군부는 북한의 조종을 받는 간첩이라고 언론을 통해 선전했다. 계엄군에 체포된 전옥주, 차명숙은 '이북 모란봉에서 2년간 교육받고 남파된 간첩'으로 몰려 혹독한 고문을 받았다. 이들은 계엄 포고령 위반과 내란 음모 등의 죄목으로 15년형을 선고받고 10월 27일 광주교도소에 수감되었다.

광주민주항쟁 당시 가두 시위 현장(위). 탈취한 군용 차량을 타고 도청으로 향하는 시민군을 향해 거리의 시민이 박수를 쳐주고 있다(아래).

1500명, 3공수여단 5개 대대, 7공수여단 2개 대대, 11공수여단 3개 대대 등 3400여 명, 20사단 61~62연대 병력 3200여 명 등 무려 2만여 명에 달한다. 계엄군은 수류탄을 투척하고 헬기에서는 기관총을 난사했다.

곳곳에서 시민군이 광주의 한을 품고 쓰러져갔다. 그렇게 목숨을 잃은 시민군은 모두 합쳐 26명. 그중 11명은 다양한 직업을 가진 노동자였고 6명이 대학생, 8명이 중고등학생이거나 재수생이었다. 나머지 한 명은 들불야학 교사이자 항쟁 지도부의 일원인 윤상원이었다. 생존자들은 자기 나라 군대의 '포로'로 잡혀 다시없는 굴욕과 모진 고문을 견뎌야 했다.

그렇게 광주민중항쟁은 계엄군에 의해 난자당한 채 막을 내렸다. 하지만 이는 새로운 시작이었을 뿐이다. 광주민중항쟁은 그 누가 사전에 기획해서 유도한 것이 아니었다. 학생 시위에서 시민 항쟁으로 전환, 시민군 등장과 도청 사수 등 모든 과정은 시민들의 자발적 참여로 이루어졌다. 대중의 자발성에 기초한 시민군 결성과 최후의 진압 작전에 맞선 도청 사수 투쟁은 역사의 흐름을 바꾸어 놓았다.

만일 21일 전남도청 앞에서의 집단 발포 이후 시민군이 등장하지 않고 시위대가 모두 해산되었다고 가정해 보자. 이후 광주항쟁은 어떻게 평가되었을까? 아마도 군부에 무모하게 저항하다 극심한 피해만 입은 사건 정도로 축소되었을 것이다. 그로 인한 패배감과 무력감, 군부의 물리력에 대한 공포심은 국민들 가슴에 남아 5·16쿠데타나 서울역 5·15회군 때처럼 민주주의가 무력으로 위협 당할 때마다 겁먹고 뒤로 물러서게 했을 것이다. 그러나 시민군의 등장과 도청 사수 투쟁은 군사독재에 대한 굴종과 타협, 회피와 방관 심리를 일거에 날려 버렸다. 광주 시민의 희생과 결연한 투쟁 의지는 이후 수많은 사람들을 자극했고, 홀로 섬처럼 고립되어 진압당한 광주항쟁에 대한 부채 의식과 연대 의식이 각계각층으로 번졌다. 이는 1980년대 내내 계층과 부문을 초월한 반독재 민주화 투쟁의 불씨로 작용했다. 이제 민주화 투쟁의 불길이 전국으로 확산되는 것은 시간문제였다.

## 들불처럼 번지는
## 민주화 투쟁

전두환과 신군부는 쿠데타로 권력을 손에 넣기는 했으나 광주에서 대규모 시민 학살을 자행한 탓에 어떻게 해도 정당성을 인정받기 어려운 상황에 처했다. 국민의 저항은 필연이었고, 정권은 이를 억누르기 위해 폭압 정치로 일관해야 했다.

1980년부터 1987년까지 국가보안법(1980년은 반공법 포함), 집회와 시위에 관한 법률, 정치정화법, 사회보호법 등으로 검거된 정치범 및 양심범(정권은 '공안사범'으로 부름)은 무려 1만 2000여 명이 넘었다. 이는 박정희 정권 18년 동안 검거된 정치범 및 양심범의 숫자를 능가하는 것으로, 통치기간을 감안하면 대략 2.5배 많은 수치다. 이밖에도 1981~83년 동안에만 1400여 명의 학생들이 제적되었다. 군에 강제 징집된 학생은 그 수를 헤아릴 수 없을 정도였다. 노동자들 역시 수없이 해고당했고 블랙리스트에 올라 직장조차 뜻대로 구할 수 없는 처지에 놓였다.

전두환 정권의 공안 기관은 고문으로 악명 높았다. 민주 인사들은 관계 기관에 연행되어 죽음보다 모진 고문을 받았다. 김근태 민주화운동청년연합 의장은 1985년 9월 4일부터 20일까지 전기고문과 물고문을 번갈아 당하며 죽음의 문턱까지 갔다. 급기야 1986년 5월 부천 경찰서 형사 문귀동이 노동운동에 투신한 서울대생 권인숙을 성고문한 사태까지 벌어졌다.

그밖에도 상상을 초월하는 인권 유린이 끝없이 벌어졌고, 의문의 죽음이 줄을 이었다. 1985년 10월 11일 민추위 사건*으로 수배 중이던 서울대 복학생 우종원이 경부선 철로 옆에서 변사체로 발견되었다. 1986년 6월 19일에는 경찰에 연행되었던 인천 연안가스 노동자 신호수가 전남 여천 대미산 중턱에 있는 동굴에서 죽은 채 발견되었다. 또한 1986년 6월 22일 부산 송도 매립지 앞바다에서 서울대생 김성수가 콘크리트를 매단 채 익사체로 발견되었다.

이 같은 폭압에도 불구하고 5·18광주항쟁의 세례를 받은 민주화 투쟁은 들불처럼 번져 나갔다. 학생운동은 특히 5·18의 영향을 집중적으로 흡수했다. 청년들은 광주가 던진 메시지를 결코 외면하지 않았다. 학생운동은 정권의 폭압마저 반작용 에너지로 흡수하면서 폭발적 성장을 거듭했고 이를 바탕으로 세계 역사에서 유례를 찾아볼 수 없는 경이로운 드라마를 펼쳐 냈다.

민주화 운동이 가파른 성승 곡선을 그릴 수 있었던 원동력도 학생운동에서 나왔다. 당시 국민 대다수는 신군부의 집권 아래에서 상당한 패배의식에 젖어 있었다. '그래 봐야 계란으로 바위치기 아니냐.' 라고 체념할 만했다. 그러나 학생들이 지칠 줄 모르고 정권에 맞서 싸우는 모습에 자극받은 국민들도 서서히 민주화 의지를 드러내기 시작했다. 학생운동은 실로 다양한 방법으로 선도적 역할을 수행했다.

1984년 11월 14일 오후 4시 20분경, 서울 도심의 허리우드 극장 주변

---

● 　민주화추진위원회(민추위)는 서울대의 비공개 학생운동 조직으로, 1985년 5월 서울 미국문화원 점거 농성 등을 주도했다. 이에 검찰은 민추위를 이적 단체로 규정해 관련자를 구속 및 수배했다.

에서 삼삼오오 짝을 지은 학생들이 긴장으로 마른침을 삼키고 있었다. 그들은 약 500미터 떨어진 민정당 중앙당사를 향해 조심스럽게 걸어갔다. 거리엔 겨울을 재촉하는 늦가을 비가 드문드문 흩뿌리고 있었다. 4시 30분, "학우여!"라는 외침을 신호로 약 300여 명의 학생들이 물밀 듯 당사로 몰려들었다. 일부는 당사를 지키던 전경들을 밀어젖히고 정문으로, 일부는 담벼락을 넘어 밀고 들어갔다. 학생들 뒤로는 '왜 우리는 민정당사를 찾아왔는가?'라는 제목의 유인물이 어지럽게 뿌려졌다.

기습을 당한 경찰은 허겁지겁 당사를 에워싸고 최루탄을 쏘아 댔으나 학생들은 이미 9층 소회의실을 점거한 상태였다. 9층에 당도한 학생들은 안에서 철제문을 걸어 잠근 뒤 창문에 기다랗게 "노동법 개정하라" "전면 해금 실시하라" 등을 적은 플래카드를 내걸고 농성에 들어갔다.

'민주화투쟁학생연합'이 주도한 이날의 점거 농성은 집권 민정당의 얼굴에 먹칠을 했다. 졸지에 당사를 점령당한 민정당 고위 간부들은 시내 모처에 불려가 호된 질책을 당했다. 농성은 비록 다음날 새벽 쇠파이프로 중무장하고 출입구와 벽을 부수며 난입한 경찰에 의해 학생 전원이 연행됨으로써 강제 해산되었지만, 연행된 학생들은 180명이 구류에 처해지고 19명이 구속 수감되었다. 학생운동의 일대 쾌거였다.

쿠데타와 유혈사태로 집권한 여당의 심장부를 점거하고 밤새 민주주의 구호를 외친 과감한 투쟁은 방송과 신문을 통해 중계되고 외신을 통해 해외에도 널리 알려졌다. 신군부의 폭압에 숨죽이고 억눌렸던 온 국민의 가슴을 후련하게 해준 사건이었다. 투쟁 효과는 다음해 2월 12일 실시된 국회의원 총선에서 바로 나타났다. 집권 민정당은 유효 득표의 35.3퍼센트를 얻는 데 그쳤고 야당인 신민당과 민한당의 득표율 합계는 49퍼센트에

1984년 11월 15일 새벽, 민정당사를 점거하고 농성에 들어간 대학생들을 진압하기 위해 전경 부대가 당사 안으로 진입하고 있다.

이르렀다. 집권당의 완연한 참패였다.●

정권은 대대적으로 매스컴을 동원해 학생운동을 국가를 위태롭게 하는 불온 조직, 폭력적 집단으로 매도했지만 1985년 무렵 학생운동은 이미 국민으로부터 전폭적인 지지를 획득하기 시작했다. 총학생회장이나 각종 학생운동 조직의 주역들이 국민적 스타로 부상했다. 학생운동은 매년 수많은 민주 투사를 배출했고 이들은 사회 각 방면에서 새로운 저항운동의 흐름을 만들어 갔다. 학생운동 출신 상당수가 공장과 농촌에 스며들어 이후 한국 사회 지형을 바꾸어 놓을 수도 있는 노동운동과 농민운동을 일구었다. 또 한편에서는 청년운동을 개척함으로써 민주화 운동의 새로운 선봉 부대를 창출했다.

학생운동이 비약적인 성장을 거듭하고 강력한 투쟁이 이어지면서 구속자와 수배자가 쏟아져 나왔고 목숨을 잃는 경우도 생겼다. 그 같은 희생에서 새로운 투쟁 대열이 파생했다. 학생들의 가족이 대거 가세한 것이다. 이로써 민주화 운동의 대중성이 결정적으로 강화되었다.

1985년 서울 미국문화원 점거 농성 사건을 계기로 구속 학생 가족들은 서로의 경험을 나누면서 모임을 이어갔고, 이를 바탕으로 1985년 7월 10일 구속학생학부모협의회를 결성했다. 이들 가족은 결성 닷새 뒤인 7월

●　　　두 야당의 득표 합계가 민정당보다 훨씬 많지만, 최종 의석은 민정당이 148석을 차지하고 신한민주당(신민당)이 67석, 민주한국당(민한당)이 35석을 얻는 데 그쳤다. 당시 선거제도가 집권 여당이 일방적으로 유리한 중선거구제와 비례대표제를 병행 실시하고 있었기 때문이다. 중선거구제는 한 지역구에서 득표율 기준으로 2명 이상의 의원을 뽑는 방식이라 집권 여당은 2등만 차지해도 지역구 의원을 탄생시킬 수 있었다. 또한 비례대표제는 비례 의석 92석 중 2/3인 61석을 득표율 1위 정당에 주는 제도이다. 집권당은 전국 득표율에서 한 곳만 앞서도 비례 의석을 포함해 쉽게 과반 의석을 지닌 다수당이 될 수 있었다. 이처럼 국민의 의사를 왜곡해 일방적으로 집권당에 유리하게 만드는 제도들을 그냥 두고서는 참다운 민주주의를 실현할 수 없다.

15일 미국문화원 점거 농성 구속 학생들에 대한 첫 재판이 열리는 서소문 법원으로 향했다. 법원 주위는 전경 3개 중대가 빈틈없이 에워싼 채 방청권을 가진 사람의 출입만을 허용하고 있었다. 이윽고 구속 학생들이 포승줄에 묶인 채 나타나 구호를 외치자 가족들 역시 일제히 구호를 외치기 시작했다. 소란을 틈타 방청권 없는 가족들도 일시에 대법정으로 밀고 들어갔다. 그 순간부터 300여 명에 이르는 가족들은 자신도 예상치 못했던 대법정 점거 농성에 돌입하게 된다. 결국 재판은 연기되었고 가족들은 밖으로 나와 미국대사관을 향해 행진하는 대담성을 보이기도 했다.

어머니를 필두로 한 가족들의 투쟁은 매우 큰 파장을 일으켰다. 사상 첫 법정 농성으로 충격을 받은 전두환은 법무장관을 해임했고, 구속 학생 제적에 미온적이라는 이유로 서울대 총장도 쫓아냈다. 하지만 이러한 조치는 가족들로 하여금 자신들의 잠재력을 깨닫고 자신감을 갖도록 하는 데 기여했을 뿐이다. 가족들은 어느새 민주화 투쟁에 헌신하는 것이 자식을 위한 최선의 길이라는 신념을 갖게 되었다. 이러한 신념을 바탕으로 1985년 12월 12일 구속학생학부모협의회 회원들을 포함한 다양한 구속자 가족이 모여 '민주화실천가족운동협의회(민가협)'를 결성한다.

그로부터 민가협은 민주화 운동의 기동 타격대라 불릴 만큼 온갖 투쟁 무대에서 종횡무진 활약하기 시작했다. 누군가 경찰이나 안기부에 연행되면 민가협 소속 가족들은 어떻게든 구금된 곳을 알아내 쳐들어갔다. 1986년 5월 16일에는 공포의 대상이던 장안동 대공분실 건물을 급습했다. 종종 시위대 맨 앞에서 길을 트는 역할을 맡은 것도, 모두 숨죽일 때 겁 없이 투쟁을 일으키는 일도 민가협 가족들이 해냈다.

학생운동을 원동력으로 한 민주화 투쟁의 파고가 독재정권의 숨통을 조

이는 동안, 정치권에서는 김대중·김영삼 양 김씨를 주축으로 직선제 개헌을 요구하며 전두환 정권을 압박했다. 1986년이 되자 코너에 몰린 전두환 정권은 말기적 증상을 보이며 탄압의 강도를 더했다. 그해 10월 28일 전국 26개 대학에서 모인 학생 2000여 명이 건국대에서 집회를 가졌는데, 이보다 더 많은 경찰들이 교내로 밀고 들어왔다. 학생들은 농성으로 맞섰다. 나흘째 대치 상황이 이어지던 31일 오전 10시 경찰의 진압 작전이 시작되었다. 경찰이 무려 8000명 이상 동원된 이날의 작전은 그야말로 '입체적'이었다. 하늘에서는 헬기가 건물 옥상의 학생들을 향해 최루탄과 소이탄을 쏴댔고, 땅에서도 최루탄이 날아올랐으며, 고가 사다리차의 소방호스에서는 강력한 최루액이 뿜어 나왔다. 바리케이드를 뚫고 올라온 경찰들은 쇠파이프를 휘두르면서 학생들을 진압해 나갔다. 이날 모두 1,525명의 학생이 연행되고 그중 1,290명이 구속되었다. 단일 사건 구속자 수로는 세계 최고 기록이었다.

당시 감옥은 학생 다수를 포함해 민주화 투쟁을 하다 구속된 시국사범으로 넘쳐났다. 그러나 감옥 쇠창살도 이들의 열정을 가둘 수 없었다. 감옥은 돌연 양심수들이 토론하고 학습하는 '민주화 운동 학교'로 변했다.


## 전국을 메운
## 잠재적 시민군

"민정당은 민족에게 정을 주는 당입니다. 통민당(통일민주당)은 민족에게 고통을 주는 정당입니다."

1987년 6월 10일 서울 잠실체육관을 가득 메운 민정당 대의원과 초청 인사들은 코미디언 김병조<sup>●</sup>의 우스갯소리에 체육관이 떠나가라 웃어 댔다. 민정당 대통령 후보를 선출하는 전당대회 자리였다. 이들은 국민들이 여망하던 직선제 개헌을 거부하고 군사 쿠데타의 또 다른 주역인 노태우를 대통령 후보로 지명했다. 분노의 물결이 전국을 강타하면서 민주화 시위가 폭발했다. 한 달간 전국을 뒤흔든 6월민주항쟁의 서막이 오른 것이다.

투쟁의 파고가 높아지면서 전국에서 시위가 벌어지자 경찰력만으로는 대응에 한계가 드러났다. 이에 전두환 정권은 군대를 투입해 시위를 진압하는 것으로 가닥을 잡았다. 이미 일선 군부대는 시위 진압 출동을 위한 준비를 완료한 상태였다. 군용 트럭은 기름을 가득 채우고 군인들은 완전 군장을 꾸린 채 출동 명령만 기다리고 있었다. 때맞춰 언론에서 조만간 군대가 투입될지 모른다는 보도가 흘러나오기 시작했다. 여기에 '18일을 기해 계엄령이 떨어진다.' '서울, 대전, 대구 등지에 공수부대가 파견되었다.' 등의 소문이 난무했다. 상황이 심상치 않았다.

전두환이 군부대 투입을 적극 고려하기 시작한 것은 6월 14일부터이다. 오전 9시 30분 청와대 상춘재에서 안보장관·군·치안책임자 회의를 주재한 전두환은 군 출동 준비를 지시한다.

"군은 비상시에, 계획에 의거해 부산은 ○○사단이 주요 대학에 다 들어가고, 서울은 중심부인 고대, 연대 등 몇 개 대학에 병력을 주둔시켜서 사회가 전부 안정될 수 있도록 만반의 준비를 하라는 것입니다."<sup>●●</sup>

<hr />

● 　5공화국 시절 "지구를 떠나거라." "나가 놀아라." 등의 유행어를 제조해 내며 최고의 인기를 구가하던 코미디언 김병조는 이날 전당대회의 사회자를 맡았고 민정당 측에서 써준 원고대로 행사를 진행하다 설화를 겪는다. 뿔난 민심은 김병조가 진행하던 〈일요일 밤의 대행진〉 프로그램 시청률을 끌어내렸고 김병조는 MC에서 하차한다.

●● 　'6월항쟁 20돌 끝나지 않은 6월: 1부-1987, 그 후 20년', 『한겨레』, 2007년 6월 10일자 재인용.

그로부터 닷새 후인 6월 19일 오전 10시 30분 청와대에서 군 고위관계자 회의가 열렸다. 이 회의는 비상조치를 전제로 한 군부대 투입 계획을 세밀하게 점검하는 자리였다. 전두환은 이 자리에서 이기백 국방부장관에게 익일 새벽 4시를 기해 대전과 대구에 1개 사단을 내려 보내고 2개 여단은 광주 전남으로 배치하고 서울에는 4개 연대를 동원해 주요 대학을 장악하라는 지시까지 마쳤다.●

하지만 대중은 군부대 투입이 임박했다는 소문이 횡행했음에도 불구하고 크게 동요하지 않았다. 광주민중항쟁의 정신을 이어받아 군부대가 투입되면 기꺼이 총을 들고 싸울 마음의 각오를 하고 있었던 것이다. 역사의 향방을 좌우할 중요한 순간에 앞장서서 상황을 돌파한 것은 부산 시민들이었다. 부산 시민은 1979년 부마항쟁을 통해 박정희 정권의 몰락을 이끌어낸 경험이 있었다. 아울러 1980년대에 접어들어 부산·경남 지역은 호남 지역과 연대해 민주화 투쟁을 전개해 왔다. 여기에는 호남을 기반으로 하는 김대중과 부산·경남 지역을 기반으로 삼고 있었던 김영삼의 정치 동맹이 주효했다. 또한 부산 시민들에게는 쉽게 떨칠 수 없는 부채 의식이 있었다. 1980년 5·18 당시 침묵을 지킨 기억 때문이었다. 이 같은 부채의식은 1987년 6월항쟁의 현장에서 거침없이 표출되었다. 다수의 시민들이 모인 자리에서는 으레 광주에서 피 흘리며 싸울 때 침묵했던 빚을 이번에는 반드시 갚아야 한다는 외침이 있었고 그 때마다 시민들은 열광적으로 환호했다.

● 이 지시는 오후 4시에 철회된다. 결정적 파국을 우려한 미국의 승인을 얻지 못했다는 설, 88올림픽을 앞두고 군 동원이 부담스러웠다는 설 등 여러 추정이 있다. 그러나 누구보다 군대의 속성과 상태를 잘 알고 있던 전두환이 군대 투입 결정시 군 부대의 이반이나 명령 거부, 군대가 시민들 편에 서게 될 가능성 등을 검토하면서 자신감을 갖지 못했기 때문일 가능성도 충분하다.

1987년 6월 신세계백화점 앞에서 6·18최루탄추방결의대회 진압을 하던 전경들이 시위대에 포위되어 곤욕을 치르고 있다.

6월 18일 계엄령설이 파다하게 퍼져 있던 부산 시내 상공에는 새벽부터 군용 헬기 두 대와 정찰기가 선회하고 있었다. 하루 종일 팽팽한 긴장감이 감돌았다. 그날 가톨릭센터에서 농성 중이던 학생들은 두려움을 떨쳐 내고 휘발유통을 옥상으로 옮긴 뒤 태극기를 내걸었다. 그리고 군부대가 투입되면 분신으로 맞설 것임을 선언했다.

이 사실은 입소문을 통해 곧바로 시민들에게 알려졌다. 두려움에 사로잡혀 있던 시민들이 하나둘씩 거리로 나오기 시작했다. 시민들 사이에서 "가톨릭센터로!" "농성 학생들을 구출하자!"라는 구호가 자연스럽게 터져 나왔다. 짧은 시간 안에 서면 로터리에서 부산진시장에 이르는 5킬로미터 가량 되는 거리가 발 디딜 틈도 없이 인파로 가득 찼다. 줄잡아 30만이 넘는 숫자였다. 특히 서면은 부산 최대 공단인 사상공단이 연결되는 곳으로서 수많은 노동자가 잔업을 거부하고 시위에 합류했다. 부산역 앞과 그 밖의 시내 도심 지역도 투쟁의 물결로 넘실거렸다.

부산에서의 시위는 밤낮을 가리지 않고 수일간 계속되었고, 이는 전국적으로 큰 파급 효과를 낳았다. 1980년 5월의 경험으로 다소 신중한 분위기를 보이던 광주에서도 20일이 되자 10만여 명의 시민이 거리로 쏟아져 나와 시위를 벌였다. 6월 26일 국민운동본부가 제창한 '국민평화대행진'에는 전국적으로 180여만 명의 시민이 참여했다. 이날 시위로 관공서 4곳과 경찰서 2곳, 파출소 29곳, 민정당 지구당 4곳이 파괴되었다. 연행자는 3,467명에 이르렀다. 6월 10일 이후 이날까지 17일 동안 전국에서 일어난 시위는 2,145건이었으며, 시위대를 향해 발사된 최루탄은 무려 35만 발이었다.

결국 군부대 투입 위협이 전혀 먹혀 들어가지 않음이 분명해졌다. 전국의 도시를 메운 거대한 시위 물결 모두가 잠재적 시민군이 될 수 있는 상황이었다. 바다 건너 미국은 이 상황을 예리하게 꿰뚫고 있었다. 미국은 전두환 정권의 무력 진압 시도가 무모한 선택임을 간파했다. 무엇보다도 병사들 동향에 대해 심각한 우려를 품고 있었다. 1980년 5월 광주에서 군대가 자국민을 죽이는 데 악용된 역사적 경험 후 병사들 사이에는 군대의 정당성에 대한 문제의식이 광범위하게 확산되어 있었다. 이러한 상황에서 시위 진압을 위해 군부대를 투입했다가는 병사들 사이에서 반란이 일어날 가능성이 매우 컸다. 결국 미국은 주한 미 대사를 통해 군부대 투입에 대한 반대 의사를 전달하는 한편 미 국무성 동아시아 담당 차관보 개스틴 시거를 서울에 급파했다. 시거는 전두환, 노태우, 김대중, 김영삼을 잇달아 만나 대타협을 종용했다.

6월항쟁의 승리로 가택 연금 해제 직후 지지자들과 함께 행진하고 있는 김대중과 김영삼.

마침내 전두환 정권은 손을 들고 말았다. 결국 6월 29일 노태우가 예의 6·29선언을 발표했다. 직선제 개헌 수용과 구속자 석방 및 김대중 사면 복권, 언론 자유 보장 등이 그 핵심 내용이었다. 국민들은 처음에는 무슨 흑막이 있는 것 아닌가 하는 의구심을 품었으나 이내 자신들이 승리했음을 깨달았다. 군부대 투입을 막아 냈을 뿐만 아니라 정권 교체의 가능성을 연 직선제 개헌을 쟁취한 것이다. 곳곳에서 환호가 터져 나왔다. 시민들은 서로를 껴안고 승리의 감격을 만끽했다.

7월 9일 시위 중 최루탄에 맞아 숨진 연세대 학생 이한열의 장례식이 치러졌다. 장례식에는 엄청난 인파가 몰렸다. 연세대에서 시청으로 이어진 6차선 도로에는 운구차 뒤를 따르는 행렬이 끝도 없이 이어졌다. 언론은 100만 시민이 참여한 것으로 보도했다. 이로써 6월민주항쟁은 한 달에 걸친 장정을 마무리했다. 5·18광주항쟁이라는 피의 강을 건넌 뒤 7년 만에 민주화 대장정이 마침내 승리의 봉우리에 올라선 것이다.

## 노동운동으로
## 이어진 불길

학생운동 출신 노동운동가들의 노력으로 1984년에 접어들며 민주 노조가 여럿 건설될 수 있었다. 하지만 이들 민주 노조는 1985년에 전두환 정권의 폭력적 탄압으로 대부분 파괴되었다. 이 현장을 목도한 일단의 노동운동가들은 한국 사회에서는 상당 기간 민주 노조가 불가능하다고 내다보았다. 그런데 불과 1년 남짓 후 이 같은 예상을 완전히 뒤엎는 장면이 연출되었다. 민주화 투쟁이 승리로 끝나기 무섭게 7·8·9월노동자대투쟁의 불길이 전국을 강타한 것이다.

6월항쟁은 노동자들에게 훌륭한 학습의 장이 되었다. 꿈쩍할 것 같지 않던 군사정권이 국민 앞에 굴복하는 장면을 목도하면서 노동자들은 단결된 힘을 모아 밀어붙이면 얼마든지 노동조합을 결성할 수 있고 정권이나 회사 측을 상대로 한 투쟁에서도 승리할 수 있다는 자신감을 품었다.

7·8·9월노동자대투쟁은 소수 노동자가 앞장서 치고 나가면 노동자 대중이 즉각 합세하는 양상으로 전개되었다. 현대중공업의 예를 살펴보자. 7월 28일 현대중공업 노동자 11명이 회사 측이 선수를 쳐 어용 노조를 만든 것에 항의해 "어용 노조 물리치고 민주 노조 쟁취하자!"라고 쓴 플래카드를 들고 구호를 외치며 회사 안으로 밀고 들어갔다. 그러자 처음에는 주저했던 노동자들이 합세하기 시작했고 대열은 순식간에 1만 명으로 불어

났다. 이 같은 양상이 전국에 있는 수많은 사업장에서 나타났다.

한번 점화된 투쟁의 불길은 대표적인 공업도시인 울산을 일거에 뒤덮었고 순식간에 부산, 거제, 마산, 창원 등지로 번져 나갔다. 서울, 인천, 부천, 안양, 구로, 성남 등 수도권 역시 노동자대투쟁의 불길 속에 휩싸여 갔다. 또한 업종별로도 가장 큰 비중을 차지한 제조업을 포함해 운수업, 광업, 사무·판매·서비스직에서 의료 등 전문직에 이르기까지 폭넓게 확산되었다. 노동자대투쟁은 액면 그대로 지역과 업종을 두루 망라한 전국적 투쟁이 되었다.

노동자대투쟁은 경찰의 탄압, 구사대 폭력, 여론 조작 등 온갖 난관 속에서도 장장 100여 일간 지속되었다. 지난 수십 년간 쌓여 온 노동자의 한이 활화산처럼 폭발한 것이다. 정부와 사용자의 탄압이 기승을 부렸지만 결과적으로 노동자들을 더욱 강인하게 단련시켰을 뿐이다.

이러한 과정을 거쳐 새롭게 결성된 노동조합이 자그마치 1,060개에 이르렀다. 이는 지난 1980~86년 동안 결성된 조합 수를 훨씬 능가했다. 대투쟁 기간에 발생한 노동쟁의 건수는 3,458건으로, 하루 평균 40여 건이 일어난 셈이다. 바로 전해인 1986년 하루 평균 0.76건에 비해 무려 50배나 증가한 것으로, 가히 봇물 터진 듯한 기세였다.

7·8·9월노동자대투쟁은 한국 노동자 역사의 새로운 출발점이 되었다. 무엇보다도 노동자들 스스로 노동자라는 이름을 자랑스럽게 생각하기 시작했다. 과거에는 작업복 차림은 마냥 숨기고 싶은 부끄러운 모습이었으나 이후부터는 작업복을 걸치고 당당하게 시내를 활보하게 되었다. 노동자를 함부로 무시하던 사회적 분위기 또한 크게 바뀌었다.

한번 지표면을 뚫고 나온 노동자의 투쟁 에너지는 강력하고 또 끈질겼

끝이 보이지 않는 울산 현대자동차 노동자들의 시위 행렬.

다. 1987년 이후에도 노동자 투쟁은 뜨겁게 이어졌다. 1988년 한 해 동안
에만 임금 인상 투쟁 물결 속에서 2000여 개의 신규 노조가 결성되었다.

폭발적으로 증가한 노동조합은 지역, 업종, 그룹 등 다양한 영역에 걸쳐
연대를 강화해 나갔다. 이러한 노력은 전국노동조합협의회(전노협)를 거쳐
마침내 1995년 산업별 업종별 조직과 지역 본부 체계를 갖춘 전국민주노
동조합총연맹(민주노총, KCTU)의 탄생으로 이어졌다. 노동자들이 국가권
력과 맞대결을 벌일 수 있는 강력한 조직을 갖춘 것이다.

때맞춰 노동자들이 결집된 자신의 힘을 확인할 기회가 다가왔다. 김영
삼 정부 시절인 1996년 12월 26일 새벽, 여당인 신한국당이 단독으로 개
악된 노동법과 안기부법을 날치기 통과시키는 사태가 발생했다. 개악된
노동법은 복수 노조 허용, 정리해고제 및 변형근로제 도입, 파업 기간 중

무노동 무임금 원칙 적용, 동일 사업장 내 대체 근로와 신규 하도급 허용 등 신자유주의적 구조조정을 노린 것이었다. 안기부법은 1993년 말 여야가 합의해 안기부로부터 박탈했던 북한에 대한 고무·찬양죄와 불고지죄에 대한 수사권을 다시 복원하는 개악 법안이었다.

개악된 노동법이 여당 단독국회에서 날치기로 통과되었다는 소식이 전달되자 기아자동차, 현대자동차 등 완성차 노조를 출발로 일시에 총파업 물결이 전국을 뒤덮었다. 총파업은 민주노총의 주도 아래 진행되었다. 1996년 12월 26일부터 시작된 민주노총 총파업 투쟁은 1997년 1월 18일까지 23일 동안 지속되었다. 모두 528개 노조 40만 3000여 명의 노동자가 한 번 이상 파업에 참가했다. 민주노총의 총파업 투쟁에 발맞춰 전국적으로 20개 이상 지역에서 집회가 연일 개최되었고, 집회 참여 연인원은 100만이 넘었다. 이렇듯 투쟁의 열기가 달아오르자 야당과 각계각층 민주단체들이 잇달아 비난 성명을 내놓았고, 목회자들은 서울 기독교회관에서 날치기 무효화를 요구하며 농성을 전개했다. 날치기 철회를 요구하는 가두서명에 시민들도 크게 호응했다.

투쟁의 주축을 이룬 민주노총의 총파업은 국민의 광범위한 지지 속에서 진행되었다. 당시 여론 조사 결과에 따르면, 국민의 80퍼센트 가량이 총파업 투쟁을 지지한 것으로 나타났다. 결국 김영삼 정부는 무릎을 꿇었다. 노동법 및 안기부법 개악을 철회하고 민주노총 투쟁 지도부에 대한 검거령 또한 취소했다. 출범한 지 2년도 채 안 되는 민주노총이 정권과의 맞대결에서 승리한 것이다. 이로써 민주노총은 일약 세계 노동운동계의 영웅으로 부상했고, 단체 이니셜인 KCTU는 노동계급 승리의 희망을 상징하는 로고가 되었다.

# 시민사회의
# 폭발적 성장

근대 민주국가는 자율적이고 독립적인 개인의 출현을 기본 전제로 삼는다. 그러한 주체들이 국가기구에 능동적으로 개입하고 작용할 수 있을 때 비로소 민주국가라 할 수 있다. 하지만 한국은 오랜 식민 지배와 독재정치를 겪으면서 그 같은 개인의 등장이 가로막혀 왔다. 그러다 민주화 투쟁을 거치며 진정한 의미의 시민이 대거 배출되었다. 민주화 투쟁에 참여하는 일 자체가 자율적인 삶을 결의하고 실천하는 과정이었기 때문이다.

6월항쟁 승리 이후, 마치 민들레 홀씨가 바람에 날려 퍼지듯, 민주화 투쟁의 주역들은 곳곳에 진출해 독립적인 영역을 구축했다. 세계사에서도 유례를 찾아보기 어려울 만큼 단기간에 시민사회 단체가 발전하고 확장되었다.

먼저 노동자, 농민, 학생 단체 등 기층 대중 단체가 자리를 잡았다. 노동자 조직인 민주노총과 농민 조직인 전국농민회총연맹(전농) 같은 전국적 규모의 조직이 등장했고, 민주화 투쟁의 선봉이었던 학생운동은 전국대학생대표자협의회(전대협)를 거쳐 한국대학총학생회연합(한총련)을 결성했다. 이밖에도 1980년대 민주화 운동에 헌신했던 세력들이 한국청년단체협의회, 민주화교수협의회, 학술단체협의회 등 부문 조직을 결성함으로써 민주화 이후의 과제를 제기하고 모색하는 활동을 전개해 나갔다.

자율적인 시민사회가 비약적으로 확장되는 데 기여한 또 다른 흐름은 시민 단체의 가파른 성장이었다. 1987년 이전에는 사회운동의 모든 활동이 민주화 투쟁으로 집중되면서 다른 과제들은 유보되거나 부차적인 것으로 간주되었다. 독재정권 아래에서 인권, 평화, 성, 환경, 문화 등의 의제를 제기하는 것은 사치라거나 개량주의로 취급되기 쉬웠다. 비로소 민주화의 큰 봉우리를 넘어서자 그동안 억제되어 왔던 다양한 의제를 중심으로 시민 단체가 우후죽순처럼 등장하기 시작했다.

1987년 여성민우회 등을 주축으로 한국여성단체연합이 결성되었다. 어느 정도 조건이 갖춰지자 여성 단체의 활동이 폭발적으로 증가했다. 2005년 서울에서 개최된 '세계 여성학 대회'에 참석한 독일 카셀 대학 헬렌 슈벤켄 교수는 한국의 여성운동에 대해 "한마디로 경이롭다."고 표현했다. 성장 속도에서나 영향력에서나 놀랄 만한 성과를 보였기 때문이다.●

뒤이어 1989년 경제정의실천시민연합(경실련)이 결성되어 부동산 투기 근절 등 경제 정의 실현을 활동 과제로 삼았다. 같은 해 환경운동연합의 전신인 공해추방운동연합이 결성되었다. 이를 계기로 환경운동 단체가 급속히 증가했고 이들은 환경 문제에 대한 사회적 인식을 바꾸는 데 크게 기여했다.

시민 단체의 활동이 강화되자 YMCA, 흥사단 등 기존 시민 단체도 성평등, 경제 정의, 환경, 인권, 평화 등의 이슈에 적극적으로 관심을 갖기 시작했다. 그럼으로써 시민운동의 인적 물적 기반이 풍부해지고 저변 또한 크게 확대될 수 있었다. 그로부터 얼마 후인 1994년 참여연대가 결성되었다. 참여연대는 시민의 적극적 참여 아래 권력을 감시하고 사회를 바꿔 가는 것을 목표로 했다.

1997년 김대중 정부가 들어서면서 시민운동은 또 한 번의 도약을 맞이

● '한국 사회 100대 드라마 ⑤여성-여성운동 40년사', 『중앙일보』, 2005년 8월 17일자.

한다. 외환 위기의 충격 속에서 정치·경제·사회·문화 등 사회 모든 방면에 걸쳐 이슈가 제기되었고 그것들을 해결할 목적으로 수많은 시민 단체가 만들어졌다. 김대중 정부가 정부 예산을 들여 적극 지원하자 이들 시민 단체의 활동은 더욱 강화되었다. 때때로 이들의 활동이 국민적 지지를 얻어 사회 지형을 바꿔 놓기도 했다. 몇 가지 사례를 들어 보자.

1991년 3월 14일 구미 두산전자 공장에서 페놀 30톤이 낙동강으로 흘러들었다. 페놀은 독성이 매우 강한 화학물질로, 2차 세계대전 당시 나치가 유태인 대량 학살에 사용했다. 페놀 섞인 물이 취수장으로 흘러들어 소독용 염소와 결합해 악취를 풍기는 물질로 변했다. 악취가 수돗물을 타고 가정으로 전달되면서 방류된 페놀은 낙동강 칠백 리를 거슬러 영남 지역을 발칵 뒤집어 놓았다. 낙동강에 물을 의지하는 모든 지역이 페놀 공포에 사로잡혔고, 사회적 파장도 대단했다. 환경 단체들은 두산그룹 빌딩 앞에서 그룹의 주력 생산품인 맥주를 깨부수며 "맥주보다 깨끗한 물을 달라!"라고 외치며 시위하는 등 맹렬한 활동을 벌였다. 국민은 열띤 호응을 보냈고, 이를 계기로 환경 단체의 위상이 급격히 올라갔다.

한편, 여성 단체들은 전통과 관습이라는 미명 아래 남성 중심의 가부장제를 구조화하고 성차별을 제도화해 온 호주제를 폐지하고자 오랫동안 싸웠다. 호주제 폐지 운동은 결코 순탄치 않았다. 유림을 비롯한 보수적인 사회 흐름이 거세게 저항했기 때문이다. 가족법 개정 운동을 하는 여성 단체들에게 '노처녀 과부 집단' '가족을 파괴하는 패륜녀' 등 독설과 폭언이 가득 적힌 편지가 날아들고 "한국을 떠나라."는 협박 전화도 끊이지 않았다. 그럼에도 불구하고 2000년 이후 여성 단체 이외에 시민 단체, 법학자, 변호사 등이 가세함에 따라 호주제 폐지 운동은 급속히 탄력을 받기 시작

"맥주보다 깨끗한 물을 달라!" 환경 단체 회원들이 두산그룹 앞에서 OB맥주를 쏟아내며 페놀 오염 진상 규명을 촉구하고 있다.

했고, 마침내 2005년 국회에서 호주제 폐지를 골자로 한 민법 개정안이 통과되었다. 1953년 첫 개정안을 낸 지 무려 52년 만에 비로소 호주제는 역사의 뒤안길로 사라졌다.

시민 단체는 흔히 NGO라고도 부른다. 말 그대로 비정부기구이다. 그렇다고 이들이 정치에 무관심했던 것은 결코 아니다. 2000년 4월 제16대 총선이 다가오자 300여 시민 단체가 '총선시민연대'를 결성해 부적격 정치인에 대한 낙천·낙선 운동을 전개했다. 과거 민주화 운동의 경험을 살려 대대적 정치인 '물갈이'에 나선 것이다. 결과적으로 총선시민연대가 표적으로 삼았던 정치인 상당수가 낙천되거나 낙선했다.

시민사회 단체의 영향력은 정치 사회 지형을 좌우할 만큼 매우 커졌고, 국가기구와 정치권, 기업 등이 이들의 눈치를 보게 되었다. 자연스럽게 국가와 시민사회가 협력해 함께 문제를 해결하는 거버넌스(협치)도 크게 강화되었다. 이처럼 한국은 겨우 반세기 만에 거대 병영 사회에서 자율적인 시민사회로 극적으로 변화했고, 과거 통제 대상으로 취급받던 '시민'은 오늘날 국가와 사회를 움직이는 자율적이고 능동적인 주체로 자리 잡았다.

# 3부
# 다시
# 희망으로

## —미래를 향한 도전

참여한다고 해서 반드시 세상이 달라지는 것은 아니다. 하지만 참여하지 않고 방관만 하는 한 세상
이 바뀔 확률은 제로이다. 도전이 언제나 성공하는 것은 아니다. 그러나 우리가 원하는 미래는 도전
할 때만 얻을 수 있다.

# 글로벌 금융 위기는
# 신자유주의 몰락의
# 신호탄인가?

맹위를 떨치던 신자유주의가 2008년 글로벌 금융 위기로 한풀 꺾이는 모양새다. 신자유주의 모델의 한계가 드러난 만큼 새로운 사회경제 시스템을 모색할 시점이라는 관측이 대두되는 것은 당연한 일이다. 과연 2008년 글로벌 금융 위기는 신자유주의 몰락의 신호탄이었을까? 신자유주의는 잠시 위기를 겪었을 뿐 여전히 지배적 시스템으로 존속할 것인가?

# 리먼브러더스가
# 던진 충격

2008년 9월 15일의 충격은 아직도 사람들의 기억 속에 생생하다. 이날 158년의 역사를 지닌 미국 4위 투자은행 리먼브러더스가 파산 보호를 신청했다. 리먼브러더스는 돈이 돈을 버는 신자유주의 금융 모델의 상징적 존재 가운데 하나였다. 파산 신청 당시 부채는 한화로 700조 원에 달했다. 이 여파로 하루 사이에 다우지수가 504.48포인트 폭락하는 등 전 세계 증시가 요동쳤다.

9월 19일 조지 부시 정부는 7000억 달러의 구제금융안을 발표했다. 국가 개입을 반대하고 시장에 모든 걸 맡기라던 신자유주의자들의 기세등등하던 모습은 간 데 없고 금융 위기가 1929년 대공황처럼 모든 것을 휩쓸어 버릴지 모른다는 공포만이 가득했다. 2009년 2월에는 미국 최대 은행인 시티은행이 정부의 공적 자금 투입 대가로 보통주 지분 36퍼센트를 정부에 넘김으로써 사실상 국유화되었다. 철도, 공항, 수도, 전기, 의료, 학교까지 모두 민영화해 시장에 넘기라던 신자유주의자들의 주장은 옹색하기 그지없게 되었다.

금융 위기 발발 직전까지만 해도 신자유주의가 단번에 뿌리부터 흔들릴 줄은 누구도 상상하지 못했다. 도대체 2008년 글로벌 금융 위기는 어떻게 해서 발생했을까? 이 문제를 이해하기 위해서는 2000년 이후 미국 경제가 어떤 방식으로 작동해 왔는지를 살펴볼 필요가 있다.

2000년 미국에서 닷컴 버블 붕괴 등으로 주가 대폭락 사태가 벌어지자 중앙은행인 연방준비은행은 거듭 금리를 인하하며 시중에 대거 자금을 풀었다. 덕분에 증시 폭락 사태는 수습되는 듯 보였다. 하지만 이는 단기적

미봉책일 뿐이었다.

자본주의 사회에서 금융자본이 가치를 증식하는 두 가지 핵심 축은 주식과 부동산이다. 이 가운데 주식은 1990년대 내내 신경제와 밀레니엄 전환기의 기술주 신화로 한껏 우려먹어 거품이 꺼지고 있는 상황이니 더 이상 자본 증식 수단으로 여의치 않았다. 그 와중에 시중에 풀린 엄청나게 많은 자금은 다른 투자처가 필요했다. 바로 부동산이다.

연방준비은행이 초저금리로 시중에 돈을 풀자 개인과 가계를 대상으로 한 주택 담보 대출(모기지론)이 성행했다. 미국 정부와 은행권 그리고 부동산 업체들이 한목소리로 대출을 받아 집을 살 절호의 기회라고 국민들을 부추겼다. 평생 일해 자기 집 하나 장만하는 것이 평범한 서민들의 꿈인 것은 한국이나 미국이나 사정이 다르지 않다. 저금리에 차입 조건도 다양해지고 대출을 알선하는 업체가 우후죽순으로 생겨났다. 그런데 이들 대출 업체들은 대출금 원리금을 자신들이 직접 환수하지 않는다. 이들은 중개 수수료만 챙기고 '대출금 원리금 상환청구권'을 투자회사에 팔아넘긴다. 투자회사에는 각지에서 넘어온 대출금 원리금 상환청구권이 산더미처럼 쌓였다. 청구권은 대출자의 신용 상태에 따라 종류가 달랐다. 신용이 높은 경우는 이자가 낮고 신용이 낮은 경우는 이자가 높다. '서브 프라임'이라고 하는 것은 후자, 즉 저신용자 등급을 가리키는 것이다.

투자회사는 이들 청구권을 대출자 신용을 기준으로 크게 상중하 세 등급으로 나눈 뒤 패키지로 묶었다. 각각의 청구권을 뒤섞어 새로운 금융 상품•으로 만드는 것이다. 신용 등급이 낮은 하품의 경우는 위험성은 높으나 수익률도 높은 이른바 고위험 고수익 정크 펀드에 해당했다. 투자회사는 이렇게 만든 파생 상품을 여러 고객에게 판매했다. 이 상품을 구입한 고객은 일반 금융기관부터 헤지펀드나 개인 투자자까지 다양했다. 가장 주목해야 할 것은 은행이었다. 은행은 고객들이 한꺼번에 몰릴 경우에 대비해 예금의 일정 비율을 예치하도록 되어 있다. 이를 지급준비금이라고 한다. 그런데 은행 입장에서는 거액의 자금을 그냥 보관해 두기만 하는 것이 아까웠고 그래서 국채 등 안전한 금융 상품으로 대체해서 일정한 이자 수입을 거두어 왔다. 여기까지는 금융 당국도 묵인했던 일이다. 그런데 가만히 둘러보니까 시중에는 국채와 비교할 바 없이 수익이 높은 파생 금융 상품이 돌아다니고 있는 것이다. 은행들은 머리를 썼다. 고수익이지만 위험성도 높은 파생 금융 상품을 구입한 대신 AIG와 같은 보험사에 위험 대비 보험을 든 것이다. 일정한 보험료를 지불한 뒤 이들 상품에서 사고가 발생하면 보상을 받음으로써 위험을 '헤지(hedge)'한다는 생각이었다. 당시 분위기에서는 금융 당국이 이러한 변칙적 행위까지도 묵인해 주었다.

이상이 2000년 이후 미국에서 벌어진 일이었다. 여기까지만 보면 별다른 문제가 없었다. 그런데 첫 번째 고리에서부터 위험이 증가하기 시작했다. 앞서 대출 업체들은 수수료를 챙기고 원리금 상환청구권을 투자회사

●　　논리는 이렇다. 대출 원리금 상환 청구권을 하나 샀다고 해보자. 만일 대출자가 돈을 상환하지 못하게 되면 이 청구권은 전액 손실이 된다. 위험성이 그만큼 높기 때문에 섣불리 돈 주고 사고팔기 어렵다. 그런데 수천, 수만 개의 청구권을 섞어 하나의 상품으로 만들면, 그 안에서 몇몇 부실 대출이 발생해도 전체적으로는 감당할 만한 위험 범위 안에 있으므로 크게 걱정할 바가 아니다. 약간의 손실이 발생하지만 정상 상환되는 대출이 대다수를 차지하므로 결과적으로는 수익이 더 크다. 이렇게 만든 상품을 잘게 조각내 시장에서 거래할 수 있는 개별 금융 상품으로 만들면 이제 누구나 별 부담 없이 사고팔 수 있다. 이런 논리로 원래의 실물 상품(대출 원리금 청구권)에서 파생된 별도의 금융 상품이 만들어진다. 이런 파생 금융 상품은 투자은행에서 만든다. 이들은 과거의 데이터를 가지고 연체나 부실 대출 발생률 등을 정밀하게 계산해 상품을 설계했을 것이다. 그러나 과거는 과거일 뿐 미래를 담보하지 못한다. 정규 분포를 벗어난 위험은 언제든지 발생할 수 있다. 또 시장이 연쇄 반응을 일으키면 파급이 어디까지 갈지 계산하는 것은 사실상 불가능하다. 금융공학을 앞세운 투자은행들은 불확실성 따위는 아랑곳하지 않고 당장 돈이 되는 금융 상품을 만들어 팔기에 바빴다.

들에게 팔아넘겨졌다고 했다. 이것은 무엇을 의미할까. 대출 업체들 입장에서는 대출자가 원리금을 상환하느냐 여부가 전혀 상관이 없었던 것이다. 그들은 무조건 대출을 많이 줘서 수수료를 챙기면 이익이었다. 그래서 시가의 100퍼센트까지(60~70퍼센트가 정상이었지만) 주택 담보 대출을 해준 것은 물론이고 상환 능력이 충분하지 않은 사람들에게도 대출을 해주었다. 심지어 신용불량자도 이들로부터 대출을 받을 수 있었다. 신용 등급을 조작해 주는 전문회사까지 등장했다. 대출 업체들이 신용불량자에까지 대출을 해주자 고위험 원리금 상환청구권의 비중이 너무 높아졌다. 그러자 투자회사는 머리를 썼다. 서브 프라임 등급에 해당하는 청구권만을 모아 다시 상중하로 나누어 패키지를 만든 것이다.

고위험 파생 금융 상품 비중이 높아지자 덩달아 위험 대비 보험도 증가했다. 보험사는 고객들이 일시에 보상금 지급을 요청할 경우에 대비해 담보 능력 범위 안에서 보험 가입을 받아 주는 것이 정상이다. 그런데 보험 가입이 쇄도하자 한순간 눈이 멀었다. 담보 능력을 무시한 채 보험을 받아 준 것이다. 신바람이 난 AIG에서는 관련 부서 직원들에게 거액의 포상금을 주는 등 이 위험한 거래를 새로운 수익원으로 간주했다.

복잡한 사슬로 얽힌 금융 생태계 전체에 위험성이 크게 증가해 언제 어떻게 될지 모르는 상황이 되었다. 사슬의 한 곳이 폭발하면 은행, 펀드, 투자회사, 보험회사, 심지어 국가기관까지 연쇄 파장에 휘말릴 수 있고 그 파급이 어디까지 갈지는 계산조차 할 수 없을 정도였다. 거대한 폭발을 일으킬 도화선은 어디였을까. 다시 처음으로 되돌아가 보자.

시민들은 대출을 받아 새집을 샀다. 너도나도 집을 사니 집값이 올랐고 주택 건설 붐이 일어나면서 미국 경제 전체가 흥청거렸다. 주택 구매자는

값이 오른 집을 팔아 대출금도 갚고 시세 차익도 챙길 수 있을 거라 여겼다. 집값이 계속 오르기만 해준다면 구매자도 득을 보고 대출 상환 또한 차질 없이 이루어지기 때문에 금융 생태계는 정상적으로 작동할 수 있었다. 문제는, 너무나 상식적인 이야기지만, 집값이 영원히 오를 수는 없다는 것이다. 부동산 가격이 일정한 한도를 넘어서면 사람들이 구매를 꺼리는 단계가 온다. 그 순간부터 수요가 사라지면서 집값은 급격히 떨어진다. 실제로 그런 일이 일어나고 말았다. 부동산 시장에 형성된 거품이 일순간에 꺼지기 시작한 것이다.

집값이 폭락하기 시작하자 신용 등급이 낮은 사람들부터 직격탄을 맞았다.● 결국 많은 서민들이 집은 집대로 날리고 파산자 신세가 되어 거리로 나앉아야 했다. 사태는 여기서 끝나지 않았다. 대출금 상환이 어려워지자 청구권을 바탕으로 만들어진 파생 상품들은 일거에 휴지 조각으로 전락했다. 그러자 이들 상품을 보유하고 있던 금융기관들이 다투어서 보험사로 몰려갔다. 하지만 담보 능력을 초과해 보험을 받았던 보험사들은 상황에 제대로 응할 수 없었다. 도리 없이 금융 생태계 전체가 휘청거리기에 이르렀다. 세계를 떠들썩하게 한 서브 프라임 사태가 터진 것이다.

서브 프라임 사태가 발생하자 힘겹게 버티던 금융 생태계의 먹이사슬이 잇달아 파열되면서 위기의 쓰나미가 금융기관들을 덮쳤다. 2008년 주가 대폭락과 함께 세계에 군림하던 월가의 초거대 금융기관들이 차례로 쓰러

●　저신용자들은 애초에 자산이 부족하고 수입이 적은 사람들이다. 아무리 저금리 시대라 해도 이들이 빌려다 쓴 서브 프라임 대출의 이자율은 프라임 등급보다 매우 높은 것이어서 집값 시세 차익이 발생하지 않는 한 일상 수입만으로는 이자 상환조차 용이하지 않았다. 연체가 시작되면 은행은 이들의 집을 경매에 넘겨 원금을 회수한다. 그런데 부동산 폭락으로 집을 팔아도 대출 원금조차 상환할 수 없는 상황이 속출했다.

글로벌 금융 위기의 진원지였던 리먼브러더스 런던 본부에 걸려 있던 현판이 크리스티 경매에 넘어갔다.

져 나갔다. 모기지 회사인 페니메이와 프레디맥은 국유화되었고, 투자은
행의 선두주자였던 리먼브러더스는 파산했다. 또한 거대 증권회사 메릴린
치는 뱅크오브아메리카에 합병되었고, 세계 최대 보험사 AIG와 시티은행
은 파산에 직면해 막대한 공적 자금 투입을 바탕으로 국유화 절차를 밟았
다. 투자회사 1, 2위를 다투었던 골드만삭스와 모건스탠리는 마지막 살길
을 찾아 지주회사로 전환했다.

초거대 금융기관이 잇달아 무너져 내리면서 대규모 투자자뿐 아니라 일
반인들까지도 엄청난 손실을 입었다. 금융 위기로 미국 경제 전체가 폭격
을 맞은 듯 아수라장이 되었다. 2008년 한 해 동안 글로벌 금융 위기로 인
한 미국 가정의 손실은 총 11조 달러에 이르렀다. 이는 독일, 일본, 영국의
연간 국민총생산(GNP)을 합친 것과 맞먹는 액수였다. 실로 엄청난 규모

의 돈이 미국인들의 호주머니에서 한순간 허망하게 사라져 버렸다.

금융 위기의 파괴적 영향은 미국에 머물지 않고 전 세계로 퍼져 나갔다. 말 그대로 '글로벌' 금융 위기로 전환된 것이다. 2008년 9월 미국 발 금융 위기로 인해 세계 주식시장은 대략 20조 달러 이상의 손실을 보았다. 이는 2007년 전 세계 GDP인 46조 달러의 거의 절반에 해당하며, 경제 대국인 미국과 EU의 1년 GDP와 맞먹는 액수였다. 전 세계가 1년 동안 힘들여 생산한 부의 절반 정도가 금융 위기를 거치며 한 방에 날아간 것이다.

# 지구촌을 휩쓴
# 금융 쓰나미

금융 위기가 발생하자 사태를 수습하기 위해 미국 정부는 2008년 한 해 동안에만 7000억 달러 이상의 재정을 투입했다. 그런 식으로 위기를 수습하기까지 미국 정부가 쏟아 부은 돈은 자그마치 3조 달러가 넘었다. 더불어 연방준비은행은 2014년까지 양적 완화라는 이름 아래 채권 매입 방식으로 4조 달러 이상의 돈을 풀었다. 모두 합쳐 7조 달러 정도가 금융 위기 수습에 투입된 것이다.

이러한 대응책으로 증시는 서서히 회복하기 시작해 2013년 3월 5일 다우지수는 금융 위기 이전의 고점을 회복했고 이후에도 상승을 계속해 2014년 12월 사상 처음으로 지수 18,000포인트 대에 도달했다. 위기 이전보다 지수가 더 상승했으니 금융 위기는 다 해결된 것이 아니냐는 성급한 관측도 나오고, 신자유주의 시스템은 잠시 흔들리긴 했으나 여전히 건재하다는 주장이 다시 대두되기도 한다. 그러나 지구촌의 나라별 상황을 자세히 들여다보면 이는 착시에 불과함이 금방 드러난다.

우선 신자유주의 기조로 경제를 운용한 대부분의 나라에 금융 위기가 확산되었다. 미국 발 금융 위기의 충격으로 전 세계가 출렁이던 2008년 10월, 신자유주의를 발빠르게 받아들여 유럽 최고의 성장률을 자랑하던 아이슬란드가 국가 부도 위기에 빠졌다. 아이슬란드는 외화 수입의 절반 이상을 생선을 수출해서 벌어들이던 전통적인 어업 국가였는데, 1990년 대 적극적인 금융 개방 정책을 추진하면서 유럽의 금융 허브로 성장하는 것을 국가 시책으로 삼았다. 모든 규제의 고삐가 풀리자 아이슬란드 은행들은 해외 차입을 늘려 한때 은행권 총자산이 국가 GDP를 10배 이상 초과하기도 했다. 고기잡이배를 버리고 금융의 마술을 통해 부국이 되고자 했던 아이슬란드의 꿈은 금융 위기와 함께 물거품처럼 사라졌다.● 10월 말에는 아이슬란드 외에도 파키스탄, 우크라이나, 헝가리, 벨라루스 등 5개국이 국제통화기금에 구제금융을 신청했다.

사태는 여기서 끝나지 않았다. 2010년이 되자 유럽 경제권을 통째로 휘청거리게 만든 유로존 위기가 터졌다. 그 맥락을 짚어 보면 미국 발 금융 위기와 매우 유사했다. 유럽 17개국이 '유로'라는 단일 화폐를 사용하는 유로존이 출범하면서 금융자본의 이동이 매우 쉬워졌다. 과거 각국이 독자적인 통화를 보유하던 시절에는 외환 이동이 쉽지 않았다. 그런데 유로존의 출범은 이 문제를 깔끔하게 해결해 주었다. 이를테면 독일이나 그리

● 이와 관련해 아이슬란드 금융위기특별조사위원회는 게이르 하르데 전 총리를 2012년 5월 형사 재판에 회부했다. 금융 위기로 국가 지도자가 법정에 선 것은 아이슬란드가 처음이다. 하르데 전 총리의 혐의는 일부 각료들의 의견을 무시하고 은행을 적절히 통제하지 못해 금융 위기를 초래했다는 것이다. 금융 위기로 아이슬란드는 실업률이 10퍼센트까지 치솟고, 외채는 GDP의 약 6배인 500억 달러에 이르렀다.

2008년 10월 국가 부도 위기가 닥친 아이슬란드에서는 시민들이 적극 나선 대규모 반정부 시위가 계속되었다. 결국 당시 총리였던 게이르 하르데와 그의 내각 전원이 사퇴한다.

스나 유로라는 똑같은 화폐를 사용하기 때문에 독일의 금융자본이 그리스로 이동하는 데 아무런 장애가 없다. 이러한 조건에서 자금력이 풍부한 독일 등의 금융자본이 스페인, 이탈리아, 그리스 등 남부 유럽 나라들로 대거 이동했다. 이들은 유럽에서 상대적으로 저발전한 나라들로서 그만큼 개발 여지가 많았다. 게다가 이들 나라는 천혜의 관광자원을 풍족하게 갖추고 있었다.

막대한 규모의 자금이 흘러들면서 남부 유럽 전역에서 부동산 개발이 붐을 이루었다. 스페인은 한때 유럽에게 가장 잘나가는 나라로 손꼽혔는데 전적으로 부동산 경기에 힘입은 것이었다. 부동산 개발 붐이 일면 반드시 투기적 가수요가 붙고 이로 인해 가격이 함께 뛴다. 그런데 거품은 때가 되면 반드시 꺼지기 마련이다. 결국 올 것이 오고야 말았다. 2010년이 되자 남유럽 나라들 사이에 형성되었던 부동산 거품이 꺼지면서 부동산 가격이 폭락하기 시작했다. 과잉 공급된 매물들이 곳곳에서 팔리지 않은 채 흉물처럼 방치되었다. 대부분 빚을 내어 지은 것들이었다. 수많은 사람들이 빚을 갚지 못해 파산했고 대출금 상환어 차질을 빚자 금융기관들도 덩달아 나자빠졌다. 뒷수습하는 데 엄청난 돈을 쏟아 부은 정부도 재정위기에 직면했다. 결국 경제 전반이 형편없이 망가지고 말았다. 미국이 그러했듯 거품 위를 항해하다 대형 사고에 직면한 것이다.

남유럽의 상태는 참혹하게 변했다. 그리스에서는 채소 상인이 장사를 마치고 자리를 뜨면 시민들이 나타나 남은 쓰레기를 주워 먹었다. 이탈리아 한 지방에서는 수해로 마을이 황폐화되었지만 지방정부 예산이 부족해 몇 달 째 방치한 사례도 발생했다. 과거 포르투갈에는 식민지였던 브라질 사람들이 일자리를 구하기 위해 이민 온 경우가 많았다. 하지만 경제 위기가 닥치면서 거꾸로 일자리를 구해 브라질로 떠나는 포르투갈 사람이 크게 늘었다.

독일 정부를 중심으로 유로존은 남유럽 경제 위기를 수습하기 위해 수천억 유로를 쏟아 부어야 했다. 망가진 유로존을 고치기 위한 막대한 수리비를 부담한 것이다. 그 과정에서 구제금융을 받은 그리스 등은 재정 긴축을 둘러싸고 국내에서 극심한 갈등과 대립을 겪었다. 유로존의 위기는 2015년 현재까지도 여전히 꺼지지 않은 불씨로 남아 있다.

지금까지 살펴본 것처럼 신자유주의 시스템이 적용된 나라들은 거의 예외 없이 위기에 빠져들었다. 증권시장과 부동산 시장 부양만으로 세계 경제가 정상적인 상황으로 돌아가기가 요원함을 입증하는 것이다.

# 엄습하는
# 디플레이션 공포

　　　　　　　　　　　　미국 발 금융 위기가 전 세계로 번져
가면서 끊임없이 크고 작은 금융 위기와 국가 부도 사태를 유발하는 데에
는 그럴 수밖에 없는 구조적 요인이 있다.

　앞서 살펴본 대로 신자유주의는 우월한 초거대 자본이 모든 것을 삼키
는 승자독식을 기본 속성으로 한다. 그 결과 소득 양극화가 전 지구적 차
원에서 이루어졌다. 양극화의 심화는 불가피하게 개인과 기업, 국가 차원
의 부채를 증가시킨다. 세계 경제가 거대한 부채의 연쇄 사슬로 연결되었
다. 부채 규모가 커지는 데 비례해 원리금 상환 부담이 커지면서 대중의
가처분소득은 꾸준히 감소된다. 가처분소득이 줄어들면 소비가 위축될 수
밖에 없고 수요 감소로 인해 물가가 하락하면서 경기 전체가 침체하는 디
플레이션 가능성이 높아진다. 현재 전 세계는 디플레이션이 현실화될지
모른다며 두려움에 떨고 있다.

　2008년 금융 위기 직후부터 우려되었던 디플레이션은 2014년 하반기
들어 현실화되기 시작했다. 미국은 1.7퍼센트의 인플레를 유지하는 것도
버거운 상황이었다. 유럽에서는 유로화를 쓰는 18개 국가의 지난 2014년
9월 물가 상승률이 0.3퍼센트까지 급락했다. 고도성장으로 경기 과열과
소비자물가 급등을 걱정하던 중국과 인도 역시 전례 없는 저인플레 상황
으로 빠져들었다. 중국의 2014년 9월 소비자물가 상승률은 1.6퍼센트였
다. 인도는 2.38퍼센트로 떨어졌다. 물가 상승률이 마이너스로 떨어져 실
제로 디플레이션 상황에 들어간 나라도 있다. 스웨덴은 2014년 9월 물가
상승률이 마이너스 0.4퍼센트, 10월엔 마이너스 0.1퍼센트를 기록했다.

이스라엘 역시 10월에 마이너스 0.3퍼센트였다.

디플레이션은 왜 두려운 일일까. 디플레이션에 제대로 시달린 나라는 일본이다. 1980년대 부동산 가격 폭등에 시달리던 일본 소비자들은 1992~93년에 이르러 물가 상승률이 1퍼센트 수준으로 내려앉자 이를 크게 반겼다. 일본 정부도 이를 방관했다. 하지만 물가 하락은 경기 침체가 장기간 이어지는 '잃어버린 20년'의 출발이었다. 일본에서 확인되었듯 디플레이션은 기업 수익을 악화시키고 경기 침체를 심화시키는 악순환을 낳는다. 디플레이션이 진짜 치명적인 것은 바로 부채 때문이다. 물가 상승률이 마이너스로 돌아서면 화폐가치가 상승하면서 부채 상환 부담이 증가한다. 부채를 상환하지 못할 가능성이 그만큼 커지고 특히 가계경제가 위기에 처한다. 거대한 부채의 연쇄 사슬로 형성된 경제 전반이 파국으로 치달을 수 있는 것이다. 이것이 전 세계가 디플레이션의 현실화를 두려워하는 가장 중요한 이유이다.

각국 정부는 디플레이션을 방지하기 위해 정부와 중앙은행이 나서서 경쟁적으로 돈을 풀어 왔다. 하지만 효과는 거의 나타나지 않았다. 미국 연방준비은행 등 세계 3대 중앙은행이 금융 위기 이후 무려 7조 달러 이상을 풀었는데도, 경기 활성화는 고사하고 2퍼센트의 물가 상승도 달성하지 못해 고군분투하는 상황이 계속 이어졌다.

자본주의는 돈 중심 경제이다. 돈을 버는 것이 목적이고 돈을 중심으로 경제가 돌아가며 돈으로부터 모든 권력이 나오는 체제이다. 신자유주의는 돈 중심 경제를 극한으로 몰고 간 경우라고 할 수 있다. 그런데 신자유주의가 초래한 후과란 지금까지 살펴본 대로다. 세계 경제가 거대한 부채의 연쇄사슬이 되었고 여기에 디플레이션 위험까지 가세함으로써 언제 또 다른 파국이 벌어질지 예측할 수 없는 상황인 것이다. 정부와 중앙은행이 아무리 돈을 풀어도 효과가 나지 않는다는 것은 그간 유지되어 온 돈 중심 경제의 기초대사 활동이 점차 마비되고 있음을 뜻한다.

일련의 대참사를 겪고 나서야 사람들은 비로소 그동안 전 세계를 휩쓴 신자유주의의 실체에 눈을 뜨기 시작했다. 월가 금융기관 핵심 종사자들조차 그간 자신들이 해온 금융 행위라는 것이 사실상 하나의 거대한 사기극에 불과했다는 고백을 쏟아냈다.

이제 세계 금융 질서에서 '안정'이란 단어는 사어가 되다시피 했다. 증시를 다시 상승시키거나 양적완화 조치라는 이름으로 무제한의 자금을 풀어 경기를 부양시킬수록 더 큰 금융 위기와 더 깊은 침체의 굴레가 기다리고 있는 형국이다. 아직 숨이 끊어지지는 않았을지언정 신자유주의는 2008년에 이미 더는 정상적인 시스템으로 작동이 불가능하다는 파산 선고를 받은 셈이다.

## 미궁에 빠져드는
## 한국 경제

문제를 좀 더 구체적으로 파악하기 위해 한국의 상황을 살펴보자. 2008년 글로벌 금융 위기로 이제는 보수 인사들조차 신자유주의가 유일한 대안이라고 주장하지 못하는 분위기이다. 신자유주의 핵심 메커니즘의 하나인 주주자본주의 역시 스톡옵션 제도가 폐기되거나 대폭 축소®되는 등 이전과 같은 전횡에서 한발 물러서는 모습이다. 하지만 신자유주의만이 살길이라는 도그마는 쇠퇴했다고 해도 우리 사회 곳곳에 그 시스템과 잔재는 여전히 강한 영향력을 행사하고 있다. 마치 일제가 패망하고 물러났어도 친일 잔재는 여전히 살아남아 한국 역사 발전을 왜곡시켰던 것처럼 말이다.

대표적으로 신자유주의 핵심 논리인 승자독식이 대기업을 중심으로 더욱 강화되는 양상이다. 2008년 이후 5년간 20대 대기업 집단의 사내 유보금은 322조 4490억 원에서 588조 9500억 원으로 두 배 가까이 늘었다. 전반적인 소득분배 상황 역시 이를 뒷받침한다. 2013년 전체 국민 가처분소득은 1151조 원이었다. 그중에서 금융기관을 포함한 법인은 124조 원, 정부는 268조 원, 가계는 758조 원을 나눠 가졌다. 가계의 몫은 전체 소득의 65.9퍼센트로, 2000년대 중반 67퍼센트에 비해서도 더 낮아졌다. 가계의 몫이 줄어들고 대기업의 수익이 증가하는 현상이 2008년 글로벌 금융위기 전보다도 더 심해지고 있는 것이다. 노동 소득분배율 역시 마찬가지이다. 금융 위기 이전인 2006년에 61퍼센트였던 것이 2011년에는 59퍼센트로 떨어졌다.

승자독식이 더욱 강화되면서 사회적 양극화가 심화되는 가운데 가계 부채는 이미 1000조 원을 훌쩍 넘어서서 언제 터질지 모르는 시한폭탄이 되었다. 가계 부채 급증은 원리금 상환 부담 증가로 가처분소득을 감소시키면서 다른 여러 요인과 결합해 지속적으로 시장 수요를 위축시켜 왔다. 이 같은 상황은 다른 나라와 마찬가지로 한국을 디플레이션 위험 속으로 몰아넣어 왔다. 정부 관계자도 이 점을 인정했다. 예컨대 2014년 8월 당시

---

● 2008년 외환 위기 전후로 스톡옵션의 문제점이 거론되면서 제도 자체를 축소하거나 폐지하는 기업이 늘어났다. 삼성전자는 2005년 스톡옵션을 폐지했고 2012년에는 외환은행이 스톡옵션을 폐지하는 대신 장기 성과 프로그램에 따라 성과급을 지급하는 성과 연동 주식 보상 제도를 적용키로 했다.

최경환 경제부총리는 한 포럼에서 "한국이 디플레이션 초기에 와 있다. 일본의 '잃어버린 20년'의 5년차 정도에 진입한 것 같다."고 언급했다.

2015년에 들어 상황은 한층 심각한 양상을 보인다. 2015년 4월 담뱃값 인상분을 제외하면 물가는 몇 달 째 마이너스 행진을 거듭하고 있다. 디플레이션이 현실화되고 있다. 반면 부동산 경기 활성화를 목적으로 한 대출 확대로 가계 부채는 계속 가파르게 증가하고 있다.

정부는 디플레이션을 방지하고 경제를 활성화하기 위해 다양한 수단을 강구하고 있다. 정부가 택한 가장 주요한 수단은 돈을 푸는 것이었다. 그런데 풀린 돈조차 돌지 않는다.

"이달 초 A은행 기업금융 담당 지점장에게 한 대기업 자금 담당자가 연락해 왔다. 2000억 원 정도 되는 돈을 3개월 정도 예금에 넣어두고 싶다며 금리를 연 2.0~2.5퍼센트 정도 줄 수 있는지를 물었다. 지점장은 예금 인수 여부를 본사에 물었는데 답은 '노'였다. A은행 관계자는 "거액 예금을 받아 봐야 굴릴 방법이 마땅치 않아 돌려보내는 일이 다반사"라고 말했다. (…) 마땅한 투자처가 없어 기업과 개인이 은행에 돈을 묻어 두려 하지만 정작 이 돈을 받은 은행은 돈을 굴릴 곳이 없어 쩔쩔매는 금융업계의 '돈맥경화'가 일어나고 있다. 돈을 모아 적재적소에 나눠 주는 '돈의 중개자' 역할을 해야 할 금융회사들이 제 역할을 못하면서 경제의 활력을 더욱 떨어뜨리고 있다."

— 『조선일보』, 2014년 10월 30일자

문제의 핵심은 돈을 굴릴 곳이 많지 않다는 것이다. 사회적 양극화로 수요가 위축되면서 투자 기회가 점점 줄어들기 때문이다. 마땅한 투자 기회를 찾지 못한 뭉칫돈 규모만 갈수록 커지고 있다. 2015년 현재 오갈 곳을 찾지 못하는 단기 부동 자금이 무려 800조 원을 넘어선다. 2009년 이후 5년 동안 대기업의 사내 유보금이 두 배 가까이 증가했지만 같은 기간 동안 실물 투자는 3분의 1로 줄어들었다.

연구기관들에 따르면 돈을 풀어도 돌지 않는 현상이 '잃어버린 20년' 진입 당시인 1990년대 초 일본보다 심각한 것으로 나타났다. 2014년 2분기 말 우리나라 화폐유통 속도●는 0.74로 1992년 일본의 0.95보다 낮다. 하물며 지난 25년간 한국 경제가 경험한 평균치 1.9의 절반에도 못 미친다. 이러니 정부가 아무리 돈을 풀어도 효과가 날 수가 없다. 위기 때 빛을 발했던 정부의 중요한 기능이 녹슬어 버린 것이다.

갈 곳 잃은 돈이 몰릴 때마다 증시나 부동산 시장이 부분적으로 달아오르는 경우는 여전히 종종 있다. 하지만 이는 실물경제의 뒷받침이 없는 다분히 부동 자금에 의한 거품 현상에 불과하다. 그러다 보니 환호보다는 불안한 시선이 가득하다. 누가 언제 거품 붕괴로 피해를 입을지 알 수 없기 때문이다.

종합적으로 볼 때 한국 경제는 과잉 팽창한 가계 부채와 과잉 축적된 뭉칫돈이라는 두 개의 과잉이 맞물려 돌아가면서 위기를 키우고 있다. 과잉 축적한 뭉칫돈 때문에 돈을 풀어도 돌지 않으면서 경제가 위축되고, 그로 인해 디플레이션 위험이 더욱 커지면서 가계 부채는 점점 팽창하는 것이다.

●　돈이 회전하는 속도를 말한다. 화폐가 일정 기간 동안 경제 거래에 평균적으로 몇 회 사용되었는지를 나타내는 지표로서, 간단하게 말하면 돈의 주인이 몇 번 바뀌었는지를 따지는 것이다.

신자유주의에서 비롯한 한국 경제의 위기가 점차 심각해지는 과정에서 경제 운용 경험이 풍부하다는 점을 내세우며 이명박·박근혜 정부가 출범했다. 하지만 이들 보수 정부에서 제반 경제 지표는 시간이 갈수록 더 나빠지고 있다. 기득권층 내부에서조차도 이런 식으로는 답이 없는 것 아닌가 하는 의구심이 빠르게 확산되고 있다. 한국 경제는 근본적 변화를 모색하지 않을 수 없는 상황에 이르렀다.

# 촛불 시위는
# 왜 새로운 역사의 출발점인가?

2008년은 여러모로 뜻 깊은 해였다. 외환 위기로 신자유주의가 한국 사회를 장악한 지 꼭 10년이 되는 해였다. 바로 그 시점에 아무도 예견하지 못했던 놀라운 사건이 벌어졌다. 국제적으로는 글로벌 금융 위기가 발발했다. 그리고 국내에서는 거대한 촛불 시위의 파노라마가 펼쳐졌다. 이 두 가지 사건은 전혀 별개의 일로 보이지만 사실 역사의 대전환을 예고한다는 공통 속성을 지니고 있다. 촛불 시위는 어째서 새로운 역사의 출발점이 되는 걸까?

# 우리는 모두가
# '안단테'

2008년 촛불 시위는 진행 기간, 전개 방식, 참가 인원 모두 이전까지의 통상적인 시위를 넘어서는 것이었다. 거리 시위에 익숙한 486세대에게도 상당히 당혹스러운 형태였다. 2008년 촛불 시위의 장엄한 파노라마 안에서 새로이 싹트고 있던 요소들은 무엇일까?

가장 중요한 요소는 새로운 주체의 등장이다. 2008년 촛불 시위에 불을 댕긴 것은 10대였다. 한국의 10대들은 새벽부터 밤늦도록 어른들이 만든 틀 속에서 어른들이 짠 스케줄에 따라 생활해야 한다. 자율적 공간이라고는 전혀 없다. 이명박 정부에 들어서며 그 강도는 훨씬 세진다. 영어 몰입 교육 도입, 특목고 확대, 0교시 수업 허용 등의 정책은 가뜩이나 지친 10대들을 뿔나게 만들었다. 이명박 정부가 광우병 위험 논란이 있는 미국산 쇠고기를 수입하기로 방침을 정하자 10대의 분노가 폭발하고 말았다. 미국산 수입 쇠고기가 학교 급식으로 자신들에게 공급될 것이 분명하다고 보았기 때문이었다.

온라인 공간은 곧바로 10대들의 성토로 도배되기 시작했다. '안단테'라는 아이디의 고2 학생이 다음 아고라 토론방에 이명박 대통령 탄핵 서명을 제안하자 폭발적인 호응이 일어났다. 짧은 기간 안에 무려 130만 명이 서명에 동참했다. 경찰이 안단테에 대해 수사를 시도하자 수많은 네티즌이 그를 보호하기 위해 일제히 자신의 아이디를 안단테로 바꾸어 버렸다. 마치 영화 〈브이 포 벤데타〉에서 시민들이 일제히 정부에 대항하는 인물 브이와 똑같은 가이 포크스 가면을 쓰고 군인들과 대치하는 장면을 연상시켰다.[*] 이런 행동은 어느 누구의 지시나 지휘 없이 자발적으로 그야말로 순식간에 확산되었다. 촛불 시위 기간 내내 이런 다이내믹한 일들이 수시로 벌어지곤 했다.

서명 운동이 호응을 얻자 '이명박 탄핵'이 대표적인 포털 사이트 검색어 상위권을 휩쓸었다. 정부는 포털 사이트에 압력을 가해 검색어 상위권을 연예인 이름으로 대체하도록 했다. 하지만 이 같은 조치는 네티즌들에게 고스란히 발각되었고 타는 불꽃에 기름을 붓는 결과를 초래했다.

마침내 '미친소를 몰아내는 10대연합' '전국청소년연합' '안티이명박카페' '미친소닷넷' 등 총 57만 회원을 보유한 온라인 단체들이 연합해 집회를 추진하기에 이르렀다. 10대가 주축을 이룬 이들 온라인 단체는 촛불 집회를 제안하고 실무적 준비까지 담당하는 등 시위 초기 국면을 주도했다. 촛불 시위 초기 참가자의 50~60퍼센트를 차지한 것도 이들 10대였다.

5월 2일 서울 청계천 광장에 모여 처음 촛불을 든 것은 10대 여학생들이었다. 사람들은 그들에게 '촛불 소녀'라는 이름을 선사했다. 여학생들은 "아직 연애도 못 해봤고, 하고 싶은 것도 많은데, 빨리 죽고 싶지 않아요." 라면서 "미친 소, 너나 먹어!"라고 외쳤다. 소녀들이 입에서 터져 나온 이 간명하고 직설적인 구호는 어른들의 감성을 뒤흔들어 놓았고, 거대한 촛불 시위의 대폭발을 일으키는 뇌관이 되었다.

2008년 촛불 시위는 5월 2일부터 7월 12일까지 연인원 300만 명이 참여한 것으로 추산되었다(경찰 추산 55만 명). 전체 촛불 시위의 기간도 길었

---

[*] 가이 포크스는 실존 인물이다. 영국의 제임스 1세가 가톨릭을 탄압한 데 항의해 1605년 국회의 사당을 폭파하려 했던 것으로 알려졌다. 가이 포크스 가면은 민중 저항의 상징으로 월가 시위 등에도 종종 등장했다.

2008년 5월 2일 서울 청계천 광장에 모여 처음 촛불을 든 것은 10대 여학생들이었고 촛불 시위 초기 국면을 주도한 것도 10대가 주축을 이룬 온라인 단체들이었다.

지만 매번의 시위 양상 또한 끈질기기 짝이 없었다. 72시간 릴레이 시위처럼 장시간에 걸친 마라톤 시위가 등장하는가 하면 촛불 문화제로 시작해 다음날 새벽까지 경찰과 대치하는 철야 시위도 빈번하게 일어났다.

촛불 시위의 주역은 처음 촛불을 든 10대에서부터 세상에 대한 문제의식이 충만해진 30대까지를 아우르는 청년 세대였다. 신자유주의 공세의 집중적인 희생양이 되었던 바로 그들이 주역으로 나선 것이다.

2008년 촛불 시위는 넥타이 부대, 유모차 부대, 가족 및 연인 단위 등 참여자 면면이 다양했다. 그런데 이들 대다수는 '다음 아고라' 등 온라인 커뮤니티를 통해 집회의 의미를 공유하고 구체적 행동 방식을 정하고 필요한 시위 도구를 마련하는 등 준비를 거쳐 시위에 참여했다. 시위에 힘을 불어넣어 주었던 '무적의 김밥 부대' 역시 온라인 공간을 통해 추진되었다. 온라인 커뮤니티가 명실상부 대규모 촛불 시위를 추동하는 아지트 구실을 한 것이다.

젊은 여성들이 시위에 대거 참여해 주도적 역할을 수행한 것도 특징적이었다. 때문에 2008년 촛불 시위는 남성적 분위기 일색이던 이전 시기 시위와 사뭇 달랐다. 촛불 소녀를 출발로 촛불 숙녀, 촛불 아줌마, 촛불 유모차들이 잇달아 등장해 김밥에 과자, 귤, 파전 등을 날랐고 시위를 즐거운 모임으로 승화시켰다.

청년 세대는 촛불 시위에서 이전 세대와는 전혀 다른 방식으로 사회적 공감대를 형성했다. 그들에게 시위는 함께 어울려 춤추고 노는 축제의 장이나 다름없었다. 그들에게 투쟁과 놀이는 처음부터 하나였다. 이전 시기 집회 시위를 지배했던 비장함과 강인함을 부드러움과 여유로움으로 대체했고, 물리적 힘을 문화적, 예술적 상상력과 재기발랄함으로 대체했다. 이는 보는 사람들 사이에서 저절로 폭소와 박수가 터져 나오도록 만들었다. 문화 정책 연구자 목수정은 『대한민국은 민주공화국이다』(남구현 외 지음)에서 이렇게 평가했다.

여기 세계사에 새롭게 기록되어야 할, 놀라운 시민운동의 형태가 한국에 나타났다. 비폭력은 기본, 간디 같은 상징적 지도자 하나 없이, 모든 사회계층이 자발적으로 참여하여, 이 나라의 주권이 국민에게 있다는 오묘한 문장을 외친다. 서로의 머리와 어깨를 타고 전해지는 에너지는 재기발랄, 동시다발의 전략으로 독재자의 치부를 발가벗기고, 독재자의 하수인에겐 장난을 걸며, 거리에서 춤을 추고, 쌈을 싸 먹고, 빗속에서 물장난을 치며 축제와 흡사한 시민운동의 형태를 만들어냈다.

촌철살인의 순발력과 기지, 넉넉한 익살로 상대의 공격들을 무력화시키고, 권력의 모든 공격을 문화적 예술적 상상력으로 뭉그러트리며 막판에는 폭소를 작열하는 것으로 마무리하는 이 신종의 저항은 그 어떤 외신도 우리에게 타전해 주지 못한 강력하고 신선한 형태의 시민운동이다.

청년 세대는 2008년 촛불 시위를 통해 자신의 잠재력을 한껏 발산했다. 그들은 온라인 공간에서 터득한 확장성을 바탕으로 거대한 시위를 촉발시켰고 청년 고유의 재기발랄함을 한껏 발휘해 집회와 시위의 분위기를 주도해 나갔다. 뿐만 아니라 능숙한 SNS 활동으로 조중동 등 기존 거대 언론 매체들의 영향력을 축소시키고 스스로 여론을 쥐고 흔들어 이명박 정부를 궁지에 몰아넣었다. 결국 대통령이 나서서 대국민 사과를 해야 했다.

## 문화 충돌 속에 드러난 미래

2008년 촛불 시위가 기존 집회 시위나 투쟁과는 상당히 다른 양상으로 전개되는 과정은 기성세대에게 적잖은 문화 충격을 선사하기도 했다.

한두 자녀가 보편화된 시기에 나고 자란 청년 세대는 자신을 세계의 중심으로 사고하는 데 익숙하다. 또한 민주화 환경 속에서 학교를 다닌 세대라 자신을 표현하는 데 매우 적극적이다. 이 같은 특성은 그들의 또 하나의 생활 무대이기도 한 온라인 공간에서의 활동을 통해 더욱 심화되었다.

각자가 중심이면서 수평적으로 소통하고 협력하는 청년 세대 고유의 속성을 형성했다. 이런 속성은 촛불 시위 과정에서 그대로 표출되었다.

참가자들 다수는 그 어떤 조직에도 구속되는 것을 꺼렸고 누군가 자신을 가르치려 들거나 이끌려고 하면 강한 거부감을 드러냈다. 참가자들이 한곳에 모여 집회를 할 때에도 준비된 연사의 정치 연설이 아닌 참가자들의 자유로운 발언이 줄을 이었다. 가두 행진이 진행될 때에도 전체 대열을 이끌고 가는 지도부는 따로 존재하지 않았다. 시위 참가자들 각자가 판단해 움직였고 필요하면 즉석에서 열띤 토론을 벌이기도 했다. 이들에게 집회와 시위의 중심은 참가자 각자였던 것이다.

청년 세대에게는 군사정권 시절을 거치며 겹겹이 쌓였던 첨예한 대결의 기억이 없다. 그러다 보니 경찰에 대한 대응 양상도 사뭇 달랐다. 10대 소녀들은 버스 아래 지친 모습으로 앉아 있던 전경들에게 돌을 던지는 대신 과자를 주었다. 주저하던 전경들이 쑥스러운 표정으로 과자를 받아 들자 소녀들은 함박웃음을 지으며 손뼉을 쳤다. 경찰이 길을 막으면 몸싸움을 하는 것이 아니라 에돌아서 갔고, 경찰이 물대포를 쏘아 옷이 흠뻑 젖었을 때에도 폭력적으로 대응하기보다 "세탁비 내놔!" 하고 여유 있게 내질렀다. 모두가 기존 시위 문화에서는 좀처럼 찾아보기 힘든 장면이었다.

전통적 시위 문화에 익숙한 기성세대는 시종 당혹감을 감출 수가 없었다. 일부 단체나 운동 세력은 과거 해왔던 대로 시위를 주도하려 애를 쓰거나 경찰과의 물리적 대결에 집착하는 경우도 적지 않았다. 이 같은 모습은 청년 세대 사이에서 강한 거부감을 일으켰을 뿐이며 그들의 뇌리에 좋지 않은 기억을 남겼다. 안타깝게도 기성세대는 청년 세대의 속성을 전혀 이해하지 못했다.

어느 모로 보나 청년 세대가 주도한 2008년 촛불 시위는 시위에 관한 통념을 뒤집은 새로운 현상이었다. 민주노총 집회 시위와 비교해 보면 차이점은 좀 더 또렷해진다.

민주노총 집회 시위는 소속 노조가 있는지 여부에 따라 참가인가 참관인가 혹은 구경꾼인가 여부가 확연히 갈린다. 반면 촛불 시위는 애초에 이러한 구분과 경계가 전혀 존재하지 않았다. 누구든지 촛불만 들면 당당한 일원이 될 수 있었다. 그런 점에서 촛불 시위는 지극히 개방적이었다.

민주노총 집회 시위는 단상의 지도부와 단하의 대중 사이에 수직적 위계질서가 확립되어 있다. 촛불 시위에서는 이 같은 위계질서가 완전히 사라졌다. 촛불 시위 참자가는 모두가 동격이었으며 그들의 관계는 지극히 수평적이었다. 국회의원이 오거나 중학생이 오더라도 똑같은 촛불의 한 명일 뿐이었다.

민주노총 집회 시위는 통일성을 중시한다. 지도부의 지휘에 따라 통일적으로 움직이고 구호도 통일적으로 외친다. 그러나 촛불 시위는 이러한 통일성을 전혀 찾아볼 수 없다. 참가자 각자가 자기 입맛에 맞게 판단하고 행동하는 다양성이 넘치는 시위 형태였다. 전통적 방식에 충실한 민주노총 집회 시위가 지닌 최대의 강점은 일사불란함이다. 촛불 시위에서는 이 같은 일사불란함은 찾아볼 수 없는 대신 유연한 확장성에서 뛰어난 강점을 발휘했다.

촛불 시위는 개방성, 수평성, 다양성을 바탕으로 누구든지 시위대의 일원이 될 수 있고 동시에 모두가 시위의 중심일 수 있었다. 이는 곧 촛불 시위가 지도부와 대중, 주체와 객체의 분리를 넘어섰음을 말해 준다. 시위대 모두가 기획의 주체였으며 자신을 이끈 지도부였던 것이다. 촛불 시위를 지배한 것은 물리력이 아니라 문화적, 예술적 상상력과 재기발랄함이었다. 그 결과 폭넓은 사회적 공감대를 바탕으로 정권을 궁지에 몰아넣을 만큼 엄청난 파괴력을 발휘했다.

과연 이 같은 촛불 시위가 지닌 역사적 의미는 무엇일까.

10장에서 자세히 살펴보겠지만 한국 경제는 자본과 노동력의 결합에 의존했던 산업사회에서 벗어나 사람의 창조력이 가치 창출의 주요 원천으로 떠오르는 탈산업 사회로 진입하는 중이다. 사람의 창조력이 제대로 발산되기 위해서는 기본적으로 세 가지 조건을 필요로 한다.

첫째, 개방적 환경이다. 콘텐츠는 언제나 안과 밖의 교류를 통해 풍성해진다. 폐쇄적인 환경에서 창조력이라는 꽃은 앙상하게 말라버린다. 둘째, 수평적 환경이다. 사람의 창조력은 각자가 중심이고 주체인 조건에서 자발성을 발휘할 때 최대화된다. 그러자면 수평적 관계가 필수적이다. 셋째, 다양성을 인정하는 환경을 필요로 한다. 창조는 그 자체로서 다양성을 키워 가는 과정이며 동시에 다양한 요소의 융합은 새로운 창조로 이어진다.

촛불 시위는 주류 사회의 작동 방식은 물론이고 진보 운동의 전통적 집회 시위 양식과도 확연히 차별화된 새로운 모습을 보여주었다. 그러한 특성은 개방성, 수평성, 다양성 세 가지로 집약된다. 탈산업 사회가 필요로 하는 사회적 환경과 촛불 시위의 패턴은 놀랍도록 일치한다. 결과적으로 2008년 촛불 시위는 향후 한국 사회의 환경과 문화가 어떻게 바뀌어야 하는지 수십만의 청년들이 나서서 몸으로 보여 준 거대한 행위예술이다. 또한 청년 세대가 그 내부에 미래를 이끌 새로운 요소를 담지하고 의연하게 성장하고 있음을 선포한 사건이기도 하다.

# 세상을 보는 시각의
# 광범위한 반전

2008년 글로벌 금융 위기를 계기로 신자유주의는 더 이상 해답이 아님이 분명해졌다. 금융위기는 강력한 각성 효과를 발휘했다. 주류 사회도 경악을 금치 못했다. 그들은 사고가 뿌리째 흔들리는 경험을 했다. 기업 경영자들 역시 신자유주의 시스템의 문제점을 인식하면서 하나둘씩 '지속 가능 경영'을 화두로 삼기 시작했다. 이러한 상황에서 사회 전반에 걸쳐 신자유주의에 대한 광범위한 반전이 일어났다.

반전은 일차적으로 세상을 보는 사람들의 시각에서 일어났다. 신자유주의를 관통했던 돈 중심, 엘리트 지배, 승자독식 논리에 대한 거부감이 팽배해졌고 이와 함께 대항 가치로서 '사람 중심', 엘리트 지배에 맞선 '대중 주체', 승자독식을 지양하는 '상생의 가치'가 다시 모색되기 시작했다.

사람들은 세상이 지나치게 돈을 중심으로 돌아가면 오히려 경제가 망가지고 만다는 것을 뼈저리게 절감했다. 돈이 아닌 사람을 중심으로 접근해야 경제도 산다는 목소리도 연이어 등장했다. 조순 서울대 명예교수는 돈벌이만 우선하면서 사람을 소외시킨 경제가 오히려 성장을 가로막아 왔다며, 사람은 경제의 수단이 아니라 목적이 되어야 한다고 강조했다. 사람 중심 '뉴 패러다임' 경영의 주창자인 문국현 한솔섬유 대표 역시 한국의 현실을 따끔하게 지적했다. 그에 따르면, 2007년 무렵 한국과 독일은 고용률이 63~64퍼센트로 같았으나 '사람 중심 경제'와 '인간의 얼굴을 한 자본주의'에 대한 사회적 대타협을 이루고 실천한 독일의 고용률은 7년 뒤 73퍼센트로 높아진 반면 정부가 방향을 잘못 잡은 한국은 고용률이 제자리걸음을 하고 경제 규모 순위도 하락했다.

엘리트 지배에 맞서 대중 주체의 관점이 회복되면서 사회적 분위기가 상당히 달라졌다. 온갖 현란한 논리를 구사하며 우리 사회를 신자유주의로 몰고 갔던 정치인, 지식인, 경제인 등 엘리트 그룹에 대한 사회적 불신이 빠르게 확산되었다. 한때 각광받았던 경제학자들도 신뢰를 잃었다.

승자독식의 끝은 공멸임이 분명해지고 그에 따라 상생의 가치가 필요함을 깨달으면서 재벌을 보는 사회적 시선도 크게 달라졌다. 과거 국민들에게 재벌은 한국 경제의 성장을 이끄는 엔진이었다. 그래서 재벌 총수가 불법과 편법을 저지르더라도 관대하게 봐주는 분위기가 있었다. 그러나 이제 국민들은 그 같은 관용을 철회하기 시작했다.

민심의 변화를 타고 사람들은 대담하게 "함께 살자!"며 재벌 중심의 승자독식 체제에 반기를 들었다. 이른바 '을들의 반란'이 일어나기 시작했다. 이들 을 중에는 그동안 속으로 울음을 삼켜 왔던 중소기업인, 벤처기업가, 자영업자 들도 포함된다. 일부 업종의 중소기업 대표들은 함께 연대해 납품 단가 인상을 위해 투쟁하기도 했다. 과거에 정권과 밀착해 중소기업 이익 옹호에 소홀하다는 비판을 받아 왔던 중소기업중앙회도 변화의 흐름을 받아들여, 중소기업이 대기업과 전쟁을 치를 수 있도록 지원하는 베이스캠프로 변모했다.

을들의 반란은 '갑질'이라는 신조어를 유행시킨 배경이다. 갑질은 사회적 강자가 약자를 괴롭히고 갈취하는 행위를 표현하는 동시에 승자독식 세태를 공격하는 최적의 무기로 떠올랐고, 어느덧 시대의 부조리를 드러내는 대표적 언어가 되었다. 이름 없는 을들은 SNS를 기반으로 폭넓은 연대를 구축하면서 각종 갑질을 폭로하고 규탄했다.

한편 사회 전반적으로 승자독식에 대한 반작용으로 복지국가 담론이 빠르게 확산되었다. 정치권에서는 보편적 복지인가 선별적 복지인가, 증세 없는 복지인가 증세 기반의 복지인가를 놓고 치열한 논쟁이 벌어지기도 했다. 2010년 오세훈 당시 서울시장은 무상급식에 딴죽을 걸며 찬반 여부를 주민 투표에 회부했다가 졸지에 시장직에서 물러나는 신세가 되었다.

2013년 12월에 발생한 철도노조 파업은 사회 분위기의 반전을 명징하게 보여주는 사건이었다. 코레일 측은 서울 수서에서 출발하는 별도의 KTX 노선을 신설하면서 이를 자회사로 분리하는 방안을 추진했다. 수서발 KTX 노선은 기존 노선의 고객마저 상당 정도 흡수하는 수익성 높은 알짜배기 노선으로 평가받았다. 이를 자회사로 분리하면 코레일의 수익은 크게 줄어든다. 논리적으로 쉽게 설명이 안 되는 일이었다. 노조 측은 이를 민영화 수순으로 규정하고 전격 파업에 돌입했다. 이 파업은 철도 파업 역사상 유례없는 23일간의 장기전으로 진행되었다. 전 같으면 '시민의 발을 묶는다'는 일방적 언론 공세에 시달리다 흐지부지 막을 내릴 일이었다.

파업 마지막 날인 12월 30일 『중앙일보』에서 파업에 대한 여론 조사 결과를 발표했다. 40대 이상은 77퍼센트가 파업에 공감하지 않는다는 반응을 보였다. 반면 20~30대는 66퍼센트가 파업에 공감하는 것으로 나타났다. 이전과 달리 철도노조 파업에 대한 지지 여론을 만들어 낸 주인공이 청년 세대였음을 알 수 있다. 사실 파업 장기화로 가장 크게 불편을 느낄 이들은 전철을 이용하는 이삼십 대 직장인들이다. 그런데도 이들 다수가 파업에 공감을 표시했다. 그동안 살펴본 것처럼 청년 세대는 신자유주의 광풍 속에서 줄곧 직격탄을 맞아 왔다. 말 그대로 신자유주의의 집중적인 희생양이었다. 그들은 온몸으로 겪으며 신자유주의의 본질을 깨달아 나갔다. 그랬기에 신자유주의의 일환인 민영화에 대해 상당한 거부감을 갖고 불편을 감수하면서도 철도노조 파업에 지지를 보낸 것이다.


## 새 시대는
## 새 사고와 함께 열린다

수많은 역사적 경험이 입증해 주듯 새로운 시대는 새로운 사고를 하는 사람들의 등장과 함께 열린다. 그 예로 영국의 산업혁명을 들 수 있다.

경제적 관점에서 보았을 때 영국이 다른 나라에 비해 각별히 산업혁명에 유리하거나 우월한 요소를 지니고 있었던 것은 아니다. 교역의 요충지를 차지한 것도, 다른 나라들보다 풍부한 자원을 보유한 것도 아니었다. 흔히 산업혁명의 동력으로 간주되는 과학기술 역량이나 교육 체계가 발달해 있었느냐 하면 그것도 아니었다. 과학기술의 기초가 되는 자연과학의 발달이나 교육 체계 측면에서는 오히려 프랑스가 영국을 앞지르고 있었다.

저명한 역사학자인 에릭 홉스봄의 분석에 따르면 영국이 산업혁명을 선도한 원인은 전혀 다른 곳에 있다. 무엇보다도 돈 버는 것을 최고의 가치로 여기는 사람들이 지배적 위치를 차지하고 그에 따라 마음만 먹으면 크게 돈을 벌수 있는 사회적 환경이 함께 마련된 점이 가장 중요했다. 요컨대 부르주아적 질서와 문화가 어느 나라보다 발달했던 것이야말로 산업혁명을 야기한 결정적 요인이었다. 이는 가톨릭교회 영향으로 상업과 이윤 추구를 경멸했던 유럽 대륙과 뚜렷이 구분되는 지점이었다.

지금 우리는 진행 방향이 급격히 바뀌는 역사의 변곡점을 통과하고 있

서울 시청 앞 서울광장에 운집한 시민들이 "미친 소 싫소" "이명박 OUT" 등이 적힌 피켓과 촛불을 흔들고
있다.

다. 거시적 관점에서 보자면 우리 사회는 산업사회에서 탈산업사회로 전환하고 있다. 이 역사적 변곡을 담당할 새 주체들이 존재하는가, 그들이 역동적으로 활약할 무대가 마련되어 있는가 여부가 앞으로의 발전에 결정적 문제가 된다.

그런 측면에서 보자면, 촛불 시위는 새로운 세대의 등장을 유감없이 보여주었다.• 게다가 청년 세대에 머물지 않고 사회 전체적으로 커다란 공감과 지지를 끌어냄으로써, 20년 이상 한국 사회를 점철해 온 신자유주의적 가치관과 사회문화에 균열을 일으켰다. 한 시대의 마감과 새 시대의 출발을 알리는 총체적 변화가 지금 막 시작된 것이다.

---

• 이 같은 현상이 비단 한국에서만 나타난 것은 아니다. 3년 뒤인 2011년 9월, 금융자본의 본산인 미국에서 월가점령운동(the Occupy Wall Street movement)이 거세게 벌어졌다. 뚜렷한 조직체나 구심점이 없고 목표조차 분명하지 않은 전개 양상이나 자발적으로 동참하고 확산되는 방식, 운동의 주역으로 신세대가 대거 등장한 사실 등 여러 측면에서 한국의 촛불 시위와 유사한 면을 지녔다.

# 한국 경제의 재도약은
# 무엇으로 가능한가?

산업화에 본격적으로 착수한 이래 한국 경제는 크게 봐서 '추격 전략'을 통해 성장해 왔다. 하지만 이러한 전략으로는 글로벌 시장에서 더 이상 주도적인 위치를 확보하기가 어렵다. 미지의 영역에 뛰어들어 새로운 것을 일구어 내는 '창조 전략'으로의 전환이 불가피한 시점이다. 하지만 지금 한국 경제는 기존 틀에 갇힌 채 정체를 거듭하고 있다. 도약은커녕 이대로 가다가는 중국에 밀려 좌초하는 것 아닌가 하는 우려마저 제기되고 있다. 과연 한국 경제의 재도약은 어떻게 해야 이루어질 수 있을까?

# 비비크림은
# 철보다 강하다

경제 환경이 어떻게 변하고 있는지 알려주는 인상적인 두 가지 질문이 있다. 우선 첫 번째 질문. 한국에서 최고 주식 부자는 누구일까? 이 글을 쓰고 있는 2015년 5월 현재까지는 삼성전자 이건희 회장이 주식 자산 12조 원으로 1위이다. 그런데 어쩌면 책 출간 시점에는 랭킹이 바뀔지도 모르겠다. 2위인 아모레퍼시픽 서경배 회장이 11조 5000억 원으로 그 뒤를 바짝 추격 중이기 때문이다. 화장품 회사인 아모레퍼시픽은 현대모비스, 포스코 등을 제치고 국내 증시 시가총액 순위로도 5위에 올라 있다. 아모레퍼시픽의 매출은 중국 소비 확대의 수혜를 입어 2014년 4조 7119억 원에 달했다.

아모레퍼시픽의 괄목할 성장은 여러모로 한국 경제가 당면한 변화의 일단을 보여준다. 그간 한국 경제의 대표 주자였던 철강, 자동차, 조선, 반도체만으로는 지속적인 성장이 쉽지 않고 중국의 추월을 따돌리기 어렵다는 우려가 종종 제기되었다. 당장 삼성전자만 해도 중국 IT 기업 샤오미의 돌풍으로 중국 시장 내에서 고전을 면치 못하고 있다.

화장품 산업은 제품력만이 아니라 해당 나라의 문화와 이미지 전반에 영향을 받는다. 한국의 문화 콘텐츠, 국가 브랜드 이미지, 아시아권과 제3세계에 불고 있는 한류 바람과 더불어 팔리는 것이 화장품이다. 우리 사회 전반의 활력과 문화적 품격이 경제에서 직간접적인 경쟁 요소가 되고 있는 것이다.

다음 두 번째 질문이다. 한국과 중국 가운데 창업하기 좋은 나라, 창업 열기가 높은 나라가 어디일까? 적잖은 사람들이 아직도 중국을 '낮은 인

서울 명동은 중국인 관광객(요우커)들로 늘 붐비고 있다.

건비를 무기로 과거 한국이 걸어왔던 산업화 궤도를 부지런히 따라오고 있는 나라' 정도로 여긴다. 하지만 이는 현실을 너무 모르는 생각이다.

여러 중요한 지점에서 중국은 이미 한국을 앞서가고 있는데 그 하나의 예가 중관춘(中關村)이다. 중관춘은 베이징에 있는 중국 IT산업 본거지이자 벤처 창업 붐의 중심이다. 이름에 '촌'이 들어갔다고 해서 작은 시골 마을쯤을 떠올리면 큰 오산이다. 면적이 판교테크노밸리의 100배, 여의도의 50배가 넘는 2200만 평 규모 대단지이다. 2012년 기준, 2만여 개 기업이 입주해 있고 종사자 수만도 150만 명이 넘는다. 규모만 큰 것이 아니다. 실리콘밸리가 부럽지 않을 정도로 벤처기업 배양에 필요한 조건을 골고루 갖추었다. 중국 최고의 명문 베이징대와 칭화대가 나란히 지식 거점 역할을 담당하며 200개가 넘는 국가 및 성(省)급 과학 연구소가 포진해 있다. 벤처 캐피털 역시 풍부하고, 문화적 환경 또한 실리콘밸리와 비슷하다.

중관춘을 진원지로 한 창업 열풍은 선전, 상하이, 구이저우, 서부 우루무치 등 중국 전역으로 확산되는 중이다. 혁신적 창업자를 뜻하는 창커(創客)가 주축이 된 벤처 창업은 지난 2014년 한 해 동안만 291만 건에 이르렀다. 한국에 비해 약 100배 정도 많은 수치이다. 같은 해 유치한 벤처 투자액은 155억 3000만 달러(약 16조 9000억 원)로, 전년보다 세 배 이상 급증했다. 같은 기간 한국의 벤처 창업 건수와 벤처투자 유치액은 각각 3만 건, 1조 6393억 원 수준이다.

마윈 알리바바 창업주와 레이쥔 샤오미 회장 등 중국 토종 창커의 성공 스토리도 창커 열풍에 불을 지폈다. '하니까 되더라.' 자신감도 충만하다. 지금 중국 창커 세대에게 창업은 '밥벌이'이면서도 즐거운 '창조 놀이'가 되고 있다. 한국에서 창업 하면 카페나 치킨집을 떠올리는 것과는 근본적으로 다른 양상이다.

중국 정부는 벤처 창업을 중국 경제의 새로운 엔진으로 간주하고 향후 1억 명의 창커를 육성할 계획이다. 중국 경제의 성장 동력이 인프라와 부동산에서 벤처 창업 중심으로 바뀌고 있다. 리커창 총리는 '대중창업, 만민혁신'●이란 단어를 써가며 창커 시대의 열린 미래를 역설했다. 이 같은 중국의 행보는 활력을 잃고 저성장 구조에 갇힌 한국 경제에 큰 충격을 주고 있다.

●  '대중창신, 만중창업(大衆創新, 萬衆創業)'이라고도 한다. 단순히 창업만을 강조하는 것이 아니라 대중의 창조혁신력을 올리겠다는 뜻을 포함한다.

# 복지국가와
# 경제성장

이처럼 경제 환경이 변화무쌍한 시대에 한국 경제의 재도약을 본격적으로 논의하기 전에 그 필요성부터 따져보자. 성장을 논하던 시기는 지났고 이제는 분배에 주력하며 내실을 기할 때라는 주장도 한편에서는 제기되고 있기 때문이다.

복지국가 문제를 가지고 이야기를 풀어 보자. 현재 복지국가로 가야 한다는 당위성에 이의를 제기하는 사람은 별로 없다. 사회적으로나 정치적으로나 복지국가는 지향점으로서 어느 정도 확고하게 자리를 잡았다. 문제는 실현 가능성과 경로이다. 여기서 핵심적 쟁점으로 불거지는 것이 바로 재정이다. 자연히 복지 재정 관련하여 증세 논의가 불붙었다. 여론 조사에 따르면 복지 확대를 위해 증세가 필요하다는 의견이 다수를 점한다. 그러나 증세 대상을 세분해 소득 계층별로 들여다보면 문제는 그리 간단치 않다.

먼저 대부분의 저소득층은 증세 여력이 거의 없는 형편이다. 다음은 중산층인데 이들 또한 외환 위기 이후 점차 입지가 좁아지고 있다. 가계 부채, 주거비, 교육비 지출 등의 증가로 가처분소득이 줄어 자칫 저소득층으로 하향 이동할 가능성이 높은 상황이다. 그렇다면 부자 증세를 하면 되지 않나. 부유층은 대부분 기득권층이다. 자신들의 부를 잠식할 조세 부과에 대해 모든 권력과 수단을 동원해 강하게 저항할 것이 불 보듯 뻔하다. 노무현 정부가 실시했던 종합부동산세(종부세)에 대한 사회적 논란과 저항을 떠올려 보라. 조세 저항보다 더 심각한 문제는 부자들이 아예 자산을 해외로 이전시키는 경우이다. 글로벌 경제 시대에 그럴 만한 통로는 매우 다양하고 정부가 이를 원천 차단하는 것은 사실상 불가능하다. 프랑스의 올랑드 정부가 의욕적으로 부자 증세를 추진하다 중도 포기한 것, 스웨덴이 기존의 부유세를 폐지한 것은 모두 그 같은 배경에서였다.

증세는 경제가 일정 정도 성장하고 소득이 증가하는 조건에서 비교적 원활하게 이루어질 수 있다. 증가된 소득의 일부를 세금으로 납부하면 되기 때문이다. 반면 지금처럼 저성장이 고착된 환경에서 증세만으로 복지국가를 건설하려면 매우 많은 저항에 부딪친다. 저성장 기조 아래에서 삶의 조건이 팍팍해짐에 따라 복지에 대한 수요는 더욱 증가한다. 반면 실질소득은 정체 및 감소하기 때문에 증세가 여의치 않아 복지 창출 능력은 상대적으로 약해진다. 복지 수요와 능력 사이에 갭이 발생하는 것이다. 과연 이를 어떻게 해결할 것인가. 경제성장만이 유일한 해법은 아니겠지만 좋은 해법 중 하나임은 분명하다.

과거와 같은 수준의 고도성장은 기대할 수 없지만 지금의 저성장 기조에서 벗어나 한국 경제를 재도약시킬 필요성이 여기에 있다. 한국 경제가 활력을 되찾고 상승 국면을 타도록 만들어야 하는 것이다. 이를 바탕으로 공격적인 일자리 창출을 통해 청년 실업도 해소하고 증세를 통해 복지국가 건설 재원을 확보해야 한다.

한국 경제가 재도약하려면 새로운 성장 동력 확보가 필수이다. 철강, 조선, 반도체 등 과거의 성장 동력은 한계에 봉착했다. 그렇다면 새로운 성장 동력은 어디에서 나오는 것일까? 이와 관련해서 창조 경제의 개념을 제대로 살펴볼 필요가 있다.

창조 경제란 말만 들어도 시니컬한 반응이 나오는 경우를 종종 본다. 그도 그럴 것이 가뜩이나 청년 세대에게 인기 없는 박근혜 정부가 출범과 함께 줄기차게 '창조 경제'를 피력해 왔기 때문이다. 너무 민감하게 여길 것 없다. 창조 경제는 박근혜 정부만의 정책도 아니고 그 개념이나 용어를 현 정부가 만든 것도 아니다. 이 용어는 영국의 경영전략가 존 호킨스가 2001 년 펴낸 책 『존 호킨스 창조 경제』에서 처음 사용한 말이다.

## 창조 경제와
## 분수 효과

창조 경제란 무엇인가? 흔히 '굴뚝 산업'으로 표현되는 제조 산업 경제에서 가치 창출을 주도한 것은 자본과 노동이었다. 그러다 탈산업사회가 열리면서 지식이 새로운 가치 창출의 원천으로 떠올랐다. 오늘날 자본과 노동에 더해 지식이 가치 창출을 주도 한다는 것은 상식으로 통용된다. OECD가 새로운 성격의 경제를 표현하기 위해 '지식 기반 경제'라는 용어를 채택한 것이나 이명박 정부에서 산업 정책을 총괄하는 부처를 지식경제부●라고 명명한 것도 같은 맥락이다.

지식이 가치 창출을 주도하게 된 결정적 요인은 디지털 문명의 등장이다. 디지털 문명은 이전보다 더 쉽게 지식을 생산에 적용하고 지식을 중심으로 생산을 조직할 수 있도록 했다. 대학 교육의 급속한 확대 역시 주요 요인이다. 그에 따라 지식을 생산에 적용할 수 있는 사회적 능력도 커졌기 때문이다.

지식 못지않게 감성도 중시되고 있다. 사람은 논리보다 감성으로 더 쉽

● 2008년 2월 이명박 정부가 출범하며 신설되었다. 2013년 3월 박근혜 정부에서 산업통상자원부 를 신설하면서 폐지되었다.

게 좌우되는 존재이다. 제품이나 서비스를 구입할 때만 봐도 그렇다. 그래서 요즘 들어 제품 디자인이 유난히 강조되고 다양한 스토리텔링이 넘치는 것이다.

최근에 무엇보다 핫한 요소로 떠오른 것은 상상력이다. 애플의 아이폰은 그 화신이나 다름없다. 사실 아이폰에는 특별히 새로운 기술이 들어 있지 않다. 아이폰은 PC, 와이파이, 터치스크린, MP3 등 기존에 나와 있던 기술들의 조합에 불과했지만 사람들을 열광하게 만든 새로운 제품으로 평가받는다. 그간의 핸드폰은 모바일 전화기에 얼마나 새로운 디지털 기능을 접목하는가를 중심으로 진화해 왔지만, 아이폰은 발상 자체가 달랐다. 모바일 컴퓨터에 전화 기능을 탑재한 것이 아이폰이다. 이로부터 핸드폰과 다른 가치를 창출하는 스마트폰이 만들어졌다. 이처럼 상상력을 어떻게 발휘하는가에 따라 같은 지식이나 감성도 가치가 결정적으로 달라진다.

그렇다면 지식과 감성, 상상력을 하나로 묶어 한 단어로 표현하면 무엇이 될까? '창조력' 이외에는 달리 적합한 용어가 없다. 창조력이 가치 창출의 주요 원천을 이루는 경제를 '창조력 기반 경제', 간략히 줄여 '창조 경제'라고 부른다. 결국 창조 경제는 지식 경제를 아우르며 보다 진전된 개념인 것이다.

창조 경제로의 전환은 모든 분야에서 일어나고 있다. 산업 경제의 중심이었던 제조업에서도 연구 개발, 디자인, 마케팅 등 창조력을 기반으로 한 영역의 비중이 빠르게 증가하고 있다. 재래시장도 창조 경제의 흐름을 타고 다양한 문화 체험 프로그램을 도입함으로써 문화 및 엔터테인먼트 공간으로 탈바꿈하는 사례들이 나온다.

한국은 창조 경제로의 전환이 매우 빠르게 진행되고 전체 경제에서 차지하는 비중 또한 상대적으로 높은 나라에 속한다. 세계적으로 각광받기 시작한 K-POP, K-뷰티, K-패션 등 K시리즈는 이를 상징적으로 보여준다. 서두에 살펴본 화장품 회사들의 선전은 그 일환이다. 한국 창조 경제의 가능성은 그 출발이었던 지식 기반 경제로의 전환 과정에서부터 뚜렷이 나타났다. 한국의 지식 기반 산업은 1990년대 이후 다른 산업에 비해 세 배 이상 빠르게 성장했으며 성장률로만 보면 OECD 국가 중 가장 높은 수준이었다. 그 토대의 상당 부분은 김대중 정부 시절에 꾸려진 것이기도 하다.

그동안 창조 경제의 견인차 역할을 해온 것은 대체로 벤처기업이었다. 단적으로 애플, 구글 등 창조 경제를 기술적으로 선도해 온 세계 IT산업의 맹주들은 대부분 벤처기업 출신이다. 이유는 간단하다. 무언가를 창조한다는 것은 기왕에 검증되지 않은 새로운 것을 만드는 작업으로서 언제나 모험일 수밖에 없기 때문이다. 2015년 현재 전 세계적으로 매출액 100위 안에 드는 기업 중 절반 이상이 벤처기업이며 그 비중이 빠르게 증가하고 있는 추세이다. 이미 창조 경제의 견인차인 벤처기업이 세계 경제의 중심에 우뚝 선 것이다.

그동안 성장의 견인차 역할을 해온 것은 주로 제조업 기반의 대기업들이었다. 이들 대기업이 우세한 기술력을 바탕으로 세계시장을 개척하면 덩달아 중소 협력 업체들의 입지가 넓어지고 고용도 확대되면서 경제 전반의 활성화로 이어졌다. '낙수 효과'란 말이 나온 배경이다. 하지만 앞에서 살펴보았듯 대기업 중심의 성장 전략은 더 이상 먹혀들지 않는다. 오히려 대기업의 독식과 독과점이 중소기업의 성장을 가로막는 상황이다. 그러다 보니 벤처기업을 적극 육성해 창조 경제를 발전시키면서 그 성과를 흡수해 대기업도 함께 크는 '분수 효과'를 노려야 한다는 의견이 힘을 얻고 있다. 성장 패러다임 자체를 뒤집는 것이다.

## 낡은 질서에 발목 잡힌
## 한국 경제

그러나 창조 경제를 발전시키는 데 있어 한국은 매우 심각한 문제를 안고 있다. 가장 큰 문제는 한국 경제에 군림하고 있는 재벌 체제이다.

재벌은 총수(오너)가 지배하는 절대 왕정 체제이다. 총수의 말이 곧 법이다. 그러다 보니 전문경영인들이 독자적 판단을 자제하고 오직 총수에게 맹목적 충성을 바치는 가신 그룹으로 전락한다. 위에서 아래까지 수직적 군대식 지휘 체계에 익숙하다. 구조 자체가 창의성과 거리가 멀다. 대표적 대기업인 삼성과 LG는 외국인의 눈에 완연한 군대 조직이다. 일사불란하게 밀어붙이면 효과가 나는 산업 경제 시절 이런 조직 문화는 나름대로 강점을 발휘할 수 있었다. 하지만 독창성은 약화될 수밖에 없다. 삼성과 LG 등이 높은 기술력을 축적해 왔지만 시장의 판도를 바꾸어 놓을 획기적인 신제품을 내놓지 못하는 것도 이와 무관하지 않다. 뿐만 아니라 재벌 대기업은 일감 몰아주기로 자회사와 계열사를 지원하면서 정당한 경쟁 구조를 방해하고 있다. 적절한 자극과 경쟁은 창조성을 발휘하고 혁신을 일으키는 주요 수단인데 이 같은 구조에서는 어떤 업종이든 새로운 도전자가 등장하기 어렵다.

창조 경제의 발전을 가로막는 또 다른 문제로 더없이 후진적인 벤처 환경을 꼽을 수 있다. 잠재력만 가지고 따지면 한국은 벤처기업의 발전 가능성이 매우 풍부한 곳이다. 무엇보다 이를 뒷받침할 창조적 에너지가 청년 세대 안에 풍부하게 축적되어 있다. 구글이 향후 세계를 뒤흔들 아이디어는 한국에서 나올 것이라며 콘텐츠를 흡수하기 위해 서울에 '구글 캠퍼스'를 세운 것도 이런 맥락에서이다. 그러나 정작 우리의 벤처 현실은 거꾸로 가고 있다.

벤처기업을 활성화하려면 이를 배양할 생태계가 잘 조성되어 있어야 한다. 벤처기업의 요람으로 손꼽히는 미국의 실리콘밸리는 거대한 벤처 생태계로서, 그 안에 벤처기업이 태동하고 성장할 수 있는 조건을 골고루 갖추었다. 스탠퍼드 대학 등 지식 거점이 자리 잡고 벤처 캐피털이 풍부하게 형성되어 있다. 실패하더라도 재기할 수 있는 기회를 얼마든지 제공한다. 이른바 '실패의 사회적 자산화'가 잘 이루어져 있다. 기업들은 실패한 벤처기업가들을 적극 채용한다. 실패를 바탕으로 위험 요소를 더 잘 파악해 앞으로 성공할 확률이 높다고 보기 때문이다. 또한 대기업이 성공한 벤처기업을 높은 가격에 인수하므로 벤처기업 창업자 및 투자자의 자본 회수도 용이하다.

한국에서 실리콘밸리와 유사한 곳을 꼽자면 판교테크노밸리를 들 수 있다. 하지만 판교는 제대로 된 벤처 생태계와 아직은 거리가 멀다. 지식 거점 역할을 하는 곳도 없고 벤처 캐피털도 제대로 형성되어 있지 않다. 자금을 조달하려면 일단 여의도나 강남까지 가야 하는 형편이다. 정보를 교환하고 창업을 돕는 '벤처 카페'조차 없다. 무엇보다도 한국에서는 벤처기업 창업과 성장에 필요한 자금 조달이 나날이 어려워지고 있다. 돈줄을 쥐고 있는 은행권은 주택 담보 대출 등 비교적 안정적인 자금 운용에만 몰두하고 벤처기업은 뒷전이다. 정부가 조성한 지원 자금은 무늬만 벤처인 '좀

비 기업'들에 상당 액수가 흘러들고 있다. 창업 종잣돈을 지원하는 개인 투자자는 2004년 이후 10년 사이 6만 명에서 5000명으로 줄어들었다.

제대로 된 벤처 캐피털이 충분하지 않다 보니 뛰어난 기술과 제품을 개발해도 사업화에 실패할 가능성이 높다. 한 예로 경북 경산 소재의 회사 (주)일심글로발에서 세계 최초로 개발한 유리창 청소 로봇 '윈도로(WIN-DORO)'를 들 수 있다. 윈도로는 스파이더맨처럼 건물 유리창에 착 달라붙어 유리를 닦아 주는 로봇이다. 2012년 정부로부터 세계일류상품 인증을 받았고 프랑스, 독일, 일본 등 20여 개국 수출이 유력했다. 하지만 판매가 채 궤도에 오르기도 전에 은행권에서 제품 개발에 투입된 대출금 상환을 요구했고 벤처 캐피털도 투자를 외면했다. 결국 자금난에 직면한 회사는 법정 관리에 들어가고 말았다. 세계일류상품 인증은 5년 내에 세계 시장 점유율 5위에 들 가능성이 있는 상품에 주어지는 인증이다. 이러한 제품조차 자금 조달 문제로 시장화에 성공하지 못한다는 것은 한국의 벤처 투자 환경이 어떤 수준인지 단적으로 드러낸다.

한국 벤처기업의 자금 조달은 결과를 함께 책임지는 주식 지분 투자보다 차입이 주축을 이룬다. 차입은 대개 창업자 연대 보증 아래 이루어진다. 이런 상태에서 기업이 부도가 나면 창업자는 채무를 뒤집어쓰고 신용 불량자가 되는 수밖에 없다. 여기에 대기업의 횡포까지 가세한다. 대기업은 벤처기업이 신기술이나 신제품 개발에 성공하면 기술팀을 통째로 빼가거나 마케팅과 자본의 우위를 이용해 시장에서 몰아내 버린다.

창조 경제의 발전을 억누르는 요소로 비정규직을 양산하는 경제 구조도 빼놓을 수 없다. 창조적 작업은 자발성과 열정, 몰입 등을 통해 최상의 결과를 창출할 수 있다. 그런데 현실에서 한국 비정규직은 창조력을 발휘하기는커녕 '열정 페이'를 강요받으며 소모품처럼 쓰다 버려지기 일쑤이다. 언제 잘릴지 모르니 눈치 보며 일해야 하고, 성과가 난다 해도 분배에서 차별받으니 최선을 다할 의지도 안 생긴다. 이런 환경에서 자발적 열정과 몰입이란 기대 난망이다. 특히 비정규직 다수가 청년 세대라는 점은 더욱 심각하다. 바야흐로 잠재력과 에너지가 가장 피크에 이르는 때 아닌가. 이들이 비정규직으로 전전하며 팍팍한 현실에 지쳐가는 것은 얼마나 손해인가. 정부가 창조 경제 운운하며 정책적으로는 비정규직을 양산하는 것은 정말 앞뒤가 맞지 않는다.

이상의 요인들이 복합적으로 작용하면서 한국 경제는 빠르게 국제 경쟁력을 잃어 가고 있다. 그토록 수출에 목을 매는 한국이건만 세계 시장 점유율 1위 품목은 중국이 1,538개인 데 비해 한국은 65개에 그친다. 여러 모로 한국 경제는 미래를 점치기 어려운 상황에 직면했다. 중대한 전환이 불가피하다.

## 틀을 바꾸기 위한
## 다양한 시도들

한국 경제는 재도약이 절실하지만 기존 틀 안에서는 힘들다. 패러다임 자체가 바뀌어야 한다. 열악한 환경에서도 적잖은 기업들이 기존의 틀을 바꾸는 다양한 실험을 해왔다.

외환 위기 이후 수많은 기업이 대대적인 구조조정을 단행할 때, 단 한 명도 감원하지 않고 일자리 나누기 경영을 실천한 회사가 있다. 바로 유한킴벌리이다. 다들 구조조정을 통해 최소 인력만 유지해야 경쟁력을 높일

수 있다고 주장할 때 유한킴벌리는 그러한 생각이 틀렸음을 입증했다.

외환 위기 이후 유한킴벌리는 오히려 현장 인력을 33퍼센트 증원해 가동했다. 반면 작업 일수는 연간 180일로 대폭 줄였다. 이를 바탕으로 다양한 근무 교대 방식을 통해 일자리 나누기를 실시함과 동시에 학습 훈련을 강화했다. 아울러 종신 고용 보장을 통해 직원들로 하여금 해고 불안에서 벗어나 회사에 더욱 헌신하도록 만들었다. 이러한 과정은 인건비 증가를 뛰어넘는 생산성 향상으로 이어졌고 이전보다 더 좋은 실적을 내면서 추가 고용을 창출했다. 유한킴벌리는 동종 업계 최고의 생산성을 자랑하면서 사람 중심 경영의 위력을 보여주는 모델 케이스가 되었다.

유사한 사례들이 적지 않다. 철강 포장 전문 업체인 포스코 계열사 삼정 P&A도 그중 하나이다. 이 회사는 2007년 3개조가 돌아가면서 작업하던 3조 3교대 근무 형태를 2개조가 번갈아 작업하고 나머지 2개조는 휴무를 하는 4조 2교대로 전환했다. 근무 형태를 전환하면서 연간 근무일은 317일에서 174.5일로 줄었고, 반대로 휴무일은 48일에서 190.5일로 크게 늘어났다. 1년 중 절반 이상이 휴무일인 것이다. 연간 근무시간 또한 2,324시간에서 1,920시간으로 줄었다. 여기에 1인당 연간 학습 시간을 300시간으로 대폭 늘렸다. 학습 효과가 가시화하면서 직원들의 자격증 취득 건수가 2010년 837개로 근무 형태 전환 이전에 비해 10배 늘었다.

결과적으로 직원들은 단순 포장공에서 자동 포장 설비를 개발 및 운영하는 엔지니어로 탈바꿈했다. 2009년 세계 최초로 철강 제품을 자동 포장하는 로봇 결속기를 개발한 것 역시 그렇게 얻어진 성과였다. 덕분에 삼정 P&A는 자체 기술로 철강 포장 라인 전체를 자동화하는 데 성공하고 이를 일괄 판매할 수 있는 수준에 이르러, 단순 포장 작업을 하던 업체에서 자

동 포장 설비를 개발·운영·판매·서비스하는 전문적인 엔지니어링 회사로 변신했다. 자연히 회사는 단순 노동력보다는 창조력에 의존하는 업무 중심으로 돌아갔다. 생산성 또한 현저히 개선되어 4년 만에 1인당 철강 포장량이 38퍼센트나 늘었다. 이런 성과는 경영 실적 향상과 임금 상승으로 이어지고 이는 직원의 역량을 더욱 성숙시키는 선순환 구조를 낳았다.

창의성이 강조되는 일부 기업에서는 수직적 위계질서를 허물고 수평적 조직 문화를 정착시키기 위한 노력이 경주되었다. CJ그룹은 호칭에서 직급을 떼고 '님'으로 통일했다. 아모레퍼시픽이 그 뒤를 따랐다. SK텔레콤은 팀장을 제외한 부장 이하 직원의 호칭을 매니저로 통일했다. 호칭만 놓고 보면 위아래가 대폭 사라진 것이다. 그러자 청년 직장인들의 기가 크게 살아나면서 창의적 아이디어가 쏟아졌다. CJ그룹이 엔터테인먼트 분야에 진출해 영화 〈해운대〉, 케이블TV 프로그램 〈슈퍼스타K〉 등 성공작을 일구어낸 것은 조직 문화 혁신에 힘입은 것으로 평가되었다.

소셜 커머스 업체 티켓몬스터(티몬)의 조직 문화에서는 지시와 통제를 찾아보기 힘들다. 누구든 스스로 알아서 일을 한다. 중요한 결정은 대체로 그 분야를 책임지고 있는 사람이 내린다. 출퇴근도 각자의 형편에 맞게 한다. 늦게 출근한다고 눈총을 주는 사람은 없다. 2010년 직원 5명으로 시작한 티몬은 2014년 직원 1000명에 1575억 원의 매출을 올리는 기업으로 성장했다.

주주 이익에 맞춰 경영하는 주주자본주의에 대한 반작용으로 가치 창출에 직접 종사하는 구성원(직원)의 이익을 우선하는 '구성원 우선주의'도 등장했다. 구성원을 기업 존재의 목적으로 삼은 것이다. 한국 최고의 건설 매니지먼트 회사로 부상한 한미파슨스 김종훈 회장은 『우리는 천국으로 출근한다』에서 다음과 같이 이야기한다.

기업의 구성 요소인 주주, 고객, 구성원 중에 누가 가장 중요한지는 관점에 따라 다르다. 주주자본주의 하에서는 일반적으로 주주가 주인이고 주주 위주의 경영이 이루어지므로 구성원 위주의 경영은 쉽지 않다. 그러나 내부 고객이라 칭하는 구성원이 만족하게 되면 그 구성원이 외부 고객을 만족시키고 좋은 성과를 창출해 선순환이 이루어진다. 또 그렇게 창출된 성과가 결국 주주에게로 돌아가게 된다고 굳게 믿었다.

직원의 행복에 최고의 가치를 두는 기업도 눈에 띈다. 이들 기업은 돈을 잘 벌어서 행복한 것이 아니라 직원들이 행복하면 자연히 돈도 잘 벌 수 있다는 새로운 경영 논리를 주창한다.

오재철(46) 아이온커뮤니케이션즈 대표는 행복한 기업 문화를 끊임없이 창조하는 젊은 CEO다. 최근 회사 옥상에 바비큐 파티를 벌일 캠핑장을 만들고, 지하에 캔맥주를 가득 채운 냉장고를 배치했다. 회사 대신 영화관으로 출근하는 '무비 데이'를 매달 열고, 맹인 안마사를 채용해 안마를 받으며 잠잘 수도 있다. 중요한 것은 이 모든 활동이 꼭 '근무시간 내'에 이뤄져야 한다는 점이다. 아이온에서 정해진 규칙은 딱 하나 있다. '저녁 7시 퇴근'이다. 출근 시간은 마음대로지만 퇴근은 오 대표가 직접 사무실을 돌며 챙긴다. (…) 3년 이상 근무하면 알아서 '방학'이 주어진다. 15일의 유급휴가에 최대 150만 원의 휴가비를 지원하는 제도다. 매년 4억 원을 쓰지만 아끼지 않는다. (…) 지금은 한국과 일본 시장점유율 1위로 입지를 굳혔다. 또 미국, 인도네시아, 말레이시아 등 시장도 넓히며 '글로벌 소프트웨어 100대 기업'으로서의 목표도 차근차근 이뤄가고 있다.

—『중앙선데이』, 2015년 4월 27일자

그동안 돈을 중심에 둔 경제 논리는 비용은 최대한 줄이고 산출을 최대한 늘려 이윤을 극대화하자는 것이었다. 이를 위해 감원과 비정규직 전환 등 구조조정을 실시하고 다른 한편으로는 노동력을 최대한 끌어내기 위해 수직적 위계질서에 입각한 엄격한 통제 시스템을 가동해 왔다. 그런데 앞에 소개한 기업들은 비용 절감이 아니라 사람의 창조적 에너지를 어떻게 최대한 고양시킬 것인가에 초점을 맞췄다.● 구성원이 자발적 열정을 바탕으로 창조적 에너지를 발산할 수 있도록 최적의 환경을 만드는 데 목표를 둔 경영 방식이다.

이 같은 변화는 소프트웨어 기업이나 벤처에서만이 아니라 기존 제조업에서도 충분히 가능하다. 유한킴벌리와 삼정P&A 사례는 이를 단적으로 입증한다. 여기서 주목할 것은 '노동의 진화'이다. 두 기업의 사례는 지속적인 학습 훈련을 통해 노동이 창조적 작업으로 진화함으로써 가치 창출이 극대화될 수 있음을 확인해 준다. 노동의 미래를 암시해 주는 대목이다.

●　유사한 기업들이 계속해서 등장하고 있다. 어린이 교육 어플리케이션을 개발하는 벤처기업 스마트스터디는 휴가가 무제한이다. 그러더라도 별 문제 없는 것은 구성원들이 진행 중인 프로젝트 내용을 서로 잘 아는 투명한 구조 덕이다. 스마트스터디는 주요 앱 장터에서 분야 1위를 달리고 있다. 영림원소프트웨어는 회사 목표에 따른 개인별 목표를 스스로 세우게 하고 직위에 상관없이 '님'을 호칭으로 붙여 수평적 사고를 이끈다. 5년 이상 근무자에겐 대학원 학비를 전액 지원한다. 티맥스소프트에서는 성과에 따라 매년 네 차례씩 연봉의 최대 100퍼센트를 인센티브로 지급한 결과 임원보다 높은 연봉을 받는 개발자가 여럿이다. 개발자에겐 걸어서 15분 거리의 빌라를 제공하고, 반바지에 실내화 차림으로 오후 늦게 출근해도 아무 문제없다.

# 경제의 중심으로 떠오른
## '사람'

경제는 간단히 요약하면 사람이 먹고 사는 모든 활동이다. 따라서 경제는 사람이 '하는' 일이며 사람을 '위한' 일 일 수밖에 없다. 근본적으로 경제의 중심은 사람이어야 한다. 초등학생도 이해할 만한 상식적인 이치가 현실에서는 비틀리고 왜곡되어 왔다. 사람의 자리를 돈(자본)에게 내주었기 때문이다. 그런 경제는 이제 한계에 다다랐다. 돈의 흐름이 아니라 사람의 창조적 활동을 중심으로 경제 틀을 확 바꿔야 하는 상황이다. 우리는 이러한 경제를 '사람 중심 경제'라 부를 수 있을 것이다. 창조 경제는 바로 이 같은 사람 중심 경제 환경 속에서 제대로 꽃피울 수 있다.

2015년 현재 정치권에서는 가계소득 증가를 통한 내수 활성화에 초점을 맞춘 '소득 주도 성장', 대기업과 중소기업·벤처기업의 공정한 관계 정립에 초점을 맞춘 '공정 성장', 성장과 복지의 선순환 형성에 초점을 맞춘 '복지 성장' 등 갖가지 성장 담론을 선보이고 있다. 이들 담론은 경제 성장의 성격을 드러내고 있다는 점에서 이전 시기 한국 경제를 특징짓는 무조건적인 성장 지상주의나 '선성장 후분배' 입장보다 진일보한 것으로 평가된다. 하지만 누가 어떤 동력으로 성장을 이끌 수 있는가에 대한 명확한 논리가 부족하다. 신자유주의 시스템에서 상실된 기업의 경쟁력을 키울 수 있는 핵심 방안이 나와야 한다. 외환 위기 이후 한국 경제를 지배한 돈 중심의 경제 구조는 이미 더 이상의 미래가 없다는 것이 검증된 시점이다. 이제야말로 상식으로 돌아가 사람을 중심에 둔 경제를 모색해야 하지 않을까.

현재 한국 경제는 새로운 도약이 절실한 상황이며 산업 경제에서 벗어나 창조 경제 중심으로 재편되려는 초기 국면에 놓여 있다. 새로운 성장 동력을 찾아내고 경제 민주화를 진전시키고 분배의 형평성을 더 늘려야 하는 등 우리 앞에는 기존에 제기된 여러 경제 과제가 산적해 있다. 모두가 한국 경제의 발전을 위해 꼭 짚고 넘어가야 할 문제들이다. 그러나 과거의 연장선에서만 사고해서는 근본적 전환은 어렵다. 돈 중심에서 사람 중심으로 경제의 패러다임을 완전히 바꾸어야 한다. 아울러 대기업 위주에서 탈피해 중소기업·벤처기업 중심으로 경제 구조를 전환하고 창업하기 좋은 나라를 만들어 창조 경제 시대에 맞는 체질로 전환해야 한다.

지난날 한국 경제의 도약을 이끈 것은 펄펄 끓는 대중의 열망이었다. 산업화 초창기 첫 번째 도약을 이룬 대중의 열망은 "우리도 잘살아 보자!"였고 그 주역은 중고등학교를 나온 노동자들이었다. 중화학공업과 반도체 등으로 경제 구조를 개편하면서 이루어진 두 번째 도약에서는 "일본을 넘어서 보자!"는 의욕이 그 역할을 했고 대학을 나온 과학기술 전문 인력들이 주역으로 활약했다. 앞으로 다가올 세 번째 도약을 이끌 대중적 열망은 무엇일까? 아마도 그것은 "이제 우리가 새로운 패러다임으로 세계 경제를 선도해 보자!"가 아닐까? 경제보다 문화에서 먼저 터져 나온 한류 열풍은 그러한 자신감의 일단이다. 그리고 이러한 변화의 주역은 다름 아닌 창의력이 넘쳐 나는 청년 세대가 될 것이다.

# 어떻게 해야
# 통일을 블루오션으로
# 만들 수 있나?

박근혜 정부 들어와서 보수 세력이 급격히 통일에 관심을 기울이기 시작했다. 그 이유는 주로 경제적 이해관계에 있다. 경제에 국한해 보아도 통일은 많은 기회를 제공한다.

첫째, 북한 땅에 매장되어 있는 풍부한 지하자원이 본격적으로 빛을 볼 것이다. 둘째, 한반도가 유라시아 대륙과 태평양을 잇는 물류 허브로 떠오르면서 다양한 경제 효과를 발생시킬 것이다. 셋째, 인구 8000만 정도를 포괄하는 내수 시장이 형성됨으로써 독일과 비슷한 수준의 대국으로 부상할 가능성이 생긴다.

통일을 통해 얻을 수 있는 이점이 큰 것은 분명하다. 잘만 하면 우리 시대 최고의 블루오션이 될 수도 있다. 과연 그 가능성을 제대로 살릴 수 있는 길은 무엇인가?

# 지하철과 컬러TV 방송을
# 먼저 시작한 나라

　　　　　　　　　　지금의 40대 이상은 독재정권이 분
단을 이용해 민주화 운동을 탄압하는 것을 수없이 경험하면서 역설적으로
통일의 필요성을 절감했다. 하지만 그런 경험이 없는 청년 세대는 통일의
필요성을 느끼거나 북한을 같은 민족이라고 의식할 만한 계기가 별로 없
었다. 법륜 스님은 오랫동안 북한 돕기 활동을 펼쳐 왔는데, 거리에서 모
금 활동을 해보면 젊은 세대와 나이든 세대의 반응이 확실히 다르다고 한
다. 모금함에 다가와 돈을 넣든가 욕을 퍼붓든가 여하튼 반응을 보이는 이
들은 대개 나이든 세대이고, 청년 세대는 거의가 아무 관심 없이 그냥 지
나친다는 것이다. 핵, 인권, 세습 등의 이슈로 북한에 대한 부정적 이미지
가 확산되면서 젊은 층으로 갈수록 통일에 대한 관심이 줄고 있다.

　청년 세대에게 북한은 경제적으로 매우 낙후된 나라이다. 줄곧 그런 모
습만 보아 왔기 때문이다. 그런데 북한이 예전부터 줄곧 경제적 곤란을 겪
었던 것은 아니다. 대략 1970년대까지는 북한이 경제력에서 오히려 남한
을 앞섰다. 북한은 한국전쟁 이후 1954년부터 '전후복구3개년계획'에 돌
입했다. 남한보다 먼저 종합 경제개발 계획을 실시했고 초기부터 중공업
화와 농업 기계화를 중시해 상당한 성과를 거두었다. '천리마운동' '속도
전' 등은 당시의 열풍을 상징하는 용어들이다. 이를 바탕으로 북한은 연간
경제성장률 두 자리 수를 기록하며 초고속 성장을 이어갔다.

　이 무렵 북한의 자신감을 보여주는 것이 푸에블로호 사건이다. 베트남
전쟁이 점점 확전되며 동아시아의 군사적 긴장이 한창 고조되던 1968년
1월 21일 북한 해군은 영해 침범을 이유로 미국 정보함 푸에블로호를 나

포했다. 나포 과정에서 미군의 저항으로 북한군이 발포하면서 미군 병사 1명이 사망하고 4명이 부상을 입었으며 82명이 포로가 되었다.

푸에블로호가 나포되자 미국은 일본 요코스카에 있는 세계 최강 7함대의 주력 기동부대를 북한 해역으로 급파했다. 구축함과 원자력 잠수함, 보급함을 거느린 항공모함 엔터프라이즈호가 북한을 향해 진격해 갔다. 그 뒤에는 또 다른 세 척의 항공모함을 중심으로 미군 함정이 대거 집결 출동 태세를 갖추었다. 동시에 수소폭탄 탑재가 가능한 B52 전략 폭격기, F4 · F105 전투기 편대 수백 기가 남한의 오산과 군산 비행장으로 날아들었다. 미국은 자신만만했다. 북한이 굴복하는 것은 시간문제라고 보았다. 게다가 소련과 중국은 관망 자세만을 취하고 있었다.

그러나 미국의 생각과 달리 북한은 초강수로 나왔다. 북한은 1968년 2월 8일 "눈에는 눈, 이에는 이, 보복에는 보복, 전면전에는 전면전"을 선포하면서 조선인민군과 각 준군사 조직, 전 인민에게 전시 동원 체제 명령을 내렸다. 북한의 태도는 협상의 여지조차 없이 전면 대결을 기정사실화하는 듯 보였다. 의외의 강경 대응에 놀란 미국은 주춤거리기 시작했다. 해군 작전 입안자들 사이에서 북한을 침공할 경우 70~80퍼센트의 전투기가 격추당할 것이라는 분석이 나오는 등 상황이 여의치 않자 결국 미군은 조용히 물러났다.

북한은 푸에블로호 선원을 풀어 주지 않은 채 미국에게 '과오를 인정할 것' '사과할 것' '재발 방지를 보장할 것' 등을 요구했다. 미국은 이를 전면 거부했다. 이 문제로 양측은 판문점에서 무려 28회에 걸쳐 회담을 거듭했다. 하지만 시간은 북한의 편이었다. 미국은 자국 내 여론의 압력을 견디다 못해 북한의 요구를 들어줄 수밖에 없었다. 그제야 북한은 미군 포로들

1968년 12월 24일에 가진 푸에블로호 승무원 석방에 관한 기자회견 장면. 승무원들은 억류 236일 만에 송환되었다.

을 석방했다. 억류된 지 236일이 지난 후였다. 약속한 대로 미국은 영해 침범 사실을 인정하는 사과문을 발표했다. 미국 외교 사상 처음 겪는 치욕스런 순간이었다.

한편 1960년대 중반을 지나며 사회주의 양대 국가인 소련과 중국이 국교까지 단절하면서 분쟁을 격화시켰다. 당시 북한은 소련과 중국 어느 쪽에도 기울지 않는 독자 노선을 택했다. 북한은 무역 의존도를 최소화하고 국내의 기술과 에너지, 원료를 바탕으로 경제를 운용하는 자력갱생의 길을 갔다. 현재 북한의 지도적 이데올로기인 주체사상이 확립된 것도 이 무렵이다. 적어도 1970년대 초반까지 북한의 선택은 그 나름대로 성공적인 듯했다.

북한은 막대한 군사비를 지출하는 악조건 속에서도 중공업을 중심으로 하는 공업화에서 상당한 성공을 거두었다. 1972년 7월 12일자 『경향신문』에 따르면, 북한의 공업 생산은 남한보다 1.5배 앞서고 있었다. 지하철 건설과 컬러TV 방송 모두 북한이 남한보다 빨랐다. 북한은 또한 산악 지대

임에도 불구하고 식량 자급을 달성할 만큼 농업 분야에서도 괄목할 만한 성과를 냈다. 덕분에 발전된 자본주의 나라 수준에는 이르지 못했지만 교육, 의료, 주택 등 분야에서 국민의 기본적인 욕구를 충족시킬 수 있었다.

하지만 지상낙원을 자처하며 자신감을 과시하던 북한에게 불길한 그림자가 다가오기 시작했다. 잘나가던 경제가 1970년대 중반을 넘어서면서 뚜렷한 정체 현상을 보이기 시작한 것이다. 무엇보다 경제 발전을 좌우하는 핵심 요소인 기술이 정체되었다. 이유는 간단했다. 기술은 원래 고립적으로 발전하기 어렵다. 생산된 제품을 무역을 통해 외부에 팔고 또 다른 나라의 선진 기술이 담긴 제품을 구매하는 등 바깥 세계와 부단히 교류하면서 발전한다. 그런데 자력갱생 노선을 견지하는 북한은 외부로부터의 자극을 기대할 수 없었다.

사회주의 시스템 자체에 내재한 약점도 북한의 경제를 정체시킨 요인이다. 사회주의 국가들은 대개 자본이 별로 없는 상태에서 인민의 노력을 동원해 확대 재생산을 추구했다. 이러한 방식은 절대 빈곤에서 벗어나려는 열정이 지배한 초기 국면에서는 강력한 힘을 발휘할 수 있다. 하지만 그 시기가 지나고 어느 정도 생활이 안정되면 피로도가 쌓이면서 추가적인 노력 동원이 힘들어진다. 그 결과 성장세가 둔화되면서 사회 전체가 정체 상태에 빠져들기 쉽다. 이윤 동기의 결여와 관료주의는 상태를 더 심각하게 만드는 요소이다. 1970년대에 소련 경제가 이런 문제로 심각한 정체 상태에 빠졌는데, 북한 역시 비슷한 상황에 직면한 것이다.

나름대로 현실을 직시한 북한은 1980년대부터 무역 제일주의를 앞세우고 외국의 자본과 기술을 도입하려 사력을 다했다. 자립 경제 노선을 포기한 것은 아니었지만 대외 경제 정책에서 상당한 방향 전환을 시도한 것이다. 북한이 1984년 외국 기업과의 합작을 위한 '합영법'을 제정하고, 1991년에는 나진·선봉 지구를 '자유무역경제지대'로 지정한 것은 그러한 노력의 일환이었다. 북한은 이곳을 완전 자본주의식으로 운영하기로 했다. 100퍼센트 외국인 투자 허용은 물론이고 관리인을 직접 투입할 수 있으며, 이익금도 마음대로 가져갈 수 있게 했다. 아울러 국적 불문 비자 없이도 자유로이 출입하고 머물 수 있도록 보장했다.

나진·선봉 자유무역경제지대는 초기에 유럽과 일본 등에서 적극적으로 진출을 타진하기도 했으나 얼마 안 가 모두 취소되고 말았다. 북미 대결이 날로 격화하고 미국의 군사적 위협이 고조되면서 투자의 안정성이 전혀 담보되지 않았기 때문이다. 미국의 경제 봉쇄로 인해 물자 반입과 역외로의 수출이 용이하지 않은 점도 큰 문제였다.

미국은 북한을 '테러 지원국'으로 규정함으로써 국제사회에서 금융 지원을 할 수 없도록 원천 봉쇄했으며, 적성국 교역법을 적용시켜 북한 지역에 대한 각종 투자와 물자 반입, 북한산 제품의 미국 시장 진출을 철저히 차단했다. 심지어 미국은 자국의 기술, 소프트웨어, 부품이 10퍼센트 이상 포함된 제품을 북한에 수출 혹은 반출할 경우 사전에 미국 상무부의 승인을 받도록 했다.

# '불량 국가'와
# 미국의 한판 승부

그동안 미국을 중심으로 한 서방 세계에게 북한은 대표적인 '불량 국가'였다. 핵 개발을 둘러싸고 반칙을 거듭해 왔다는 것이 주된 이유이다. 과연 북한의 핵 개발을 둘러싸고 무슨 일이 벌어져 왔던 것일까?

1991년 소련 붕괴와 함께 냉전 체제가 해체되었다. 세계는 미국 중심의 일극 체제로 급속히 재편되는 움직임을 보였다. 북한으로서는 자칫 국제 미아로 전락할 수도 있는 상황이었다. 위기 상황에서 벗어날 수 있는 길은 미국과의 관계 개선뿐이라고 판단한 북한은 1992년 미국에 특사 파견을 요구했으나 거절당했다. 미국은 북한과 관계를 개선할 의지가 전혀 없었다. 미국 입장에서는 북한이 그들 표현대로 '악의 축'•으로 남아 있는 편이 유리했던 것이다.

공교롭게도 같은 해 남한은 중국과의 수교를 추진하고 있었다. 북한의 김일성은 당시 중국 외교부장을 묘향산 초대소로 데려가 극진히 대접하면서 중국으로 하여금 북한이 미국과 수교하는 것에 맞춰 남한과의 수교 시점을 조절해 줄 것을 요청했다. 하지만 중국은 이를 무시했다. 외교부장이 귀국한 지 한 달 뒤에 중국은 남한과 전격 수교했다. 이를 계기로 북한은 중국이 결코 믿을 상대가 아니라고 판단했다. 이제 누구에게도 의존하지 않고 홀로 상황을 헤쳐 나가야 하는 입장이 된 것이다.

이 같은 상황에서 북한이 선택한 것이 바로 핵무기와 이를 운송할 장거리 미사일 개발이었다. 최종 목표는 장거리 미사일에 핵무기를 탑재해 미국 본토를 공격할 수 있는 '능력'을 갖추는 것이었다. 이를 지렛대로 미국과의 관계 개선을 압박하든가 그러지 못하면 최소한 체제 유지 수단으로

---

• 미국은 북한·쿠바·이란·이라크·리비아·수단·시리아 등을 소위 '불량 국가', 즉 '테러 지원국'으로 지칭해 왔다. 그러다 2002년 연두교서에서 부시 대통령이 '악의 축'이라는 용어를 새롭게 도입해, 불량 국가들 중에서 특히 국제사회에 중대한 위협이 되는 나라들로 이란, 이라크, 북한을 지목했다.

삼자고 판단한 것이다. 이로부터 핵 개발을 둘러싼 북미 간 첨예한 대결의 막이 올랐다.

미국이 북한에 의심 가는 모든 핵 관련 시설을 검증할 특별 사찰을 요구하자 북한이 맞대응으로 1993년 핵확산금지조약(NPT)에서 탈퇴하면서 대결은 절정으로 치달았다. 급기야 미국은 1994년 6월 남한을 기지로 북한에 대한 선제공격을 불사할 태세까지 보였다.• 전쟁이 기정사실화하자 외국 통신사들이 특종을 노리고 대거 한반도로 몰려왔다. CNN은 생중계 준비를 완료한 상태에서 예행연습을 진행함과 동시에 휴전선에서의 생방송을 위해 MBC에 협조 요청 공문을 보냈다. 또한 주한 미국인에 대한 소개(疏開) 작전이 시작되었고, 사전에 정보를 입수한 남한 상류층은 전쟁 상황에 대비한 비상 물품을 구입하느라 바삐 움직였다.

그러나 북한에 대한 공격을 준비하던 클린턴 정부도 내심 상당한 부담을 느끼고 있었다. 북한과의 전쟁으로 입을 피해가 너무나 크기 때문이었다. 윌리엄 페리 국방장관, 게리 럭 주한 미군 사령관 등 최고위급 군사 관계자들은 클린턴 미국 대통령에게 북한과 전쟁을 치를 경우 전체 사망자가 최소 100만 명, 미국인도 8만~10만 명이 목숨을 잃을 것이라고 보고했다. 아울러 전쟁 비용은 1000억 달러를 넘을 것이며, 남북한과 주변국의 재산 파괴, 경제 활동 중단 등에 따른 손실은 1조 달러(1994년 남한의 국민총생산 3500억 달러의 3배 수준)를 넘을 것으로 추정했다.

이때 상황을 두루 간파하고 해법을 제시한 인물이 당시 정계를 은퇴하

● 　미국은 북한의 핵 시설에 대한 공습은 물론 그 이후 전개될 북한과의 전면전에 대비해 미군 수십만 명의 동원 계획을 준비했다. 정밀 유도 폭탄의 목표는 영변의 핵 시설이었다. 당시 페리 미 국방부 장관은 "북한의 핵 프로그램으로 인한 위험이 군사적 충돌보다 '더욱 위험하다'고 생각했으며, 핵 프로그램을 중단시키기 위해 전쟁의 위험을 감수할 준비가 되어 있었다."고 후일 회고했다.

고 아시아태평양평화재단 이사장으로 있던 김대중이다. 그는 6월 12일 미국 워싱턴 내셔널프레스 클럽에서 행한 오찬 연설과 기자회견을 통해 미국이 지미 카터 전 대통령과 같은 원로 정치인을 북한에 특사로 파견할 것을 제안했다. 아울러 위급한 상황에 대한 문제 해결의 방안으로 북한은 핵무기를 포기하고 대신 미국은 북한에 대한 군사 위협을 철회하고 경제 지원을 약속하는 일괄 타결안을 내놓았다.

김대중의 제안은 곤혹스런 입장에 있던 클린턴 정부의 마음을 움직였다. 그에 따라 1994년 6월 15일 지미 카터 전 대통령이 판문점을 거쳐 평양에 들어갔다. 바로 다음 날인 6월 16일 김일성과 카터는 회담을 통해 극적인 합의에 이를 수 있었다. 북한은 NPT 탈퇴와 영변 원자로의 폐연료봉 재처리를 유보하고, 미국은 핵 공격을 포함한 무력 공격을 하지 않되 세부적인 것은 실무 협상을 통해 보완한다는 내용이었다. 합의는 곧바로 워싱턴으로 전달되었고 클린턴 정부는 북한에 대한 군사적 공격을 철회했다.

김일성과 카터의 합의를 바탕으로 북미 간에 실무 협상이 이어졌고 그 결과 1994년 10월 제네바 합의가 성사되었다. 제네바 합의의 요지는 북한은 영변 핵 시설을 동결하는 대신 미국은 북한에 경수로 원자로를 제공하고, 매년 50만 톤의 중유를 공급하되 이 모든 것을 10년 안에 마무리 짓는 조건으로 북미 두 나라의 외교 관계를 정상화한다는 것이었다. 제네바 합의에 따라 북한의 영변 핵 시설이 봉인되었고 국제원자력기구(IAEA)의 사찰 또한 재개되었다. 이와 함께 미국, 일본, 남한 등이 참여하는 한반도에너지기구(KEDO)가 구성되면서 북한 땅 신포에 경수로 원자로 건설이 시작되었다. 경수로 원자로 제공에 필요한 비용의 80퍼센트는 남한이 부담하기로 했다.

그러나 북미 제네바 합의는 차질을 빚었다. 경수로 원자로 건설이 지연되고 중유 제공이 중단된 것이다. 미국은 심각한 경제난을 겪고 있는 북한이 얼마 안 가 붕괴할 거라 판단하고 약속을 이행하지 않았다. 그러나 최악의 상황에서도 북한은 끈질기게 살아남았고, 거기서 한 발 더 나아갔다.

## 멀기만 한
## 한반도의 봄

1998년 미국이 북한 금창리 지하에 핵 시설이 있다는 의혹을 제기한 가운데 북한이 아무 예고 없이 장거리 로켓을 발사했다. 당시 북한은 인공위성 '광명성 1호'를 발사했다고 발표했고, 러시아 우주항공센터 역시 이를 뒷받침해 주었다. 반면 서구 세계에서는 대포동 장거리 미사일 시험 발사라고 의미를 축소했다. 그러나 어차피 인공위성 발사와 장거리 미사일 발사는 기술적 차이가 없기 때문에 어느 쪽이건 로켓 발사가 지닌 군사적 정치적 의미는 동일했다.

북한의 장거리 로켓 발사로 북미 관계는 극도로 악화되었다. 이런 와중에 1998년 초 김대중 정부가 출범했다. 김대중은 당시 위기 상황을 호전시킬 수 있다고 판단했다. 김대중 정부의 대북 정책 총괄 기획자인 임동원은 클린턴 정부가 대북 정책 조정관으로 임명한 윌리엄 페리를 아홉 차례나 만나 집요하게 설득했다. 그 과정에서 임동원은 '포괄적 접근을 통한 대북 포용 정책'을 미국 측에 제시했다. 즉 북한의 핵미사일 문제 해결과 한반도 냉전 체제 해체를 함께 추진하는 방향에서 미국 스스로 줄 것은 주고 받을 것은 받는 '빅딜'에 나서도록 유도한 것이다. 달리 뾰족한 수가 없었던 클린턴 정부는 김대중 정부의 제안을 적극 수용했다.

클린턴 정부가 협상을 통해 문제를 해결하는 것으로 가닥을 잡자 북미 협상이 최종 목표였던 북한이 적극 호응하고 나섰고, 빠른 속도로 현안 문제들이 해결되어 갔다. 금창리 지하 시설은 현지 방문 결과 핵 시설이 아닌 것으로 판명되었고, 북한은 장거리 로켓 발사 실험을 유예하기로 했다. 더불어 2000년 하반기 북한의 조명록 특사와 미국의 매들린 올브라이트 국무장관이 상호 교환 방문하는 가운데 관계 개선을 천명하는 북미 공동 성명이 발표되었다.

2000년은 남북 정상회담을 계기로 남북 관계가 획기적으로 전환한 해였다. 여기에 발맞춰 적대 관계에 있던 북미 두 나라 역시 관계 개선 조짐을 보였다. 특사 교환에 이어 클린턴 대통령이 평양을 방문해 북미 정상회담을 열자는 합의까지 이루어졌다. 모든 것이 순조롭게 풀려 나가고, 지구상에서 마지막 남은 한반도의 냉전 체제가 해체될 절호의 기회가 온 듯했다. 하지만 클린턴의 평양 방문은 2000년 말 미국 대선 정세와 중동 사정이 복잡하게 얽히면서 공수표가 되고 말았다. 뒤이어 부시 정부가 출범하면서 미국의 대북 정책 흐름은 완전히 뒤바뀌었다.

부시 정부는 클린턴 정부의 북미 관계 개선 프로그램을 폐기하고 일순간에 대북 강경 기조로 선회했다. 클린턴 정부의 해법이 주한 미군 주둔의 법적 근거를 제거함으로써 남한에 대한 미국의 통제력을 상실하게 만들고, 그 여파가 미일 동맹에까지 미칠 것이라고 보았기 때문이다. 부시 정부의 대북 강경 정책은 군사, 외교, 경제 등 모든 방면에서 전 방위로 전개되었다.

남한의 노무현 정부는 부시 정부가 북한과의 협상에 나서도록 하기 위해 집요한 노력을 기울였다. 2004년 11월 20일 칠레 산티아고에서 열린 한미 정상회담에서 노무현은 부시를 다음과 같이 설득했다.


부시 : 김정일은 폭군이며 그래서 믿지 않습니다.

노무현 : 믿는 사람과는 협상이 필요 없으며 협상이라는 것은 원래 믿기 어려운 사람과의 대화라고 생각합니다.

부시 : 전적으로 그렇습니다. 매우 좋은 지적입니다.

노무현 : 협상할 때는 때로는 진실을 말하지 않고 참거나 협상이 끝날 때까지 미룰 필요가 있습니다.

부시 : 좋은 지적입니다. 저는 김정일을 거짓말쟁이라고 얘기하지 않겠습니다.

노무현 : 존재의 정당성을 인정받지 못하는 사람일수록 위기감이 클 수밖에 없고 그럴수록 핵무기에 더욱 의존할 수밖에 없는 것입니다.

부시 : 네.

노무현 : 각하께서는 미국의 대통령입니다. 6자회담 참가국들과 함께 북한을 변화시킬 수 있습니다.

부시 : 저도 그것을 원합니다. 제 말을 믿으시기 바랍니다.

—『중앙일보』, 2014년 11월 19일자


2005년 2월 10일 북한은 핵무기 보유를 공식 선언했다. 당혹감에 빠진 부시 정부는 협상을 재개했고 결국 남북한과 미국, 중국, 러시아, 일본 등이 참여하는 6자회담을 통해 '9·19합의'가 성사되었다. 9·19합의는 '북한은 핵 프로그램을 폐기한다' '미국은 모든 형태의 북한에 대한 군사적 공격을 포기한다' '북미·북일 수교를 추진한다' '북한에 에너지를 지원한다' '항구적 한반도 평화를 모색하는 6자회담 참가국 포럼을 추진한다' 등의 내용을 담고 있었다.

그러나 9·19합의는 곧바로 미국 내 강경 보수파의 반발에 부딪쳤다. 그들은 내심 북한이라는 악의 축이 사라짐으로써 군산복합체의 입지가 좁아지지 않을까 우려했다. 북한의 인권 문제를 두고 시비를 거는 등 미국의 시간 끌기 작전이 계속 이어졌다.

이에 대응해 북한은 핵실험이라는 초강수를 두었다. 2006년 10월 9일 지하 시설을 이용한 북한의 첫 번째 핵실험이 실시되었다. 그동안 여러 방면에서 예견되어 왔음에도 불구하고 정작 현실로 옮겨지는 순간 세계 언론이 발칵 뒤집혔다. 인접한 일본은 신문사들이 다투어 호외를 발행했고 방송국은 정규 프로그램을 중단하고 긴급 뉴스를 편성하는 등 북한 핵실험을 초대형 뉴스로 다루었다.

북한의 핵실험 강행으로 사태가 돌이킬 수 없는 지경에 이르자 미국은 다시금 6자회담 틀을 빌려 북한과의 협상 재개를 추진했다. 그 결과 2007년 6자회담에 기초한 '2·13합의'가 도출되었다. 2·13합의는 북한은 영변 핵 시설의 가동을 중지하고 나머지 6자회담 참여국이 그에 상응하는 경제적 보상 조치를 취할 시 다음 단계인 핵 시설 불능화 조치로 이행한다는 것이 요지였다.

하지만 미국은 이번에도 약속을 제대로 이행하지 않았다. 북한에 대한 테러 지원국 지정을 해제하는 등 부분적인 진전이 있었지만 결정적으로 북한이 원하는 충분한 경제적 보상을 하지 않았다. 미국 내에는 군산복합체 등 대북 적대 정책을 통해 기득권을 유지하고자 하는 세력의 영향력이 너무 컸던 것이다.

2·13합의 이행을 바탕으로 문제가 원만하게 해결되어 나가기를 기대했

던 북한은 발끈했다. 김정일 국방위원장은 심한 스트레스를 견디다 못해 뇌출혈로 쓰러지기까지 했다. 결국 북한은 미국과의 협상으로는 문제 해결의 여지가 없다고 판단하고, 미국 본토에 도달할 핵 탑재 장거리 미사일 개발 프로그램을 거침없이 밀고 나갔다. 미사일에 탑재할 수 있도록 핵무기 소형화에 집요한 노력을 기울이는 가운데 인공위성을 궤도에 올리는 로켓 발사 실험에도 성공했다. 결국 북한은 미국 본토에 핵무기를 탑재한 대륙간탄도미사일(ICBM)을 발사할 기술적 능력을 갖추기에 이르렀다.

그러는 사이 부시 정부 뒤를 이은 오바마 정부는 '전략적 인내'라는 이름 아래 사실상 사태를 수수방관했다. 오히려 북한의 핵 위협을 빌미로 동아시아에서 중국의 팽창을 저지하는 '재균형 전략'을 적극 추진했다. 그것은 주한 미군의 공격 능력을 강화함과 동시에 중국에까지 영향을 미치는 고고도미사일방어시스템(사드)의 한국 배치를 검토하는 것으로 이어졌다. 북한의 핵 개발을 대화로 풀어 나갈 의사가 없음을 내비치는 것이었다.

과연 이러한 상황을 어떻게 받아들여야 할 것인가? 일련의 사태는 결국 한반도와 동아시아에서 긴장을 고조시켰다. 수긍하고 넘어가기에는 너무나 문제가 많다. 이는 애초에 노태우 정부 시절 남과 북이 합의하고 북한 스스로 김일성 주석의 유훈으로서 반드시 지켜야 하는 것으로 간주해 온 '한반도 비핵화' 원칙에도 맞지 않다. 한반도에서의 핵무기의 반입, 배치, 개발, 사용 일체를 금지한 원칙을 가리킨다. 작금의 상황은 어떤 형태로든지 해결되어야 할 성질인 것이다.

현재 북한과 미국은 '적대적 공존'을 추구하는 듯한 징후를 보이고 있다. 북한은 미국의 적대 정책으로부터 체제를 수호한다는 목표 아래 핵무기 보유를 고수하고 있다. 북한은 최고 규범인 헌법과 노동당 규약에 '핵

무장과 경제 건설의 병진'을 명시하며 그 의지를 천명했다. 반면 미국은 북한의 핵 위협을 내세워 중국 견제라는 전략 목표를 추진하는 동시에 남한을 그 구도 안에 편입시키려 애쓰고 있다.

이러한 상황을 타개하는 데 깊은 이해관계를 갖고 적극 나설 수 있는 것은 유일하게 남한 정부뿐이다. 요컨대 남한 정부는 미국을 설득해 북한이 핵을 포기하는 편이 한결 나은 상황을 만들어 주어야 했다. 김대중 정부와 노무현 정부의 역할은 그 가능성을 확인시켜 준 바 있다. 안타깝게도 이명박 정부와 뒤이은 박근혜 정부는 그러한 노력을 전혀 기울이지 않았다. 그러는 사이 상황이 더욱 악화되고 말았다. 북한 핵 문제는 어쩌면 통일을 위한 여건이 상당히 성숙되어야 비로소 해결의 실마리를 찾을 수 있을지도 모르겠다.


## 새로운 길을 모색하는 북한

이제 북한 사회 내부로 눈을 돌려 보자. 최근 북한 내부에는 흥미진진한 변화가 일어나고 있으며 북한에 대해 지극히 보수적 입장을 취하는 언론 매체조차 그 같은 변화를 자주 다루고 있다. 북한은 지금 어디에 있고, 또 어디로 가고 있을까?

지난 수십 년 동안 북한은 중요한 전환기를 거쳤다. 결정적 계기는 이른바 '고난의 행군'이라 불리는 1990년대 중반의 경제 위기였다. 경제 위기를 낳은 일차적 요인은 에너지난이다. 에너지는 경제라는 건물의 가장 아래층에 해당한다. 거기에서 문제가 생기면 경제 전반이 무너질 수밖에 없다. 1960년대 이후 북한은 자체의 힘으로 모든 문제를 해결하고자 하는 자력갱생 노선을 추구했지만, 최우선 해결 과제인 에너지 자립에서 실패하고 말았다.●

에너지 문제가 불거진 직접적 계기는 소련의 붕괴였다. 구상무역(물물교환) 형태로 들어오던 원유 공급이 중단되었다. 또한 전기 관련 시설 상당수를 소련에 의존해 왔는데 노후 시설을 교체하기가 힘들어졌다. 결국 에너지의 핵심인 원유와 전기 공급이 심각한 차질을 빚기 시작했다. 에너지가 부족해지자 북한에 비교적 충분히 분포한 자원인 석탄 생산마저 따라서 감소했다. 에너지 공급 체계가 붕괴하자 원료 공급과 수송이 덩달아 어려워지면서 경제 전반이 마비되기에 이르렀다. 끝내 북한 산업의 심장이라고 하는 김책제철소 용광로마저 식어버리고 말았다.

민간의 연료 공급이 끊기자 인민들은 어쩔 수 없이 나무를 베어 땔감을 조달했다. 순식간에 인근 야산이 민둥산으로 돌변했고, 토사가 휩쓸려 내려와 하천을 메웠다. 그런 상태에서 장맛비가 내리자 일순간에 대규모 홍수가 발생해 논밭을 덮었다. 이는 다시 농업 생산 붕괴, 심각한 식량난을 야기했고 급기야 대규모 아사자가 발생하는 지경에 이르렀다. 다음은 식량난이 유달리 심했던 북부 공업 지대 노동자들의 곤란이 어느 정도였는지를 짐작케 해준다.

설비와 원료가 모자라 공장의 일부 시설이 돌아가지 못했고, 식량난을 겪는 노동자들은 풀죽으로 끼니를 때우기도 하였다. 일부 노동자들은 견디다 못해

● 2002년 김정일 국방위원장은 김대중 정부를 대표해 평양을 방문한 임동원 특사에게 북한 경제가 겪고 있는 어려움의 절반 이상은 에너지 문제에서 야기된 것임을 솔직히 토로하기도 했다.

식량을 얻기 위해 공장을 떠나 농촌에 있는 친척집으로 갔다. 『로동신문』은 이러한 상황에 대해 "우렁찬 동음을 울리지 못하는 기계 바다, 일시적으로 생활상 난관 앞에 맥을 놓은 적지 않은 로동자들, 텅 비다시피 한 자재 창고, 불을 끈 가열로"라고 묘사하였다.

이 공장에서 일하는 어떤 노동자의 아내는 아침마다 남편의 점심 곽밥에 나물 절반, 통강냉이 절반인 밥을 눈물과 함께 담으며 한숨을 내쉬다가 집을 나섰고 남편도 다섯 살 난 아들을 업고 앓고 있는 부모의 병구완을 위하여 고향으로 떠났다. 일부 노동자들은 밥 투정질하는 자식들을 보다 못해 농촌으로 떠났다.

— 한호석, 『민족민주정론 민』, 2001년 1월호

북한이 직면한 경제 위기는 체제의 물질적 기반을 뒤흔들어 놓을 만큼 심각했다. 외부 세계에서 보기에 북한은 체력이 극도로 소진된 상태에서 조만간 쓰러지고 말 운명이었다. 수많은 관측자가 확신에 찬 어조로 북한 붕괴를 이야기하기 시작한 것도 이 무렵이었다. 하지만 북한은 최악의 상황에서도 붕괴하지 않았다. 경제 위기 과정에서 북한 수뇌부는 충격적인 경험을 수도 없이 했다. 무엇보다 심각한 것은 경제 위기 자체가 아니라 이를 대하는 인민의 모습이었다. 최악의 상황에서 북한 인민들은 그저 국가만 쳐다볼 뿐 위기를 수습하기 위해 사력을 다하지 않았다. 정작 중요한 순간에 인민들은 주체사상이 그토록 강조한 자주성을 발휘하지 않았던 것이다.

그동안 북한은 국가가 모든 것을 책임지고 인민은 국가에 전적으로 의존하는 소련 식 '국가사회주의' 체제를 유지해 왔다. 북한에는 세금도 없었다. 경제 잉여의 대부분을 국가가 관리하고 있으니 세금 징수 자체가 불필요하기 때문이다. 이 같은 시스템은 적어도 1960년대까지는 상당한 순기능을 했다. 모든 자원이 국가로 집중되므로 선택과 집중의 효과를 극대화할 수 있었다. 북한이 사회주의 건설 초기 단계에서 자본주의 세계에서는 상상도 못할 초고속 성장을 거듭한 것은 상당 부분 이런 시스템에 기인한다.

하지만 오랫동안 국가사회주의 시스템이 유지되면서 심각한 부작용이 발생했다. 무엇보다도 인민들 사이에 국가에 대한 의존성이 체질화되었다. 인민은 주어진 지시에 수동적으로 따를 뿐 생산성 제고를 위한 혁신적 노력을 기울이지 않았다. 북한 경제가 오랫동안 정체의 늪에 빠진 것도 상당 부분 이런 이유에서였다. 경제 위기는 이런 모순을 여지없이 드러냈다. 이후 진행된 일련의 조치들은 이를 거꾸로 확인시켜 준다.

인민들이 자주성을 발휘하지 않는 상황에서 전면에 나서 위기를 수습한 것은 군대였다. 이로써 모든 일에 군대를 앞세우는 '선군 정치'가 실시되었다. 고난의 행군 시기에 청년들이 보인 모습은 일반 인민들과 크게 다르지 않았다. 북한 지도층은 그것을 매우 심각한 문제로 받아들였고, 특단의 조치를 취했다. 청년들에게 삽과 곡괭이, 마대만 쥐어 주곤 평양에서 남포에 이르는 8차선 고속도로를 닦도록 한 것이다. 그렇게 일명 '청년영웅도로'가 탄생했다.

아울러 북한은 2001년 7·1경제개선조치를 통해 경제 시스템 전반에 대한 과감한 변화를 모색했다. 그동안 북한 국가 재정에서 '공짜'로 표현되는 무상 지원액 비중이 30퍼센트 정도에 이르렀다. 북한 노동자의 실질 생활비에서 식량비가 차지하는 비율은 불과 3.5퍼센트에 불과했다. 하루만

마식령 스키장 건설 현장에서 인민군 군인들이 작업 중이다. 마식령 스키장은 북한 정부가 경제 강국 건설 모델로 제시한 원산관광특구 개발 계획의 하나로, 2014년 1월에 개장했다.

일하면 한 달 치 식량을 사먹을 수 있었던 것이다. 주택은 거의 무상이었고, 의복 등 생필품 역시 매우 낮은 가격에 공급되었다. 교육과 의료는 액면 그대로 무료였다.

북한 지도층은 이와 같은 과도한 국가 지원이 결과적으로 인민을 의존적으로 만들었다고 판단하고 교육과 의료 등 필수적인 사회복지 분야를 제외하고는 '공짜'를 대폭 줄였다. 그에 따라 인민 각자가 자신의 삶에서 책임져야 할 영역이 갑자기 늘어났다. 이전 시기 북한 체제의 우월성을 상징하던 무상에 가까운 의식주 보장이 이제는 인민을 나약하고 게으르게 만드는 사회악으로 간주되기 시작했다.

이와 함께 평균주의를 불식하기 위한 조치가 취해졌다. 그동안 노동자 각각의 임금은 노력 여하에 상관없이 균등한 편이었다. 그러다 보니 특별히 애를 쓸 이유가 없었다. 시간이 흐르면서 노동자들 사이에 적당히 일하는 놀고먹는 풍조가 만연했다. 도를 지나친 평균주의가 북한 식 표현으로 '건달'을 대거 양산했던 것이다. 7·1경제개선조치는 임금 체계를 직업 특성에 맞게 차별화함과 동시에 개인 노력에 따라 지급 액수가 크게 달라지는 차등 임금제를 도입했다.

7·1경제개선조치는 또한 기업 독립 채산제를 도입했다. 이에 따라 소속 근로자들은 기업 지배인을 직접 선출했고, 국가에서 배정된 의무량을 채우면 나머지는 시장에서 판매할 수 있게 되었다. 그로부터 발생한 이익은 노동자의 임금을 올리거나 투자 확대에 사용하는 등 자유롭게 쓸 수 있었다. 기술 혁신과 설비 갱신에 대한 책임 또한 국가에서 기업으로 자연스럽게 이전되었다.

# 월가 큰손의
# '전 재산 북한 투자론'

북한은 7·1경제개선조치를 통해 그들 나름의 방식으로 개혁에 시동을 걸었다. 일련의 변화를 겪으면서 경제는 살아나기 시작했고 느리기는 하지만 꾸준히 성장했다. 인민의 생활 또한 지속적으로 개선되어 갔다.

우선 북한 경제에서 시장이 차지하는 비중이 급속히 커졌다. 경제 위기 당시 국가 공급 체계가 붕괴하면서 인민들은 농민시장을 통해 식료품을 조달하기 시작했다. 그렇게 상당수의 농민시장이 형성되었는데 북한 당국은 경제 위기가 종료된 이후 이를 제도권 안으로 흡수했다. 아울러 국가가 관리하는 시장인 장마당을 계속 신설해 갔는데, 비공식 장마당은 그것의 두 배 이상 생겨났다. 그 결과 시장 거래를 통해 소득을 올리는 상인이 급격히 증가했다.

시장 확대와 연동해 무역 비중도 함께 증가했다. 중국과의 무역이 절대적인 비중을 차지하긴 하지만 두만강 접경 지역을 거점으로 러시아와의 경제 협력도 빠르게 강화되는 추세이다. 특히 2015년에 들어서며 러시아의 천연가스를 파이프라인을 통해 공급 받기로 합의함에 따라 북한 경제의 발목을 잡았던 에너지 문제에 숨통이 트고 공장 가동률도 오를 것으로 보인다. 전문가들은 북한 경제에서 차지하는 무역의 비중을 GDP 대비 56퍼센트 정도로 추정하고 있는데 이는 OECD 평균치에 해당한다. 이를 기준으로 보면 북한은 상당 부분 개방경제로 전환했다고 볼 수 있다.

북한은 2013년 10월 개성, 나진·선봉, 황금평, 금강산 등 기존 4개 경제특구 외에 신의주, 남포, 해주, 원산 등 지방 거점 도시와 백두산, 칠보산 등 관광 지대를 포함하는 10개 경제특구(북한식 표현으로는 '경제개발구')를 새로이 지정했다. 여기에 덧붙여 남포 와우도 등 13개 지방급 경제특구를 별도로 지정했다. 주요한 경제활동 거점의 상당 부분을 특구로 지정한 셈이다. 특구의 핵심은 외부 자본 유치이다. 개방경제로 가겠다는 의지가 확고하다고 해석할 수 있다.

문제는 미국과의 관계가 풀리지 않고 이명박 정부 이후 남북 관계가 경색되는 등 주변 상황이 뒷받침해 주지 않는다는 데 있다. 남한의 보수 언론은 틈만 나면 북한이 중국이나 베트남처럼 개혁개방의 길을 가지 않는다며 문제제기를 해왔지만, 북한의 현실과는 상당히 동떨어진 지적이었던 것이다.

이제 시장을 떠난 북한 경제는 더 이상 생각조차 할 수 없게 되었다. 통일부 추정치에 따르면 2014년 기준 북한에 보급된 휴대폰은 240만 대 정도이다. 이는 시장의 발달을 전제하지 않으면 설명이 불가능한 현상이다. 공식 부문에 집계된 소득만으로는 휴대폰 구입이 가능하지 않기 때문이다.

시장의 비중이 커지면서 사회 분위기도 크게 달라졌다. 과거에는 개인의 이익을 챙기는 것을 자본주의 사상에 오염된 것으로 치부해 철저히 경계했다. 그러나 요즘에는 매우 자연스런 것으로 받아들일 뿐만 아니라 권장되는 사항이기도 하다. 자연스럽게 인민들 사이의 수평적 관계가 확장되었다. 예전에는 주로 당과 국가, 인민 사이에 형성된 수직적 위계질서를 통해 정보가 흘렀는데 여기에도 변화가 일어났다.

2014년 북한은 5·30경제활성화조치를 발표하기에 이른다. 생산권, 분배권에 이어 무역권으로까지 자율 경영을 확대하는 조치이다. 정종욱 통일준비위원회 민간 부위원장은 5·30조치가 성과를 내면서 2014년 북한 경제성장률이 약 7.5퍼센트로 추정된다고 밝혔다. 북한의 변화 및 성장 가능성을 보며 월가에서도 눈독 들이는 이들이 늘고 있다. 상품 투자의 귀재로 알려진 월가의 큰손 짐 로저스●는 북한의 엄청난 변화가 느껴진다며 "할 수만 있다면 전 재산을 북한에 투자하고 싶다. 한반도 통일은 대박의 기회이다. 통일된 한국은 전 세계에서 가장 흥미진진한 나라가 될 것이다."라는 전망을 내놓았다.

---

● 로저스홀딩스 회장 짐 로저스는 26세의 나이에 조지 소로스에게 발탁되어 투자 세계에 발을 디뎠다. 글로벌 투자 회사인 퀀텀펀드의 공동 창업자이기도 한 그는 1970년대 스탠더드앤드푸어스(S&P) 수익률이 47퍼센트였던 당시 4,200퍼센트라는 경이적인 수익률을 올리면서 이름을 떨쳤다. 요즘도 그가 개발한 농산물 실물 자산 지수인 로저스국제농산물지수가 투자에 활용되고 있다.

북한은 변화하고 있다. 경제 위기 이전 북한 사회를 이끌었던 국가사회주의는 뚜렷한 후퇴를 보이고 있다. 과연 이러한 변화의 끝은 어디일까.

## 통일의 지름길, 개성공단

남과 북의 협력이 경제적으로 상당한 시너지를 낳을 것이라는 전망은 이제 거의 상식이 되다시피 했다. 남북문제 현안에서 골칫거리로 보이는 일들조차 해석하기에 따라 시너지 효과를 내는 요인이 된다. 예를 들자면 미사일 문제도 그러하다.

외부 세계에서는 테러리스트와 동격으로 취급하기도 하지만 북한은 자체 기술로 인공위성 발사에 성공한 세계에서 몇 안 되는 나라의 하나이다. 북한은 남한이 지상 300킬로미터 궤도 위에 인공위성을 올리는 데 거듭 실패하고 있을 무렵 1만 킬로미터 상공 우주 궤도에 인공위성을 올려놓았다. 인공위성 발사체에는 자동차보다 몇 배 많은 약 30여만 개의 부품이 들어간다. 북한은 바로 이 분야에서 고도의 기술력을 축적한 것이다. 우주 항공 산업은 전 세계 주요 기술 선진국들이 차세대 성장 동력으로 주목하고 있는 분야이다. 통일이 되면 귀중한 공동자산이 될 수 있는 부분이다.

그렇다면 남과 북이 시너지 효과를 극대화하는 방향에서 통일을 이루려면 어떤 길을 택해야 할까?

보수 세력 일부는 여전히 북한을 남한 체제 안으로 편입시키는 흡수 통일에 집착한다. 하지만 흡수 통일은 실현 가능성은 차치하고도 위험스럽기 짝이 없는 발상이다. 노태우 정부 때 북방 정책을 진두지휘했던 박철언

2003년 6월 30일 개성시에서 남북 인사들이 참석한 가운데 열린 개성공단 1단계 사업지구 착공식.

도 지적했듯이 흡수 통일의 전제는 북한 체제 붕괴인데 그럴 경우 북한은 남한이 아닌 중국 세력권으로 편입될 가능성이 압도적으로 높다.

통일은 남북이 안정적으로 발전하는 조건에서 서로 도움을 주고받는 민족 상생의 길을 걸을 때 우리 시대 최고의 블루오션이 될 수 있다. 통일 로드맵은 그러한 방향에서 만들어져야 한다. 지금 당장 해결해야 할 과제 는 통일 로드맵의 출발 지점을 어디로 삼을 것이냐이다. 해답은 개성공단 이다.

첫째, 개성공단에 대해서는 광범위한 국민적 공감대가 형성되어 있다. 보수 성향이 강한 인사들조차 개성공단의 지속적 가동과 활용을 적극 옹 호하는 경우가 꽤 많다. 특히 중소기업인들 사이에서 개성공간은 '엘도라도로 통한다. 국내나 다름없이 지리적으로 가깝고 같은 말을 쓰기에 언어소통에 문제가 없다. 지가도 매우 낮다. 낮은 임금에 비해 생산성은 높은 편이기에 충분한 수익을 보장받을 수 있다.

송장준 중소기업연구원 연구위원이 2011년 말 개성공단 입주 기업 123곳 중 83곳을 조사한 보고서에 따르면 노동자 월평균 임금은 115.5달러(약 12만 9000원)로, 중국 칭다오공단(368~460달러), 베트남 딴투언공단(151~164달러)에 견줘 훨씬 낮았다. 개성공단 토지 가격은 제곱미터당 41달러로, 칭다오(100~200달러)나 딴투언(200~260달러)과 비교가 되지 않을 정도로 저렴했다. 물류 측면에서도 개성공단은 서울에서 60킬로미터밖에 떨어져 있지 않아 통관 절차를 고려하더라도 물품 반입에 1~3일밖에 걸리지 않는다. 반면 칭다오에서 인천은 7~8일, 딴투언에서 부산은 9~10일이나 걸린다.

정치적 이유로 많은 제약이 가해졌음에도 불구하고 개성공단은 성장 잠재력이 무궁무진함을 입증했다. 국내 경제에 미치는 파급효과 또한 매우 크다. 2013년 기준 개성공단에 입주한 기업은 모두 123개이지만 이들에게 원부자재를 납품하는 업체는 5000여 곳에 이른다. 남북관계가 악화되고 북한에 대한 부정적 정서가 확산되는 상황에서도 개성공단은 여전히 국민적 희망으로 살아남을 수 있었다. 이는 곧 개성공단이 꺼지지 않는 통일의 불씨임을 말해 준다.

둘째, 개성공단은 한반도 평화 정착의 상징이다. 개성공단이 자리 잡은 곳은 남과 북이 상대방 지역으로 진격하고자 할 때 반드시 통과해야 하는 군사 전략적 요충지이다. 이곳에 남북 합작 공단이 자리 잡았다는 것은 남북 모두 서로를 공격할 의사가 없다는 반증이라고 할 수 있다. 개성공단을 잘 지켜 내는 것은 남북의 평화와 공존에 막대한 도움을 준다.

셋째, 개성공단은 통일 역량의 배양지가 되고 있다. 정기섭 개성공단기업협회 회장에 따르면 자신을 포함해 개성공단에 진출한 사람들의 애초 동기는 두말할 필요도 없이 돈을 버는 것이었다. 하지만 개성공단에서 시간을 보내다 보면 자신도 모르게 한반도 평화와 민족 상생, 통일을 생각하게 되고 그 열망을 품지 않을 수 없다고 한다.

넷째, 개성공단은 민족 상생의 모델을 만드는 출발점이다. 개성공단은 남북 모두에게 이익이 되는 방향에서 설계되고 운영되고 있다. 개성공단 근로자의 평균 임금은 남쪽 입장에서는 매우 저렴한 수준이지만 북한 근로자 평균 임금보다는 높다. 북한 입장에서는 귀중한 달러를 조달하는 통로이기도 하다.

다섯째, 개성공단은 남쪽의 자본주의, 북쪽의 사회주의 모두를 뛰어넘는 새로운 모델의 시험장이 되고 있다. 북한 입장에서는 경제 개혁을 위한 새로운 모델의 실험장이라는 의미도 있다. 개성공단은 자본주의 경영 조직과 사회주의 노동 조직이 결합된 장이다. 개성공단 입주 기업은 독자적인 채용이나 노동 관리를 할 수 없다. 노동자는 북측 국가기구에서 일괄적으로 조직 배치하고 관리한다. 문제가 발생하면 대체로 남측 경영 조직을 대표하는 법인장과 북측 노동 조직을 대표하는 공장장이 협의해 해결한다. 이런 점에서 남측의 경영 조직과 북측의 노동 조직은 기본적으로 수평 관계라 할 수 있다. 자본주의 사회에서 나타나는 일반적인 자본 임노동 관계와는 성격이 다르다. 2013년에 북한이 노동자를 일괄 철수시켰던 조치*는 이러한 관계에서 가능했다.

처음 청사진대로라면 개성공단은 800만 평 부지 위에서 70만 명이 일하고 있어야 한다. 하지만 이명박 정부 시절 천안함 사건을 계기로 5·24 대북조치가 취해졌고 이에 따라 대북 투자가 금지되면서 현재 5만 5000 명만이 일하고 있다(2014년 기준). 진출 기업도 추가 투자가 이루어지지 않는 조건에서 인공호흡기에 의존해 겨우 숨만 쉬고 있는 꼴이다. 그로 인해 남한 스스로도 막대한 경제적 손실을 입어야 했다. 보수 진영에서조차 5·24조치는 자해 조치라며 비난의 목소리를 높였다.

서둘러 개성공단을 정상화시키고 애초의 계획에 맞게 키워 나가야 함은 두말할 나위가 없다. 더불어 개성공단과 같은 남북 합작 공단을 지속적으로 늘려 가야 한다. 그럴 때 통일 여건이 비약적으로 성숙될 수 있다.

남북 합작 공단의 원활한 운영을 위한 정치적 협력이 증진되면 이를 뒷받침할 제도도 함께 발전할 것이다. 더불어 군사적 긴장도 완화될 수밖에 없다. 합작 공단이 늘어나면서 통일을 주도할 역량 또한 그만큼 커진다. 합작 공단을 매개로 이해관계가 맞아떨어지면서 통일에 대한 국민적 합의와 협력도 한층 쉽게 이루어질 수 있다. 어느 모로 보나 개성공단의 정상화와 연속적 확산은 통일로 가는 지름길이다. 사실상 유일한 길이라고도 볼 수 있다.

● 　2013년 4월 9일 북한은 한미합동군사훈련, 대북 비방 등을 이유로 개성공단 노동자 5만 3000 명을 일괄 철수시켰다. 이어서 5월에는 공단 체류 남측 인원들을 귀환시킴으로써 개성공단은 사실상 폐쇄 수순으로 접어들었다. 개성공단의 재개에는 개성공단기업협회 등 입주 기업의 노력이 큰 역할을 했다. 협회는 통일부와 수차례 간담회를 갖고 공단 재개를 촉구했으며 8월 7일에는 개성공단 정상화 촉구 궐기대회를 임진각에서 개최하는 등 적극적인 의사를 표출했다. 실제로 개성공단은 남측 입장에서도 입주 기업과 협력 업체 등 6만여 명의 생존권이 달린 문제이다. 결국 개성공단 남북공동위원회 회의가 열리고 2013년 9월 16일 재가동에 대해 남북 양측이 합의를 이루었다.

한반도는 전 세계에서 유일한 분단국가로 남아 있다. 매우 부끄러운 일이지만, 분단을 거쳐 통일을 실현한 다른 나라들보다 조금 늦은 대신 그들보다 훨씬 진일보한 통일을 이룰 가능성이 우리에게 아직 남아 있다. 베트남은 극심한 전쟁을 거쳐 통일을 이루었다. 독일은 서독이 동독을 흡수하는 방식으로 통일을 하는 바람에 엄청난 통일 비용을 지출했을 뿐 아니라 동서독 지역 간 차별이 여전히 해소되지 않고 있다. 아라비아 반도 남단의 예멘은 평화적 협상을 통해 통일을 이루기는 했으나 남북 세력 사이의 갈등이 재현되면서 끝내 내전을 겪었다. 한반도는 이들의 경험을 뛰어넘어야 한다.

우리는 어느 노랫말처럼 '가장 늦은 통일을 가장 멋진 통일로' 만들어야 한다. 그러자면 민족 상생의 관점에서 통일을 사건이 아닌 과정으로 접근해야 한다. 그 과정의 핵심은 개성공단을 정상화하고 이를 지속적으로 확산시켜 나가는 것이다. 그럴 때 통일은 우리 시대 최고의 블루오션으로서 무궁무진한 가능성을 열어 줄 것이다.

# 자유인은
# 아무도 가지 않은 길을 간다

그대는 자유인이다. 모든 도그마로부터 자유롭다. 그 어떤 기성의 틀도 그대를 가둘 수 없다. 그대는 어떤 권위에의 속박도 거부한다. 오직 날카로운 이성과 가슴 속 양심에 의존해 세상을 보려 한다.

현재 청년 세대에게는 도그마가 없다. 뚜렷하게 지배적인 사상 조류도 없다. 이십일세기에 들어서던 무렵까지도 특정 사상과 이념이 시시 때때로 청년들을 휩쓸고 열병을 앓게 했던 것과는 확실히 다른 모습이다. 청년들에게 기성의 사상과 이념에 대한 추종과 답습이 없는 것은 바람직하다. 그렇다고 아무런 좌표 없이 미래를 헤쳐 나갈 수는 없는 노릇이다. 현실의 문제를 해결하고 미래를 향해 나아갈 새로운 좌표를 찾아야 한다. 이는 청년 세대와 기성세대가 함께 풀어야 할 숙제이다. 이 에필로그는 우리 시대의 좌표를 함께 고민하고자 하는 시론 성격이다.

## '자주·민주·통일'은 여전히 유효한가?

어느 때보다도 변화가 극심한 시대이다. 변화하는 환경에 맞게 사고 틀을 끊임없이 혁신하지 않으면 어느 순간 시대 흐름에 뒤처져 버린다. 매우 쓰라린 기억이지만 나 자신도 그런 경험을 했다. 타산지석으로 삼았으면 한다.

1980년대 한국 사회의 진보개혁 세력은 대부분 시대의 과제를 '자주·민주·통일'로 인식하고 기득권층과 외세에 대항하여 투쟁을 전개했다. 1987년 6월민주항쟁이 승리한 뒤에도 이런 시대 과제는 변하지 않은 듯 보였다. 나 자신도 그렇게 생각하고 계속 활동을 해나갔다. 편의상 민주, 통일, 자주의 과제 순서로 이야기해 보자.

6월항쟁이 승리했지만 군사독재가 완전 종식된 것은 아니었다. 군부가 언제 민주주의를 위협할지 위험성은 여전했고 전두환, 노태우 쿠데타 세력이 만든 민정당은 1990년 3당 합당으로 이름만 사라졌을 뿐 집권 여당의 중심부에 그대로 남아 있었다. 민주의 과제는 여전했고 따라서 '민주 대 독재' 대립 구도가 사라질 이유는 없는 것으로 보였다.

1980년대까지 한국 사회의 지배층은 통일에 대해 상당히 수세적 입장이었다. 그때까지만 해도 북한 체제는 매우 견고했고 붕괴될 위험성은 찾아볼 수 없었다. 지배층은 언제까지나 남북이 대립하고 있는 구도를 원했다. 그들로서는 독재 정치와 인권 탄압, 기층 대중에 대한 속박과 분배의 불평등을 유지하는 데 분단 체제가 여러모로 유용했다. 통일운동을 철저히 탄압한 것은 그러한 속내에서였다. 자연히 남한 지배층은 반통일 세력으로 규정되었고, 통일운동을 시대의 과제로 펼쳐 나가기 위한 '통일 대 반통일' 구도 역시 유효했다.

다음으로 자주의 과제이다. 비판적 이성을 지닌 사람들 눈에 한국은 꽤 오랫동안 미국의 식민지나 다름없었다. 6월항쟁 이전까지 한국의 국가권력을 틀어쥔 것은 군부였는데 한국 군부는 전시, 평시 작전권을 갖고 있는 주한 미군에 의해 통제되었다. 이런 구조를 통해 미국은 한국 정치에 강한 영향력을 행사했다. 경제 영역에서도 사정이 크게 다르지 않았다. 1980년 대까지 대부분의 주력 수출 상품은 미국 기업에 대한 OEM(주문자 상표 부착 방식) 수출에 크게 의지했다. 생산된 경제 잉여의 대부분이 미국 자본의 몫으로 돌아갈 수밖에 없었다. 예를 들어 1991년도 한국 신발 업체는 리복에 가죽 운동화를 원가나 다름없는 켤레당 18달러 수준에 납품했다. 이 신발은 미국 시장에서는 80~100달러에 판매되었다. 재주는 곰이 넘고 돈은 약장수가 번다는 말 그대로였다. 한국을 정치적, 경제적으로 미국에 예속된 나라로 볼 근거는 충분했다. 이를 해결하기 위해 '자주 대 예속' 구도는 여전히 유효했다.

이처럼 6월항쟁을 거치고도 한동안 한국 사회의 모순 구조는 자주 대 예속, 민주 대 독재, 통일 대 반통일로 집약할 수 있었다. 자주·민주·통일은 한국 사회의 모순적 구조 속에서 내가 어느 편에 서서 무엇과 투쟁해야 하는지를 단순 명료하게 알려주었다. 그런데 1990년대를 거치면서 상당한 상황 변화가 일어났다. 안타깝게도 나는 그 점을 제때 제대로 간파하지 못한 채 관습적으로 자주·민주·통일을 주술처럼 되뇌고 있었다. 어떻게 상황이 변했는지 살펴보자.

3당 합당을 기반으로 대통령이 된 김영삼은 예상을 깨고 군부 세력을 향해 칼끝을 겨누었다. 하나회 해체 등으로 군부의 영향력은 대폭 줄어들었다. 이어서 1997년 대선에서 김대중 후보가 당선되어 평화적 정권 교체가 이루어짐에 따라 민주화는 한결 단단해졌다. 군사독재의 잔당 세력들조차도 이전과 같은 독재 체제로의 회귀를 공공연히 천명할 수는 없는 상황이었다. 그 결과 종전까지 강력한 영향력을 발휘하던 민주 대 독재 구도의 유의미성도 상당히 감소했다. 물론 민주의 과제가 사라진 것은 아니었고 노동과 생활 현장에서 민주주의를 더욱 심화시켜야 했지만, 민주 세력 대 독재 세력 구도로 사회를 설명하거나 대중운동을 추동하는 것이 적절하지만은 않은 상황이 된 것이다.

통일 문제도 상당히 달라졌다. 1980년대까지 통일 문제에 대해 수세적 입장을 견지하던 지배층은 1990년대 북한이 심각한 경제 위기에 직면하면서 태도를 바꾸기 시작했다. 북한 체제의 위기로 흡수 통일 가능성이 높아졌다고 판단한 것이다. 따라서 평화적인 통일을 요구하는 진보개혁 세력과 방법 측면에서는 판이하게 다르다 해도 지배층과 극우 세력이 통일 자체를 반대하는 것은 아닌 묘한 상황이 펼쳐졌다. 자연히 1990년대 초반까지 견지했던 통일 대 반통일 구도 역시 시대 조건에 맞게 수정이 필요했다.

그러면 자주의 과제는 어땠을까? 적어도 두 지점에서 질적인 변화가 일어났다. 먼저 1991년 소련 붕괴와 함께 냉전 체제가 해체되면서 미국 중심의 일극 체제가 수립되었다. 그에 따라 미국의 영향에서 완전히 벗어나는 것은 북한과 쿠바 등의 예에서 확인되듯 해방이라기보다는 고립인 세계 체제가 형성되었다. 미국의 영향에서 완전히 벗어난다는 생각은 상당 부분 현실을 도외시한 관념으로 전락했다. 세계 체제를 벗어나지 않으면서도 나라의 자주성을 높이는 방식에 대한 심도 깊은 고민이 필요했다.

다른 한편으로는 민주화의 진전이 상황을 변화시켰다. 식민지 종속 여부를 가리는 결정적 징표는 국가권력이 누구의 통제 아래 있는가이다. 민주화 이전 한국 사회는 넓은 의미에서 미국의 통제 범위 안에 있었다. 미국-군부-독재정권으로 이어지는 연쇄 사슬이 존재했던 것이다. 그러나 민주화의 성공은 이러한 사슬을 끊어 냈다. 1994년 주한 미군이 군부 통제의 기제였던 평시 작전권을 한국 정부에 반환한 것은 이러한 배경에서 이루어진 조치였다.[•]

경제 분야에서도 질적인 변화가 일어났다. 이 역시 민주화와 무관하지 않다. 민주화의 흐름을 타고 노동자의 투쟁력이 크게 강화되면서 저임금 구조를 아래로부터 허물어뜨렸다. 그 결과 저임금을 바탕으로 한 국제 경쟁력 확보는 더 이상 가능하지 않게 되었고 기업은 살아남기 위해 독자적 기술 개발에 매진해야 했다. 이 과정을 거쳐 2000년대 접어들면서 한국은 조선, 자동차, 반도체, TV, 휴대폰 등에서 세계적 수준의 기술력을 확보한 글로벌 강자로 부상했다. 더 이상 OEM 수출에 의존할 필요도 사라졌다. 국내 기업들이 구축한 독자적인 브랜드와 영업망을 바탕으로 나름대로 제 값 받는 수출이 이루어지면서 경제 잉여 유출이 크게 감소하고 미국 시장에 대한 의존에서도 상당히 벗어날 수 있었다.[••]

한반도 전시 작전권을 여전히 미군이 쥐고 있는 등 풀어야 할 숙제가 많지만 1980년대에 견지했던 자주 대 예속의 구도를 그대로 적용하기 힘들

---

[•] 대한민국 국군의 (전시, 평시) 작전통제권은 한국전쟁 중인 1950년 7월 유엔군에 이양되었다. 평시 작전통제권은 1994년 12월 1일 44년 만에 다시 대한민국 국군으로 반환되었다. 노무현 정부 때 전시 작전통제권도 환수하는 것을 원칙으로 한미 간 적극 협의가 진행되었고, 2006년 8월 부시 미국 대통령이 한국이 원하는 대로 최대한 지원해 줄 것을 럼스펠드 국방장관, 버웰 벨 주한 미군 사령관 등에게 지시했다. 그러나 이명박 정부 출범 후 전시 작전통제권 환수는 2015년 이후로 미루어졌고, 2014년 10월 한미 안보연례협의회에서 다시 2020년 이후로 연기되었다.

[••] 수출에서 미국 시장 비중은 2014년 현재 11퍼센트 정도로 세계 시장에서 차지하는 미국의 비중을 감안하면 오히려 상대적으로 적은 편이다. 오히려 중국의 비중이 26퍼센트로서 다소 큰 것이 문제이지만, 전체적으로 보면 한국 수출 시장은 상당히 다각화되어 있는 편이다.

어진 것 또한 사실이다. 대한민국은 미국의 식민지나 다름없는 상태에서 출발했지만, 국민들이 피땀과 눈물로 세월을 견디며 나라의 정치적, 경제적 면모를 크게 쇄신한 덕에 명실상부 자주 국가의 대열에 올라섰다. 여전히 남은 자주의 과제나 예속의 구습도 정부가 얼마나 당당한 자신감을 갖고 나서는가에 따라 개선될 여지가 크다.

이상이 1990년대 이후의 변화였다. 오늘날 자주·민주·통일 역시 살기 좋은 나라를 만들자는 말만큼이나 너무 당연해서 굳이 강조할 필요가 없는 이야기가 되었다. 자주적인 국가를 만들고 민주 사회로 발전하면서 한반도의 통일을 추구하자는데, 그 대의에 반대할 국민이 과연 얼마나 되겠는가? 자주·민주·통일은 훌륭한 가치이고 아직 세부적으로 진전시킬 일들이 많이 남아 있다. 그러나 이를 오늘날의 시대적 과제라고 주장하기는 적절하지 않은 상황이 되었다. 시대적 과제란 과거 산업화나 민주화 때처럼 이를 위해 국민들이 똘똘 뭉쳐 일어서고 그럼으로써 사회의 질적 발전을 가져올 수 있는 대지향점이자 비전인 것이다. 그렇다면 지금 우리는 어떤 시대적 과제와 마주하고 있는 것일까?

## 오랜 숙성을 거친 '사람 중심 사회'

현대사를 탐구하면서 살펴보았듯, 지금 우리 앞을 가로막는 문제의 대부분은 외환 위기 이후 조성된 사회 체제에서 비롯했다. 전 세계를 게걸스레 집어삼키려 드는 이 시스템의 폐해를 각성하고 그것과 꾸준히 싸워 나가는 과정을 통해 사람들 가슴 속에는 이미 새로운 사회에 대한 일단의 지향이 싹트고 있다. 아직 그 전체상이 드러나지는 않았지만, 감히 예단컨대 그 핵심에는 사람의 가치를 존중하는 사회, 사람을 중심에 둔 사회에 대한 대중적 지향이 자리잡고 있다고 생각한다. 나는 이를 '사람 중심 사회'라고 정의한다.

'사람 중심'이란 말을 영어로 표현하면 휴머니즘(Humanism)이고 한자로는 인본주의(人本主義)다. 이미 우리에게 너무도 익숙한 말이다. 다만 자본주의 사회에서 휴머니즘이나 인본주의는 사회 기본 원리라기보다 자본이 중심인 사회 체제를 보완하는 이념이나 지향 정도로 사용되는 것이 현실이다. 돈이 중심인 질서를 그대로 두고 사람의 가치를 옹호하는 데는 한계가 있다. 신자유주의를 넘어서려면 이 정도 보완으로는 가당치 않다. 사회 성립의 원리가 근본부터 바뀌어야 하는 것이다. 사람이 중심이 되고 돈이나 시장은 보조 역할을 하는 사회 구조를 꿈꿀 때가 왔다. 여기에서 말하는 '사람 중심'은 기존의 휴머니즘이나 인본주의라는 용어의 쓰임새와는 상당히 감이 다르다. 그렇게 정의해 두고 이야기를 이어가 보자.

사람 중심 사회의 기초는 무엇보다 사람을 중시하는 사고방식이다. 대중(국민)을 하나하나 존엄하고 귀중한 존재들이 모여 이루어진 집단이라 여기므로, 대중이 역사를 만들어 간다는 '대중 주체'의 원리가 자연스럽게 파생된다. 또한 사람을 중심에 두고 생각하면 모두가 조화롭게 이익을 추구하고 함께 발전하는 길을 선호하게 마련이므로 기본적으로 '상생' 지향적이다. 사람 중심, 대중 주체, 상생의 논리로 우리 역사를 다시 보자는 것이 이 책의 취지이기도 하다.

지금까지 살펴본 한국 현대사는 이 같은 관점이 충분히 타당함을 보여주었다.

4장과 5장에서는 우리 민족이 분단을 막지 못한 이유를 탐구하며 당시 좌익 세력이 진영 논리에 빠졌음을 확인했다. 여기서 다시 질문을 던질 수 있다. 그들은 어쩌다 진영 논리의 포로가 되었을까? 사람을 제쳐 두고 이념과 헤게모니를 앞세웠기 때문이다. '사람은 사상과 정견, 사회적 지위, 재산 유무에 관계없이 누구나 다 소중하며 저마다 역할이 있고 모두가 조화롭게 이익을 추구함이 마땅한 존재라고 보는 것'이 바로 사람 중심 사고이다. 어느 한 편의 이익만을 배타적으로 추구하는 진영 논리와는 맞지 않는다. 해방 정국에서 좌익 세력은 진영 논리에 사로잡혀 대중을 주체로 인식하지 못했고 결국 상생의 길인 광범위한 연대와 단결을 성사시키지 못했다. 이후 역사의 물길은 분단과 전쟁으로 내닫는다.

　해방에서 분단에 이르는 과정이 반면교사로서 사람 중심 사고의 결여가 낳은 역사적 비극을 보여 주었다면, 산업화 과정은 (긍정적 측면을 들여다봤을 때) 사람 중심 사고의 씨앗이 어떻게 우리 사회에 뿌려질 수 있었는지를 알려 준다. 한국의 산업화는 이렇다 할 여건도 없이 오직 사람의 힘으로 일구어 낸 결과이다. 축적된 자본이나 기술도 없었고 국내 시장은 협소했으며 지하자원도 해외 네트워크도 변변치 못했다. 그럼에도 한국인 특유의 평등 지향, 교육열에서 뿜어 나온 헌신과 열성이 한강의 기적을 만들어 냈다. 국민들은 산업화를 거치며 아무리 조건이 열악해도 의지와 열정을 갖고 임하면 능히 환경을 바꿀 수 있다고 생각하기 시작했다.

　산업화 과정을 통해 뿌려진 사람 중심 사고의 씨앗은 민주화 투쟁의 바람이 불면서 널리 싹을 틔웠다. 6월항쟁이 벌어진 1987년은 단군 이래 최대 호황이라는 '3저 호황'의 절정기였고, 중산층은 경제 사정이 급격히 호전되었다. 통치자들은 경제가 좋아지면 정치적 불만이 해소될 것이라고 생각했지만 그 기대는 여지없이 빗나갔다.● 한국 사람은 배만 부르면 다라고 여기는 속물이 결코 아니었다. 국민들은 경제 사정이 호전될수록 그간 소홀했던 사람 본연의 가치에 대해 더욱 주목했다. 6월항쟁과 7·8·9월노동자대투쟁의 밑바탕에는 인간의 존엄을 회복하고자 하는 열망이 짙게 깔려 있었다.

결국 민주화, 산업화라는 한국 현대사의 소중한 성취는 국민이 사람의 가치를 각성하고 스스로의 존엄을 위해 노력하면서 만들어진 것이다. 이 과정에서 우리 국민의 심층 인식에 사람 중심의 사고가 광범하게 둥지를 틀고 자리를 잡았다.

물론 모든 것이 순조롭게 흘러가지만은 않는다. 본격적으로 확대되는 듯했던 사람 중심 사고는 외환 위기를 거치며 돈을 지상 가치로 여기는 신자유주의 조류와 맞닥뜨려 난파할 위기에 처했다. 사람 중심 사고를 가장 깊이 체화할 수밖에 없는 노동자들조차 외환 위기의 파고에 휩쓸려 자기 이익 방어에 급급했다. 세상은 순식간에 다시 돈 중심 사고로 뒤덮인 듯 보였다. 민주화 투쟁을 이끌었던 진보개혁 세력은 신자유주의에 대처하는 근본적 관점과 구조적 인식을 놓치면서 국민의 지지를 잃어 갔다. 하지만 이는 어디까지나 더 큰 솟구침을 향한 '잠류'에 불과하다. 일찍이 위당 정인보는 거스를 수 없는 역사의 순리를 다음과 같이 표현했다.

"중국 서북부 곤륜산을 타고 내린 차가운 물 사태가 사막 한 가운데인 염택에서 지하로 잠류하고 몇천 리를 흐른다. 그러다가 청해에 이르러 더욱 큰 물줄기가 되어 지표면 위로 그 모습을 드러내고, 기어이는 장장 8,800리 황하로 이어진다."

● 　경제 형편이 나아질수록 정치에 대한 불만은 급격히 고조되었다. 그 즈음 서울대 사회과학연구소가 중산층 1,043명을 대상으로 실시한 의식 조사 결과에 따르면 응답자의 85.7퍼센트가 경제성장을 늦추더라도 인권을 신장시켜야 한다고 답했다.

외환 위기와 함께 상륙한 신자유주의는 돈 중심 사고를 확산시키면서 사람 중심 사고의 싹을 철저하게 뭉갰다. 하지만 그 폐해가 극심해질수록 국민들 사이에서는 돈 중심 사고에 대한 반발이 고개를 들었다. 2008년 글로벌 금융 위기는 신자유주의의 본성을 만천하에 드러낸 사건이었다. 사회를 휘감았던 돈 중심, 엘리트 지배, 승자독식 사고에 균열이 일었다. 그 가운데 숨죽인 세대로만 여겨지던 10대와 청년 세대를 중심으로 한국 사회의 지향이 다시 강하게 표출되었다. 바로 광우병 사태에서 촉발된 촛불 시위에서다. 촛불 시위는 금융 위기와 함께 신자유주의의 종언을 알리는 공통 속성을 지녔다. 뿐만 아니라 새 시대를 여는 주역이 누구인지를 유감없이 드러냈다.

돈이 아닌 사람이 중심인 사회, 소수 엘리트가 아닌 다수 국민이 주체인 사회, 승자독식이 아닌 상생하는 사회에 대한 강한 열망과 지향이 잠류에서 다시 지표면 위로 분출할 가능성을 보여준 것이다.

## 극단의 시대를 뛰어넘기 위하여

역사학자 에릭 홉스봄은 근대 이후 세계 역사를 다룬 4부작을 남겼다. 그 중 20세기 역사를 다룬 책이 『극단의 시대』이다. 제목 그대로 20세기는 극단과 극단이 대립한 시대였다. 대표적으로 사회주의와 자본주의 사이의 이념 대결을 꼽을 수 있다. 국가 만능주의와 시장 만능주의는 두 이념이 극단으로 치달으면서 만들어 낸 도그마이다. 그것이 무엇이든 간에 극단은 매우 해롭다는 사실 하나는 분명해졌다. 국가 만능주의와 시장 만능주의 모두 소련 붕괴와 글로벌 금융 위기라는 형태로 비참한 최후를 맞이했다. 이 같은 극단을 지양하는 방향에서 새로운 비전을 모색해야 한다는 문제의식이 저변을 넓히고 있다.

자본의 인간 지배를 극복하고자 했던 사회주의의 관점은 지금도 여전히 유효하지만 구 사회주의가 사람의 존엄성과 창조적 가치를 충분히 발현시키지 못한 체제였다는 점도 여실히 드러났다. 반면 자본주의는 인류가 경험한 그 어느 체제보다 생산성을 발전시키고 물질적 부를 증대해 나가는 데 효율적이고 역동적임을 과시했지만 불평등과 차별, 환경 파괴 등 숱한 문제를 양산하고 무엇보다 돈이 사람의 존엄성보다 우위에 있는, 거꾸로 선 사회를 만들었다. 인류가 경험한 이 두 체제의 장점을 계승하고 단점을 지양한 새로운 비전을 찾기 위해서 우리는 지난 역사와 끊임없이 대화를 할 필요가 있다.

미래는 SF 영화처럼 어느 날 문득 닥치는 것이 아니다. '오래된 미래'라는 말처럼 오늘 우리의 삶과 지나온 역사 속에 이미 미래의 모습이 담겨 있다. 한국 현대사는 우리가 마주할 미래에 대해 풍성한 지혜를 제공하는 마르지 않는 샘이다. 사람 중심 사회의 구체적인 모습이 무엇이고 거기에 이르는 과정이 어떠한지 여전히 궁금함이 남을 것이다. 필자의 의견에 동의하지 않거나 허술함을 지적할 독자도 당연히 많으리라. 본문 곳곳에서 그 단초들을 제시하기는 했지만 이에 대한 종합적이고 본격적인 논의는 다음 기회에 이어지는 책을 통해서 다루는 것이 합당할 듯하다. 한국 현대사에 질문을 던지고 새로운 사회의 맹아를 찾아보는 데 작은 기여라도 한다면 이 책의 소임으로 충분하지 않을까.

정리해 볼수록 한국 현대사는 역설과 극적인 반전으로 가득하다. 너무도 가난했기에 누구보다 빨리 부유한 나라를 이루었고, 극단적인 독재 치하에서 가장 역동적으로 민주주의를 성취한 나라가 되었다. 오늘날 청년 세대가 겪는 극심한 고통이 또다시 극적인 반전의 계기가 되어 청년들의 활력으로 발전하는 대한민국의 미래를 그려본다. 그 과정에서 청년들에게 시대의 고통을 떠넘긴 나를 포함한 기성세대의 비겁함과 어리석음을, 용서는 하되 결코 잊지 말기를 바란다.

이 시대의 진정한 진보는 좌우 구도의 어느 한 편에서 나오는 것이 아니라 좌우 구도 자체를 뛰어넘는 지점에 존재한다고 나는 생각한다. 새로운 미래의 주역인 청년 세대가 어느 한곳에 못 박히지 않은 자유인으로서 그 길을 뚜벅뚜벅 걸어가기 바란다.

**사진 출처**

190쪽 ⓒ 나경택, 5·18기념재단
141쪽(아래) ⓒ 눈빛 아카이브
52쪽, 195쪽, 197쪽(위), 202쪽, 213쪽, 218쪽 ⓒ 민주화운동기념사업회
243쪽 ⓒ 민중의소리
39쪽, 63쪽, 78쪽, 94쪽, 102쪽, 144쪽, 181쪽, 208쪽, 210쪽, 254쪽, 258쪽, 299쪽 ⓒ 연합뉴스
19쪽(우) ⓒ 오마이뉴스
157쪽, 164쪽, 167쪽, 183쪽, 279쪽 ⓒ 정부기록사진집

228쪽 ⓒ Jorge Royan
231쪽 ⓒ Oddur Ben
앞날개의 저자 사진 ⓒ 최배문

사진 게재를 허락해 주신 분들께 감사드립니다. 저작권자를 찾지 못해 허락을 받지 못한 사진에
대해서는 확인되는 대로 게재 허락을 받고 사용료를 지불하겠습니다.

# 한국 현대사
# 열한 가지 질문

ⓒ 박세길 2015

2015년 6월 26일 초판 1쇄 발행
2017년 3월 27일 초판 2쇄 발행

지은이 박세길
펴낸이 류지호 · 편집 정희용, 김경림
디자인 여상우 · 일러스트 어진선
제작 김명환 · 홍보마케팅 허성국, 김대현, 박종욱, 한동우 · 관리 윤애경

펴낸곳 원더박스 110-140 서울시 종로구 우정국로 45-13, 3층
        대표전화 02) 420-3200 편집부 02) 420-3300 팩시밀리 02) 420-3400
        출판등록 제300-2012-129호(2012. 6. 27.)

ISBN 978-89-98602-11-6  03910